Anton Sterbling

„Am Anfang war das Gespräch"

D1723584

Prof. Dr. Anton Sterbling, geb. 1953 in Groß-Sankt-Niko-
laus/Rumänien, Professur für Soziologie und Pädagogik
an der Hochschule der Sächsischen Polizei (FH) in Ro-
thenburg/OL

Anton Sterbling

„Am Anfang war das Gespräch"

Reflexionen und Beiträge zur
„Aktionsgruppe Banat"
und andere literatur- und
kunstbezogene Arbeiten

KRÄMER

Sterbling, Anton:

„Am Anfang war das Gespräch": Reflexionen und Beiträge zur

„Aktionsgruppe Banat" und andere literatur- und kunstbezogene Arbeiten

Anton Sterbling - Hamburg: Krämer, 2008

ISBN 978-3-89622-091-2

© Reinhold Krämer Verlag, Hamburg 2008

www.kraemer-verlag.de

Umschlaggestaltung: Reinhold Krämer Verlag

Printed in Germany
ISBN 978-3-89622-091-2

Vorwort

Die Zusammenstellung dieser Textsammlung erfolgte
zunächst anlässlich der Eröffnung der Ausstellung: „Am
Anfang war das Gespräch", die den Untertitel „Der Literaturkreis „Aktionsgruppe Banat", Rumänien 1972-75"
trug. Diese wurde von der Umweltbibliothek Großhen-
nersdorf mit Unterstützung der Sparkasse Oberlausitz-
Niederschlesien vorbereitet und vom 6. Mai bis 3. Juni
2008 in der Sparkassen-Filiale Zittau und danach auch
anlässlich des 5. Sächsischen Mittel- und Osteuropatages,
vom 19. bis 30. Juni 2008, an der Hochschule Zittau/Gör-
litz, auf dem Campus in Görlitz, gezeigt. Weitere Statio-
nen der Ausstellung in Deutschland und im Ausland
sind geplant.
Die einzelnen Texte wurden, bis auf formale Kleinigkeiten, grundsätzlich unverändert übernommen und entsprechen mithin inhaltlich den veröffentlichten Beiträgen, die in den „Drucknachweisen" am Ende des Bandes
angeführt sind. Sie entsprechen damit meinem Kenntnis-
stand und meiner Sicht der Dinge zum Zeitpunkt ihrer
Entstehung. Nicht berücksichtigt sind redaktionelle Veränderungen, die nach der Abgabe meiner Textdateien in
einzelnen Fällen erfolgt sein könnten, die aber wohl
kaum nennenswert ins Gewicht fallen dürften.
Ich hoffe, dass diese Textsammlung erkennen lässt, wie
mich die Zugehörigkeit zur „Aktionsgruppe Banat" nicht
nur intellektuell nachhaltig prägte, sondern auch in meiner wissenschaftlichen Arbeit immer wieder intensiv beschäftigt hat. Dabei bildet der Problemkreis der Intellek-

tuellen, der Dissidentenbewegungen und der regimekritischen Kunst unter den Bedingungen kommunistischer Herrschaft eine wichtige Anschlussstelle zwischen wissenschaftlichen Anliegen und künstlerischen Betätigungen und Erfahrungen. Ebenso kommt dem komplizierten Verhältnis zwischen der östlichen und westlichen Hälfte Europas, das in den zurückliegenden Jahrzehnten und bis heute vielfältige Spannungs-, Verschränkungs-, Interferenz- und Wanderungsbeziehungen von Ideen, kulturellen Vorstellungen und Menschen zwischen diesen beiden Teilen des Kontinents erkennen lässt, in meiner Erlebnis- und Erfahrungswelt und gleichsam auch in meiner Arbeit große Bedeutung zu.

Wenn zur Zeit sowohl des Jahres 1968 und insbesondere des „Prager Frühlings" wie auch der denkwürdigen Ereignisse des Umbruchs 1989/1990 erinnert wird, so gehört die Geschichte der „Aktionsgruppe Banat" – gleichsam als ein kleines, aber aufschlussreiches Teilstück – in diesen größeren bewegenden Gesamtzusammenhang. Dies sollte aus dem vorliegenden Band, so hoffe ich, dem aufmerksamen Leser anschaulich und vielleicht auch tiefgründiger erkennbar werden.

Görlitz, Mai/Juni 2008   Prof. Dr. Anton Sterbling

Inhaltsverzeichnis

Einige subjektive Anmerkungen zur „Aktionsgruppe Banat"

In einem kürzlich geführten Gespräch mit Stefan Sienerth habe ich – auf die „Aktionsgruppe Banat" angesprochen – zwei Feststellungen getroffen, die ich hier zunächst nochmals wiederholen möchte: „Nun ist über die „Aktionsgruppe Banat" schon viel geschrieben worden – auch was ihren regimekritischen oder zumindest zweifellos provokativen Charakter betrifft –, manches zutreffend, manches weniger zutreffend, manches grob entstellt." Dem fügte ich als zweite Feststellung – auf mich selbst bezogen – hinzu, „dass mir die Zugehörigkeit zu dieser Gruppe, zu diesem Freundeskreis, sehr viel bedeutete und auch heute noch bedeutet."[1]

Diese Anmerkungen haben natürlich weiterhin Bestand, daran möchte ich im Weiteren anschließen, wobei sich mein Vorhaben wie folgt umreißen lässt: Zunächst will

---

[1] Siehe: „Sich auf verschiedene Pfade der geistigen Tätigkeit und der Imagination begeben". Stefan Sienerth im Gespräch mit Anton Sterbling, in: Spiegelungen. Zeitschrift für deutsche Kultur und Geschichte Südosteuropas, Jahrgang (1) 55, Heft 1, IKGS Verlag, München 2006 (S. 49-58), vgl. S. 50 f. Als aufschlussreiche Darstellungen zur „Aktionsgruppe" siehe auch: Csejka, Gerhardt: Die Aktionsgruppen-Story, in: Wichner, Ernest (Hrsg.), Ein Pronomen ist verhaftet worden. Die frühen Jahre in Rumänien – Texte der Aktionsgruppe Banat, Suhrkamp Verlag, Frankfurt a. M. 1992 (S. 228-244); Wagner, Richard: Die Aktionsgruppe Banat. Versuch einer Selbstdarstellung, in: Wichner, Ernest (Hrsg.), Ein Pronomen ist verhaftet worden. Die frühen Jahre in Rumänien – Texte der Aktionsgruppe Banat, Suhrkamp Verlag, Frankfurt a. M. 1992 (S. 222-227).

ich einige subjektive, hauptsächlich auf die eigene Erinnerung zurückgreifende Anmerkungen zur Entstehung
der „Aktionsgruppe", zu ihren Mitgliedern, Anliegen,
Vorstellungen und Aktivitäten machen. Es geht mir hierbei nicht um eine systematische, sondern eher um eine
recht fragmentarische und zugleich von einem subjektiven Betrachtungs- und Erinnerungsstandort aus entwickelte Sichtweise auf Dinge, die schon recht weit in der
Vergangenheit liegen, die für meine Biografie aber von
großer Bedeutung waren und die mir daher persönlich
nach wie vor wichtig sind.

Sodann möchte ich in einem zweiten Schritt auf einige so
nicht absichtlich angestrebte, aber doch aus dem Gesamt-
geschehniszusammenhang hervorgegangene Wirkungen
und Funktionen der „Aktionsgruppe Banat" im Kontext
der rumäniendeutschen Literatur und des kommunistischen Herrschaftssystems Bezug nehmen. Dabei geht es
mir eher um eine analytische Betrachtung aus sozialwis-
senschaftlicher Sicht, in der die Erklärung nichtintendierter oder paradoxer Folgen des Handelns bekanntlich eine
wichtige Rolle spielen.[2] Schließlich sollen auch einige
Publikationen mit Beiträgen dieser Autorengruppe in der
Bundesrepublik Deutschland zumindest knappe Erwäh-
nung finden.

---

[2] Siehe dazu auch: Sterbling, Anton: Probleme ländlicher Räume in
Südosteuropa. Agrarreformen und ihre nichtintendierten Auswirkungen, in: Land-Berichte. Halbjahresschrift für ländliche Regionen, herausgegeben von Prof. Dr. Gerd Vonderach, Nr. 11, 2.
Halbjahr 2003, Shaker Verlag, Aachen 2003 (S. 48-60), insb. S. 48
ff.

Wo und wie alles begann

Die „Aktionsgruppe Banat" hat ihren Ursprung am Lyzeum von Großsanktnikolaus (Sănnicolau-Mare), einem Städtchen von etwa 14.000 Einwohnern, im westlichen Zipfel des rumänischen Banats. Im zeitlichen Kontext der Aufnahme diplomatischer Beziehungen zwischen der Bundesrepublik Deutschland und Rumänien im Jahre 1967 und der sogenannten „Tauwetterperiode" in der zweiten Hälfte der 1960er Jahre[3] wurde bereits im Jahre 1966 eine deutschsprachige Abteilung am Lyzeum von Großsanktnikolaus eingerichtet. Zu den Schülern der 9. Klasse des ersten deutschsprachigen Jahrgangs am Lyzeum zählten u. a. Werner Kremm, Johann Lippet und William Totok, die später auch zu den Gründungsmitgliedern der „Aktionsgruppe" gehörten. Dabei waren Kremm, Totok und Lippet bereits vorher in der gleichen Klasse, da William Totok und Johann Lippet zwar aus Großkomlosch bzw. Wiseschdia kamen, aber, wie der aus Großsanktnikolaus stammende Werner Kremm, schon ab der 5. Klasse in Großsanktnikolaus zur Schule gingen. Ein Jahr später, mit dem zweiten deutschsprachigen Jahrgang des Lyzeums, kam der aus Perjamosch stammende Richard Wagner dazu. Im folgenden Jahr wechselte ich selbst in die 9. Klasse des Lyzeums, wobei ich mit den anderen Genannten schon früher erste Kontakte hatte und Gespräche über Literatur führte. Zunächst wohl im Rahmen eines Literaturkreises, der am Lyzeum bestand.

---

[3]   Siehe näher: Gabanyi, Anneli Ute: Partei und Literatur in Rumänien seit 1945, R. Oldenbourg Verlag, München 1975, insb. S. 122 ff.

Dieser Literaturkreis wurde von der Deutschlehrerin an der deutschsprachigen Abteilung der Allgemeinbildenden Schule bzw. des Lyzeums von Großsanktnikolaus, von Frau Dorothea Götz, ins Leben gerufen, die auch sonst viele Verdienste dabei hatte, uns nicht nur gründlich in die deutsche Literatur einzuführen, sondern uns auch mit der modernen deutschsprachigen Literatur des Westens vertraut zu machen, uns an deren Schreibweisen und Verständnismöglichkeit heranzuführen, uns dafür zu begeistern. Es sei an dieser Stelle auch erwähnt, dass uns damals – dank der gezielten Förderung durch die Bundesrepublik Deutschland – zumindest zeitweilig rasch und viel Literatur aus dem „Westen" erreichte, nicht nur Lyrik, Prosa und Stücke, sondern auch literaturtheoretische und sozialwissenschaftliche Literatur, die wir mit großem Interesse und Begeisterung – und auch wachsendem Verständnis aufnahmen.

In diesem Rezeptions- und Verarbeitungsprozess spielte nicht nur die anfängliche Anleitung durch Frau Götz, der dafür großer Dank gebührt, eine sehr wichtige Rolle, sondern auch die immer häufigeren gemeinsamen Gespräche über das Gelesene – wie auch über das *Selbstgeschriebene*, das uns immer wichtiger wurde, zumal zunächst auf der Schülerseite der „Neuen Banater Zeitung" und dann auch in anderen Zeitungen und Zeitschriften Möglichkeiten zur Veröffentlichung der eigenen literarischen Texte oder anderer Artikel bestanden. Durch diese Publikationen ergaben sich dann auch allmählich Kontakte zu anderen jungen Banater Autoren, insbesondere zu Gerhard Ortinau, Ernest Wichner, Albert Bohn und Rolf Bossert. Es entstand langsam, ohne dass dies gezielt geplant gewesen wäre, ein mehr oder weniger intensiv kommunizierender, auch lebhaft streitender, überaus kritischer Kreis junger Schreibender und allmählich auch ein Freundeskreis, in dem eine kritische Einstellung zur Welt und geistreiche Worte ebenso wichtig waren wie anregende Getränke, unkonventionelle Verhaltensweisen und gute Bücher.

Gründlicher betrachtet, waren die Gemeinsamkeiten der Charaktere, der Denk- und Schreibweisen, der politischen Ansichten oder der Formen der Lebensführung gar nicht so groß, wie sie uns damals erschienen. (Daher ist auch nicht erstaunlich, dass die Einzelnen später durchaus eigene, auseinanderführende Wege gingen.) Und doch gab es damals einen festen gemeinsamen Nenner: die Begeisterung für die Moderne und die Neigung zur avantgardistischen Literatur, der Wunsch und Wille zur Veränderung, der sich in einem großen Interesse an den Entwicklungen im Westen und in der Welt, aber auch in der Auseinandersetzung mit der vorgefundenen Realität in der eigenen Gesellschaft Ausdruck verschaffte. Dabei war diese eigene gesellschaftliche Realität eigentlich eine doppelte, die der „realsozialistischen" Gesellschaft Rumäniens und die der noch stark traditional geprägten Gemeinschaft der Banater Schwaben. Beides – und insbesondere ihre unheilige Allianz – erschien uns im Lichte der Moderne überaus fragwürdig, beides galt mithin als Gegenstand der Kritik und Grund zur Veränderung.

Als Weg der Veränderung wurde allerdings nicht unbedingt die direkte Aktion angesehen – insofern passt der Name „Aktionsgruppe" auch nur eingeschränkt –, sondern der Umweg über das Bewusstsein, über die Einstellungen und Haltungen zu dieser gegebenen Realität. Wie es meiner durchaus als programmatisch zu betrach-

tenden Arbeit „aktionsgruppe – oder ähnlich so"[4] zu entnehmen ist, galt das Anliegen zunächst und hauptsächlich der Veränderung des Bewusstseins, der eingespielten
Formen der Wahrnehmung, der gängigen Muster der
Deutung und Verarbeitung der Wirklichkeit, der Veränderung überkommener Weltauffassungen und Wert-
muster, an die schreibtechnisch, durch neue Formen der
literarischen Produktion, als Weg einer andersgearteten
Annäherung an die Realität angesetzt werden sollte.

Natürlich war diese Vorstellung mit einer gewaltigen
Überschätzung der Möglichkeiten und Wirkungen von
Kunst und Literatur verbunden, allerdings nicht nur bei
uns, sondern auch bei denjenigen, die sich davor fürchteten oder die darin eine Bedrohung ihrer Ideologie und
Herrschaft sahen. Diese Aspekte gehören aber schon in
die zweite und dritte Phase der Entwicklungen, die des
öffentlichen Auftretens der „Aktionsgruppe Banat" unter
diesem Namen in den Jahren 1972 bis 1975, und die ihrer
Zerschlagung im Sommer 1975 durch die Securitate,
nachdem bereits der gesamte Zeitraum, spätestens seit
1970, von mehr oder weniger intensiven Beobachtungen,
Bespitzelungen, Schikanen und Bedrohungen durch die
rumänischen Sicherheitskräfte und ihre Helfer geprägt
war.[5]

---

4   Siehe: Sterbling, Anton: aktionsgruppe – oder ähnlich so, in:
    Wichner, Ernest (Hrsg.): Ein Pronomen ist verhaftet worden. Tex-
    te der Aktionsgruppe Banat, Suhrkamp Verlag, Frankfurt a. M.
    1992 (S. 210-218), zuerst in: Neue Literatur 7/1975 (S. 39-43).

5   Siehe dazu: Totok, William: Constrângerea memoriei. Insemnări,
    documente, amintiri, (Die Zwänge der Erinnerung. Aufzeichnun-
    gen, Dokumente, Erinnerungen), Editura Polirom, Iaşi 2001. In ei-
    ner ersten deutschen Fassung auch: Totok, William: Die Zwänge

Drei Jahre produktiver Provokation

Am 2. April 1972 fand in den Redaktionsräumen der „Neuen Banater Zeitung" ein später in der Studentenbeilage „Universitas" dieser Zeitung unter dem Titel „Am Anfang war das Gespräch" veröffentlichtes Rundtischgespräch statt, an dem die „Gründungsmitglieder" der „Aktionsgruppe Banat" teilnahmen und ihre Auffassungen zur Literatur und Wirklichkeit gleichsam programmatisch artikulierten. Geht man von diesem Rundtischgespräch aus, so waren die Gründungsmitglieder der Gruppe: Werner Kremm, Johann Lippet, Gerhard Ortinau, Anton Sterbling, William Totok und Richard Wagner.[6] Auch Rolf Bossert und Albert Bohn, die schon vorher und vor allem nachher der Gruppe eng verbunden waren, könnten aus meiner Sicht ohne Weiteres dazugezählt werden. Der Name „Aktionsgruppe" wurde diesem Kreis etwas später verliehen, und zwar in der Überschrift zu einem am 14. Mai 1972 in der „Neuen Banater Zeitung" erschienenen Artikel von Horst Weber (damals Redakteur der „Woche" in Hermannstadt) zu dem Rundtischgespräch.[7] Diese etwas ironisch gemeinte Bezeichnung der Gruppe wurde von ihr in der Folgezeit ohne Vorbehalt angenommen und auch von anderen immer

---

der Erinnerung. Aufzeichnungen aus Rumänien, Junius Verlag, Hamburg 1988.

[6] Siehe: Am Anfang war das Gespräch, in: Wichner, Ernest (Hrsg.): Ein Pronomen ist verhaftet worden. Texte der Aktionsgruppe Banat, Suhrkamp Verlag, Frankfurt a. M. 1992 (S. 31-35).

[7] Siehe auch: Totok, William: Die Zwänge der Erinnerung. Aufzeichnungen aus Rumänien, Junius Verlag, Hamburg 1988, vgl. S. 66 f.

häufiger verwendet – in den meisten Fällen wohl wissend, dass dies eine „Provokation" bedeutet. Als mir Paul Schuster in einem mehrere Jahre später mit ihm in Berlin geführten Gespräch durchaus vorwurfsvoll sagte, es sei wohl unserer politischen Unerfahrenheit zuzuschreiben gewesen, dass wir die Gefahr, die mit einer solchen Selbstbezeichnung unmittelbar verbunden war, nicht erkannt hätten, so hatte er zugleich Recht und Unrecht. Recht in dem Sinne, dass uns tatsächlich die taktische Vorsicht und Anpassungsfähigkeit älterer Schriftsteller an die Möglichkeiten und Grenzen des Systems weitgehend fehlte, Unrecht aber in dem Sinne, dass wir solche Angepasstheit gar nicht wollten und uns dessen durchaus bewusst waren, dass wir provozierten und dass solches Provozieren gefährlich sein konnte.

So folgten drei – aus meiner Sicht – ebenso spannungsreiche wie produktive Jahre der „Provokation" und „Gefährdung". Dabei kam es zu vielen gemeinsamen privaten und öffentlichen Gesprächen und Treffen, zu gemeinsamen Lesungen in Temeswar, aber auch in verschiedenen Dörfern des Banats, zu gemeinsamen Publikationen, Rundfunksendungen, Happenings usw. So hat nicht zuletzt die „Neue Literatur" drei Mal, im Heft 11/1972 unter dem Titel „Übungen für Gleichgültige", im Heft 7/1973 unter dem Titel „Welt ins Haus. Neue Texte aus dem Banat" und im Heft 4/1974 unter dem Titel „Aktionsgruppe Banat. Wir Wegbereiter" Textaufstellungen der „Aktionsgruppe" publiziert. In dieser Zeit intensivierten sich auch die Kontakte zu anderen, etwas älteren Autoren und Kritiker, wie Anemone Latzina, Bernd Kolf, Gerhardt Csejka – der so etwas wie der Mentor der „Aktionsgruppe" wurde – oder Peter Motzan, aber auch zu fast Gleichaltrigen wie Herta Müller, Klaus Hensel oder Werner Söllner.

Mit den provokativen öffentlichen Auftritten nahm zugleich die Beobachtung, Bespitzelung, Bedrohung und Drangsalierung durch die Securitate, ihre Zuträger und ihre Aufpasser immer deutlicher zu. Nach der öffentlichen Feier zum dreijährigen Bestehen der „Aktionsgruppe Banat" am 17. Mai 1975, in den Räumen des Studentenkulturhauses der Universität Temeswar, bei der unter anderem eine Textmontage unter dem sicherlich provozierenden Titel „Von allen Seiten stürmisch begrüßt" und meine programmatischen Ausführungen über „aktionsgruppe – oder ähnlich so" vorgetragen wurden, zugleich aber eine intensive und aggressive Beobachtung des Geschehens und der anschließenden privaten Feier in der Wohnung Gerhard Ortinaus durch die Securitate erfolgte, wurde die „Aktionsgruppe" aufgelöst. Ernest Wichner und ich selbst, die beiden Mitglieder der Gruppe, die Ausreiseanträge gestellt hatten, konnten 1975 ausreisen, der Druck auf die anderen, in Rumänien verbliebenen Mitglieder der Gruppe nahm zu, wobei es in den folgenden Monaten und Jahren auch zu kurzfristigen oder längerfristigen Festnahmen einzelner Autoren, zu Verhören, Einschüchterungen usw. kam. Totok hält dazu in seiner Rekonstruktion der Geschehnisse, die ihn selbst für mehrere Monate ins Gefängnis brachten, fest: „Anfang 1975 war die Sprengung der Gruppe für die Securitate eine bereits beschlossene Sache."[8]

---

[8] Ausführlich und eingehend dargestellt finden sich diese Geschehnisse in: Totok, William: Die Zwänge der Erinnerung. Aufzeichnungen aus Rumänien, Junius Verlag, Hamburg 1988, insb. S. 77 ff, vgl. S. 77.

Die Gruppe wird zerschlagen – nichtintendierte Wirkungen und Funktionen

Durch den zunehmenden Druck auf die ehemaligen Mitglieder der „Aktionsgruppe Banat", der aber natürlich ebenso gegen andere deutsche Schriftsteller, Künstler und Intellektuelle gerichtet war, wurden die repressiven Züge der nationalkommunistischen Diktatur des Ceauşescu-Regimes[9] und die fortschreitende Diskriminierung der ethnischen Minderheiten auch aus der Wahrnehmungsperspektive der westlichen Öffentlichkeit immer offenkundiger. Gerade weil die „Aktionsgruppe Banat" zu diesem Zeitpunkt im Westen und insbesondere in der Bundesrepublik Deutschland bereits bekannt war, erreichten die Repressionen gegen deren Mitglieder, über die, nicht zuletzt Dank des Engagements und der Unterstützung von Dieter Schlesak und auf Betreiben von Ernest Wichner und mir, rasch in den westlichen und bundesdeutschen Medien berichtet wurde, eine Wirkung, die von den Betroffen selbst so nicht intendiert war und mit der auch das kommunistische Herrschaftsregime nicht unbedingt gerechnet hatte.[10]

---

[9] Siehe auch: Sterbling, Anton: Das Wesen und die Schwächen der Diktatur – nachgelesen in den Romanen von Herta Müller, in: Kron, Thomas/Schimank, Uwe (Hrsg.): Die Gesellschaft der Literatur, Verlag Barbara Budrich, Opladen 2004 (S. 165-200); Sterbling, Anton: Stalinismus in den Köpfen, in: Orbis Linguarum, Band 27, ATUT-Verlag, Breslau 2004 (S. 23-38).

[10] Siehe dazu ausführlicher: Sterbling, Anton: Zum Abschied einer Minderheit. Gedanken zum „Nachruf auf die rumäniendeutsche Literatur", in: Südosteuropa. Zeitschrift für Gegenwartsforschung, 40. Jg., Heft 5, R. Oldenbourg Verlag, München 1991 (S. 211-223).

Die damit bewirkte Aufklärung über das kommunistische Herrschaftssystem in Rumänien wäre durch literarische Arbeiten allein nicht zu erreichen gewesen. Ihre politisch relevante *Aktionsmacht* und *-wirkung* erreichte die „Aktionsgruppe Banat" – so könnte man pointiert sagen – also paradoxerweise durch ihre erzwungene Auflösung und die in deren Folge gleichsam exemplarisch sichtbar gewordenen repressiven Züge des spätstalinistischen Ceaușescu-Regimes. Somit hat sich zumindest nachträglich auch der Name „Aktionsgruppe Banat" als durchaus zutreffend und berechtigt erwiesen, wenngleich nicht das Schreiben allein oder vorrangig, sondern mehr die repressiven Reaktionen auf dieses politisch relevant und mithin handlungswirksam und folgenreich wurden.

Wenn in den vorausgegangenen Darlegungen erwähnt wurde, dass die Aufmerksamkeit in der westlichen Öffentlichkeit und in den Massenmedien, die das Vorgehen gegen die „Aktionsgruppe Banat" fand, auch damit zusammenhing, dass diese Gruppe junger Autoren im Westen bereits einigermaßen bekannt war, so ist dazu Folgendes anzumerken: Bereits 1976 sind zwei Textaufstellungen dieser Autoren in der damals führenden deutschen Literaturzeitschrift „Akzente" sowie in der Berliner Literaturzeitschrift „Litfass" erschienen.[11] Es folgten später weitere Publikationen, unter anderem in den „horen"

---

[11] Siehe: Akzente. Zeitschrift für Literatur, 6/1976 (S. 534-550), mit Beiträgen von Albert Bohn, Rolf Bossert, Johann Lippet, Gerhard Ortinau, Anton Sterbling, William Totok, Richard Wagner und Ernest Wichner, sowie: Litfass. Berliner Zeitschrift für Literatur, 2/1976 (S. 69-81), mit Beiträgen von: Rolf Bossert, Werner Kremm, Johann Lippet, Gerhard Ortinau, Anton Sterbling, William Totok und Richard Wagner.

und in der berühmten Schriftenreihe der Edition Suhrkamp.[12] Nachdem der größte Teil der ehemaligen Angehörigen der „Aktionsgruppe Banat" in den 1980er Jahren in die Bundesrepublik Deutschland gekommen ist, haben die meisten von ihnen weiterhin eine sehr intensive Publikationstätigkeit mit einer Vielzahl bisher erschienener Bücher entfaltet.

Dies ist aber bereits ein anderes Kapitel, ebenso wie die große Zahl an literaturwissenschaftlichen Veröffentlichungen und Qualifikationsarbeiten (Diplom- und Magisterarbeiten wie auch Dissertationen), die nach 1990 in der Bundesrepublik Deutschland, aber auch in Rumänien, über diese Autorengruppe oder unter Mitberücksichtigung dieser Gruppe erschienen sind und die heute einen Art Mythos der „Aktionsgruppe" begründen, der nicht unbedingt mein Gefallen findet, da sich darin – wie bei jedem Mythos – „Dichtung und Wahrheit" in eigentümlicher und mitunter auch ärgerlicher Weise vermischt finden.

---

[12] Siehe: die horen. Zeitschrift für Literatur, Kunst und Kritik, 3/ 1987. Dieser Band wurde von Ernest Wichner unter dem Titel „Das Wohnen ist kein Ort", in memoriam Rolf Bossert, nach dessen Tod, herausgegeben und enthält neben Beiträgen der ehemaligen Mitglieder der „Aktionsgruppe Banat" weitere Beiträge einer ganzen Reihe anderer Autoren aus dem Banat und aus Siebenbürgen, unter anderen von Herta Müller, Dieter Schlesak, Oskar Pastior, Franz Hodjak, Klaus Hensel usw. Siehe auch: Wichner, Ernest (Hrsg.): Ein Pronomen ist verhaftet worden. Texte der Aktionsgruppe Banat, Suhrkamp Verlag, Frankfurt a. M. 1992.

Literatur

Akzente. Zeitschrift für Literatur, 6/1976 (S. 534-550)

Am Anfang war das Gespräch, in: Wichner, Ernest (Hrsg.): Ein Pronomen ist verhaftet worden. Texte der Aktionsgruppe Banat, Suhrkamp Verlag, Frankfurt a. M. 1992 (S. 31-35)

Csejka, Gerhardt: Die Aktionsgruppen-Story, in: Wichner, Ernest (Hrsg.), Ein Pronomen ist verhaftet worden. Die frühen Jahre in Rumänien – Texte der Aktionsgruppe Banat, Suhrkamp Verlag, Frankfurt a. M. 1992 (S. 228-244)

die horen. Zeitschrift für Literatur, Kunst und Kritik, 3/ 1987

Gabanyi, Anneli Ute: Partei und Literatur in Rumänien seit 1945, R. Oldenbourg Verlag, München 1975

„Sich auf verschiedene Pfade der geistigen Tätigkeit und der Imagination begeben". Stefan Sienerth im Gespräch mit Anton Sterbling, in: Spiegelungen. Zeitschrift für deutsche Kultur und Geschichte Südosteuropas, Jahrgang (1) 55, Heft 1, IKGS Verlag, München 2006 (S. 49-58)

Sterbling, Anton: aktionsgruppe – oder ähnlich so, in: Wichner, Ernest (Hrsg.): Ein Pronomen ist verhaftet worden. Texte der Aktionsgruppe Banat, Suhrkamp Verlag, Frankfurt a. M. 1992 (S. 210-218), zuerst in: Neue Literatur 7/1975 (S. 39-43)

Sterbling, Anton: Zum Abschied einer Minderheit. Gedanken zum „Nachruf auf die rumäniendeutsche Literatur", in: Südosteuropa. Zeitschrift für Gegenwartsforschung, 40. Jg., Heft 5, R. Oldenbourg Verlag, München 1991 (S. 211-223)

Sterbling, Anton: Das Wesen und die Schwächen der Diktatur – nachgelesen in den Romanen von Herta Müller, in: Kron, Thomas/ Schimank, Uwe (Hrsg.): Die Gesellschaft der Literatur, Verlag Barbara Budrich, Opladen 2004 (S. 165-200)

Sterbling, Anton: Stalinismus in den Köpfen, in: Orbis Linguarum, Band 27, ATUT-Verlag, Breslau 2004 (S. 23-38)

Sterbling, Anton: Probleme ländlicher Räume in Südosteuropa. Agrarreformen und ihre nichtintendierten Auswirkungen, in: Land-Berichte. Halbjahresschrift für ländliche Regionen, herausgegeben von

Prof. Dr. Gerd Vonderach, Nr. 11, 2. Halbjahr 2003, Shaker Verlag, Aachen 2003 (S. 48-60)

Totok, William: Constrângerea memoriei. Insemnări, documente, amintiri, (Die Zwänge der Erinnerung. Aufzeichnungen, Dokumente, Erinnerungen), Editura Polirom, Iaşi 2001

Totok, William: Die Zwänge der Erinnerung. Aufzeichnungen aus Rumänien, Junius Verlag, Hamburg 1988

Wagner, Richard: Die Aktionsgruppe Banat. Versuch einer Selbstdarstellung, in: Wichner, Ernest (Hrsg.), Ein Pronomen ist verhaftet worden. Die frühen Jahre in Rumänien – Texte der Aktionsgruppe Banat, Suhrkamp Verlag, Frankfurt a. M. 1992 (S. 222-227)

Wichner, Ernest (Hrsg.): Ein Pronomen ist verhaftet worden. Texte der Aktionsgruppe Banat, Suhrkamp Verlag, Frankfurt a. M. 1992

Zum Abschied einer Minderheit. Gedanken zum „Nachruf auf die rumäniendeutsche Literatur"[1]

Im Herbst 1989 fand in Marburg eine Literaturveranstaltung unter der offenbar herausfordernd gemeinten Überschrift „Nachruf auf die rumäniendeutsche Literatur" statt. Zwischenzeitlich ist dazu ein Band erschienen. Mit dem „Nachruf" sollte die bezeichnende Tatsache herausgestellt werden, daß viele der bekanntesten und produktivsten rumäniendeutschen Schriftsteller ihr Heimatland verlassen haben, verlassen mußten, und nunmehr in der Bundesrepublik Deutschland leben.[2] Dieser „Nachruf", einige Monate vor dem Sturz Ceauşescus, war aber mehr als nur ein Hinweis auf das Verschwinden, das absehbare Ende einer Literatur, die gerade in letzter Zeit auch in der Bundesrepublik Deutschland eine bemerkenswerte Beachtung und Anerkennung gefunden hat und sogar „landauf landab als „fünfte deutsche Literatur" gefeiert" wird.[3] Der „Nachruf" sollte auch eine ahnungsvolle „Chiffre" für das Gesamtschicksal der Deut-

---

[1] Die folgenden Überlegungen sind durch das Erscheinen des Buches: Solms, Wilhelm (Hrsg.): Nachruf auf die rumäniendeutsche Literatur, Dr. Wolfram Hitzeroth Verlag, Marburg 1990, veranlaßt und in vielen Hinsichten auch angeregt worden.

[2] Nur um terminologisch an den größten Teil der Bezugsliteratur anzuschließen, wird in diesem Beitrag – mit vielen Vorbehalten – der problematische Begriff „Rumäniendeutsche", statt der zutreffenderen Bezeichnungen „Deutsche in Rumänien", verwendet.

[3] Siehe: Solms, Wilhelm: Nachruf auf die rumäniendeutsche Literatur, in: Solms, Wilhelm (Hrsg.): Nachruf auf die rumäniendeutsche Literatur, Marburg 1990 (S. 11-24), S. 12.

schen in Rumänien sein. Denn nach dem Sturz Ceauşescus, im Dezember 1989,[4] und der kurz danach erfolgten Aufhebung der Ausreisebeschränkungen setzte sich der schon seit Anfang der siebziger Jahre in einem beachtlichen Umfang in Gang gekommene Aussiedlungsprozeß der Rumäniendeutschen in einer so entschiedenen und beschleunigten Weise fort, daß schon für die nächste Zeit zu erwarten bleibt, daß nicht nur die rumäniendeutsche Literatur, sondern daß wohl die gesamte deutsche Bevölkerung in Rumänien, bis auf einen wahrscheinlich unerheblichen Restbestand, verschwinden wird.[5]

---

[4] Siehe dazu: Gabanyi, Anneli Ute: Die unvollendete Revolution. Rumänien zwischen Diktatur und Demokratie, München 1990; Wagner, Richard/Frauendorfer, Helmuth (Hrsg.): Der Sturz des Tyrannen. Rumänien nach dem Ende einer Diktatur, Reinbek bei Hamburg 1990; Rados, Antonia: Die Verschwörung der Securitate. Rumäniens verratene Revolution, Hamburg 1990; Wagner, Richard: Sonderweg Rumänien. Bericht aus einem Entwicklungsland, Berlin 1991.

[5] Der Aussiedlungsvorgang aus Rumänien kennzeichnet sich durch eine Dynamik, die zu immer höheren jährlichen Aussiedlerzahlen führte. Betrug die Aussiedlerzahl im Zeitraum 1968-1972 durchschnittlich 3.400 Personen pro Jahr, so stieg diese Zahl in den Jahren 1973-1977 auf durchschnittlich 7.200 an, um nach 1978 dann eine Größenordnung von 12.000 bis 16.000 Aussiedler pro Jahr zu erreichen. Im Jahre 1990, nach dem Wegfall der Ausreisebeschränkungen, sind über 110.000 Aussiedler aus Rumänien in die Bundesrepublik Deutschland gekommen. Die Zahl der Anfang 1991 noch in Rumänien lebenden Deutschen wird auf etwa 100.000 geschätzt, wobei der größte Teil dieser Restgruppe ebenfalls auszureisen beabsichtigt oder zwischenzeitlich schon ausgereist ist. Vieles deutet darauf hin, daß nach dem absehbaren Abschluß des Aussiedlungsprozesses nur noch eine sehr kleine Gruppe von Deutschen in Rumänien verbleiben wird. Siehe: Gabanyi, Anneli Ute: Die Deutschen in Rumänien, in: Aus Politik

Die Ausreise vieler deutscher Schriftsteller aus Rumänien in den letzten beiden Jahrzehnten, die – wenn auch verfrüht – vom Ende der rumäniendeutschen Literatur zu sprechen Anlaß gab, war demnach nicht zuletzt ein deutliches Anzeichen eines offenbar unaufhaltsamen und irreversiblen Migrationsprozesses. Um diesen Prozeß und seine sicherlich vielschichtigen Motive soll es hier allerdings nicht – jedenfalls nicht vorrangig – gehen.[6] Im Mittelpunkt der weiteren Ausführungen wird vielmehr die politische Bedeutung der neueren rumäniendeutschen Literatur, die insbesondere durch die „Aktionsgruppe Banat" und die ihr enger oder weitläufiger verbundenen Autoren repräsentiert wird, stehen.[7] Die Überlegungen

---

und Zeitgeschichte. Beilage zur Wochenzeitung Das Parlament, Nr. 50 vom 9.12.1988, Bonn 1988 (S. 28-39), S. 38.

[6] Siehe dazu: Sterbling, Anton: Zur Problematik der kulturellen Identität: Überlegungen zum Selbstverständnis der Deutschen in Rumänien, in: Tolksdorf, Ulrich (Hrsg.): Jahrbuch für ostdeutsche Volkskunde, Band 32, Marburg 1989 (S. 142-160); Sterbling, Anton: Die Deutschen in Rumänien zwischen Tradition und Modernität. Aspekte sozialer Mobilisierung nach dem Zweiten Weltkrieg, in: Seewann, Gerhard (Hrsg.): Minderheitenfragen in Südosteuropa. Beiträge der Internationalen Konferenz: The Minority Question in Historical Perspective 1900-1990. Inter University Center, Dubrovnik, 8.-14. April 1991, R. Oldenbourg Verlag, München 1992 (S. 265-277).

[7] Einen relativ guten Überblick über die der „Aktionsgruppe Banat" angehörenden oder ihr mehr oder weniger nahestehenden Autoren vermitteln beispielsweise folgende Sammelveröffentlichungen: Neue Literatur, Heft 11, Bukarest 1972; Neue Literatur, Heft 7, Bukarest 1973; Neue Literatur, Heft 4, Bukarest 1974; Akzente stellt vor: „Aktionsgruppe Banat". Eine rumäniendeutsche Autorengruppe, in: Akzente. Zeitschrift für Literatur, 23. Jg., Heft 6, München 1976 (S. 534-550); Litfass. Berliner Zeitschrift für Lite-

werden sich dabei in folgende Schritte gliedern: Zunächst werden verschiedene Funktionen der Literatur angesprochen, um vor diesem Hintergrund die spezifische Funktion der neueren rumäniendeutschen Literatur und die Art ihrer politischen Relevanz deutlich zu machen. Dem schließen sich einige knappe Bemerkungen zur Ausgangslage der neueren rumäniendeutschen Literatur und insbesondere zum Entstehungskontext der „Aktionsgruppe Banat" an. Sodann soll die politische Dimension der neueren rumäniendeutschen Literatur, die nicht zuletzt in der demonstrativen Bloßstellung des in den siebziger und achtziger Jahren zunehmend repressiver werdenden Herrschaftssystems in Rumänien zu sehen ist, dargestellt werden. Schließlich bleibt ein kurzer Blick auf die heutige Lage der rumäniendeutschen Literatur und deren weitere Aussichten zu werfen.

Funktionen der Literatur

Vergleichende literaturgeschichtliche Betrachtungen lassen erkennen, daß Stoffe, Themen, Ausdrucksmittel und Stile wie die Selbstverständnisse der Literatur mit ihrem historischen und sozialen Kontext variieren. Aber auch die Funktionen und Bedeutungen der Literatur und Kunst unterscheiden sich in verschiedenen historischen, gesellschaftlichen und politischen Situationen erheblich.[8]

---

ratur, Heft 2, Berlin 1976; Wichner, Ernest (Hrsg.). Das Wohnen ist kein Ort, Sonderband der Zeitschrift: die horen. Zeitschrift für Literatur, Kunst und Kritik, 32. Jg., 3. Bd., Bremerhaven 1987.

8 Siehe: Hauser, Arnold: Soziologie der Kunst, München ²1978; Lukács, Georg: Schriften zur Literatursoziologie, Frankfurt a. M.-

Über die spezifischen Funktionen der Literatur in sozialistischen Gesellschaften ist viel nachgedacht und geschrieben worden. Mal wurde dabei die ideologische Instrumentalisierung der Literatur hervorgehoben, mal ist
der kritisch-subversive Charakter literarischer Produkte
in einer ansonsten phantasielosen und weitgehend von
ideologischen Schablonen und Denkrestriktionen beherrschten Wirklichkeitsdeutung betont worden, wobei
übrigens häufig aufgezeigt wurde, daß die ideologiekritische Wirkung offenbar hoch mit literarischer Qualität
korreliert.[9] Auch zur Rolle der Minderheitenliteratur gibt
es viele Überlegungen. Sie wird nicht selten als ein wichtiges Element der Erhaltung der kulturellen Identität einer Minderheit betrachtet, aber auch als Vermittlungsme-
dium zwischen Mehrheits- und Minderheitenkultur angesehen. Gelegentlich spielt die Literatur auch die Rolle
eines universalistischen Korrektivs in der zum Partikula-

Berlin-Wien 1985; Fügen, Norbert: Wege der Literatursoziologie,
Neuwied-Berlin [2]1971.

[9] Als distanzierter sachverständiger Beobachter nennt Solms in diesem Sinne „drei Besonderheiten", die für ihn die „Faszination"
der neueren rumäniendeutschen Literatur ausmachen: „Das Pri-
märe ist natürlich das Talent dieser Autoren, von denen jeder,
ungeachtet der literarischen Vorbilder, auf die sie selbst verweisen, an einem bestimmten Ton erkennbar ist. (...) Dazu kommt als
Zweites das Phänomen einer einzigartigen literarischen Gruppe.
(...) Das Dritte, was einen beim Studium dieser Literatur fesselt,
sind die Bezüge zu ihrem gesellschaftlichen Kontext". Siehe:
Solms, Wilhelm: Nachruf auf die rumäniendeutsche Literatur, in:
Solms, Wilhelm (Hrsg.): Nachruf auf die rumäniendeutsche Literatur, Marburg 1990 (S. 11-24), S. 13 ff.

rismus und Provinzialismus neigenden Kultur von Minderheiten.[10]

Eine wichtige Funktion, die der Literatur heute zukommt, und die gerade die neuere rumäniendeutsche Literatur vorzüglich erfüllt hat, ist die Funktion als Frühindikator, als Seismograph, als Frühwarnsystem. Ähnlich wie beispielsweise Auftragseingänge als Frühindikatoren gute Anhaltspunkte für den späteren Konjunkturverlauf vermitteln, können auch bestimmte Tendenzen in der Literatur spätere geistige, soziale oder politische Entwicklungen zumindest andeutungsweise erkennbar machen. Dies gilt umso mehr für sozialistische Systeme, wo die Machtvergewisserung der Herrschenden in der Auseinandersetzung mit den Intellektuellen und ihrer Disziplinierung eine wichtige Erscheinungsform hat, wobei gerade die Literatur, ihre Tendenzen und Spielräume, mehr noch aber ihre repressive Unterdrückung zum aufschlußreichen Spiegel der politischen Verhältnisse wird.

Im Hinblick auf die neuere rumäniendeutsche Literatur möchte ich nun die These vertreten, daß sie vor allem in zwei Hinsichten zum „Frühindikator" und „Warnsystem" sich abzeichnender Entwicklungen wurde, worin nicht zuletzt auch ihre politische Bedeutung lag. Zum einen hat sie sich, anders als kleine Minderheitenliteraturen dies gewöhnlich tun, radikal von der Selbstbespiegelung im engen sentimentalen Provinzialismus abgewandt und der europäischen Moderne geöffnet; und

---

10 Siehe z. B.: Csejka, Gerhardt: Der Weg zu den Rändern, der Weg der Minderheitenliteratur zu sich selbst. Siebenbürgisch-sächsische Vergangenheit und rumäniendeutsche Gegenwartsliteratur, Beitrag zur Tagung: „Die siebenbürgisch-deutsche Literatur als Beispiel einer Regionalliteratur", Hamburg 1988.

zwar in einer Situation, in der kommunistische Ideologie und folkloristischer Traditionalismus gewissermaßen einen „historischen" Kompromiß einzugehen sich anschickten und mit Kirchweihfesten und Burzenläufen den Blick der Deutschen in Rumänien gleichermaßen von Deutschland wie von der „offenen Gesellschaft" abzuwenden suchten.[11] Die „avantgardistische" rumänien-

---

[11] In seinen „Betrachtungen über die Revolution in Europa" hebt Dahrendorf als einen entscheidenden Aspekt des Wandels in Europa hervor: „Die Wiedervereinigung der Sprache bringt die Geschichte, von der hier die Rede sein soll, auf den Begriff." Die Abkehr von einer ideologisch wertgeladenen Sprache und der gemeinsame Gebrauch einer universalistischen, erfahrungsgebundenen, kritik- und wahrheitsfähigen Sprache ist eine wesentliche Voraussetzung der „offenen Gesellschaft", wobei die „offene Gesellschaft" als das eigentliche verfassungspolitische Ziel der Demokratisierungsbestrebungen in den Ländern Osteuropas zu betrachten ist. Es wäre näher zu untersuchen, inwiefern Literatur und Kunst, und in anderer Weise auch verschiedene Wissenschaften, durch ihr mehr oder weniger ausgeprägtes Bestreben, an die Entwicklung der abendländischen Moderne Anschluß zu finden, dazu beigetragen haben, daß es zu einer „Wiedervereinigung der Sprache" – und natürlich auch des Denkens – kommen kann. Wenngleich der ideologische Nebel, der nach vier Jahrzehnten Sozialismus noch vielerorts über Sprache und Realitätsverständnis lagert, nicht so schnell aufklaren dürfte, wie Dahrendorf dies optimistischerweise annimmt, so sind doch schon große Schritte auf dem Wege des freien und befreienden Sprechens und Denkens getan. Siehe: Dahrendorf, Ralf: Betrachtungen über die Revolution in Europa, Stuttgart 1990, S. 15; Popper, Karl R.: Die offene Gesellschaft und ihre Feinde, München 51977 (2. Bde.); Popper, Karl R./Lorenz, Konrad: Die Zukunft ist offen. Das Altenberger Gespräch, München-Zürich 31988; Sterbling, Anton: Demokratisierungsprobleme in Südosteuropa, in: Südosteuropa. Zeitschrift für Gegenwartsforschung, 40. Jg., Heft 6, R. Oldenbourg Verlag, München 1991 (S. 307-324).

deutsche Literatur hat sich selbst, soweit Literatur dies eben kann, das kulturelle Terrain der Moderne, der „offenen Gesellschaft" zu erschließen und diese geistige Entdeckungsfahrt den rumäniendeutschen Lesern zu vermitteln versucht. Zugleich hat sie, teils absichtlich, teils natürlich ungewollt, jene politische Repression sichtbar gemacht und auf sich gelenkt, in die sich das Ceaușescu-Regime – gerade im Umgang mit Intellektuellen – immer mehr hineinsteigerte. So sind auch für westliche Intellektuelle und für eine größere Öffentlichkeit die irrational-repressiven Züge des politischen Herrschaftssystems in Rumänien schon deutlich erkennbar geworden, noch bevor sich das Ceaușescu-Regime durch seine immer aggressiver werdende Nationalitätenpolitik und seine grundsätzliche Ablehnung der Mitte der achtziger Jahre in Osteuropa einsetzenden Reformpolitik international nahezu vollständig diskreditierte.[12] Die politischen Auswirkungen der Konflikte mit den kritischen rumäniendeutschen Schriftstellern, die ihren Ausgang in der Aussiedlung der meisten in die Bundesrepublik Deutschland fanden, sind im einzelnen sicherlich nur schwer zu ermessen. Diese Auseinandersetzungen und ihre internationale Öffentlichkeitswirksamkeit haben aber gewiß ein Stück zur zunehmenden Verunsicherung des Repressionsapparates und wohl auch zur außenpolitischen Isolierung Rumäniens mit beigetragen.

---

[12] Siehe: Gabanyi, Anneli Ute: Rumänische Außenpolitik im Zeichen des „Neuen Denkens". Eine Bilanz des Jahres 1988, in: Südosteuropa. Zeitschrift für Gegenwartsforschung, München 1989 (S. 71-106).

Zur „modernen" Wende in der rumäniendeutschen Literatur

Hier kann nicht im einzelnen dargestellt werden, welche Umstände, Bedingungen und Entwicklungsvorgänge Ende der sechziger Jahre die Entdeckung der „Moderne" und die Hinwendung der rumäniendeutschen Literaten zur westlichen Gegenwartsliteratur gefördert haben.[13] Auch kann die Entstehungsgeschichte der in diesem Zusammenhang vielfach erwähnten „Aktionsgruppe Banat" nicht eingehend behandelt werden,[14] wenngleich die vielen Mißverständnisse und Fehldeutungen, die diesbezüglich vorliegen, ein solches Unterfangen sehr wünschenswert erscheinen ließen.[15] Im folgenden sollen lediglich

---

[13] Siehe dazu: Csejka, Gerhardt: Rückblick auf die rumäniendeutsche Nachkriegsliteratur, in: Solms, Wilhelm (Hrsg.): Nachruf auf die rumäniendeutsche Literatur, Marburg 1990 (S. 145-159); Motzan, Peter: Die rumäniendeutsche Lyrik nach 1944. Problemaufriß und historischer Überblick, Cluj-Napoca 1980; Schlesak, Dieter: Unser Erbe, das Nichts. Die gestundete Zeit der Rumäniendeutschen und ihrer Literatur, in: „Die Zeit", Nr. 42, vom 14. Oktober 1988, S. 78 f.

[14] Siehe: Wagner, Richard: Die Aktionsgruppe Banat. Versuch einer Selbstdarstellung, in: Solms, Wilhelm (Hrsg.): Nachruf auf die rumäniendeutsche Literatur, Marburg 1990 (S. 121-126); Totok, William: Die Zwänge der Erinnerung. Aufzeichnungen aus Rumänien, Hamburg 1988.

[15] Einen in vielen Hinsichten uninformierten und irreführenden „Rückblick auf die literarischen und politischen Taten der „Aktionsgruppe Banat"„ vermittelt beispielsweise Rolf Michaelis. Siehe: Michaelis, Rolf: Angekommen wie nicht da, in: Die Zeit, Nr. 13, vom 20 März 1987, S. 51 f. Schon der vielen Fehldarstellungen wegen erscheint es begrüßenswert, daß der Suhrkamp Verlag die

einige Aspekte jener spezifischen Ausgangskonstellation festgehalten werden, durch die die rumäniendeutschen Autoren, die in der zweiten Hälfte der sechziger Jahre zu schreiben und zu veröffentlichen begannen, maßgeblich beeinflußt worden sind; denn diese Konstellation hat Orientierungen, Haltungen und Anliegen gefördert, die, konsequent weiterverfolgt, zwangsläufig zum Konflikt mit dem sich neostalinistisch-nationalistisch reideologisierenden politischen System in Rumänien führten.[16] Dabei gilt zu beachten, daß es neben individuell-biographischen Voraussetzungen vor allem allgemeine historische Bedingungen sowie generationsspezifische Gegebenheiten sind, die grundlegende, für das Wirklichkeitsverständnis wie für die literarischen Auffassungen maßgebliche Orientierungen und Haltungen prägen.

In wenigen Stichworten läßt sich die vergleichsweise günstige politische, gesellschaftliche und kulturelle Situation der zweiten Hälfte der sechziger Jahre, die gelegentlich auch als „Tauwetterperiode" bezeichnet wird, so umreißen: Die Festigung der Macht Nicolae Ceaușescus, der nach dem Tode Gheorghe Gheorghiu Dejs, im Jahre 1965, Erster Sekretär (später Generalsekretär) der Kommunistischen Partei und 1967 Staatsratsvorsitzender

---

Veröffentlichung eines Bandes mit Texten der „Aktionsgruppe Banat" plant.

[16] Der massive Reideologisierungsprozeß, der neben antiliberalen immer deutlichere nationalistische Züge annahm, setzte spätestens mit der Veröffentlichung der Thesen zur „Verbesserung der politisch-ideologischen Arbeit und der kulturellen und erzieherischen Tätigkeit", im Juli 1971, ein. Siehe: Gabanyi, Anneli Ute: Partei und Literatur in Rumänien seit 1945, München 1975, insb. S. 176 ff.

wurde, erfolgte schrittweise und konsequent, aber keineswegs geradlinig. Sie war nicht nur mit einem erheblichen Personalaustausch auf allen Machtebenen, sondern auch mit weitreichenden und vielfach schwer durchschaubaren Veränderungen der institutionellen Machtstrukturen verbunden. Dieser Prozeß, der sich über mehrere Jahre hinzog und der nicht zuletzt mit Entmachtungsvorgängen und Machtauseinandersetzungen in nahezu allen institutionellen Bereichen einherging, führte nicht selten zu zeitweilig ungeklärten Macht- und Zuständigkeitsverhältnissen. Dies schaffte – gewissermaßen als unintendiertes Nebenergebnis – in vielen Bereichen vorübergehend beachtliche Handlungsspielräume.

Gleichzeitig läßt sich in diesem Zeitraum eine fortschreitende Distanzierung Rumäniens von der Sowjetunion und dem Warschauer Pakt wie auch eine vorübergehend vielversprechende „Westorientierung" der rumänischen Außenpolitik feststellen, die allerdings bald nach der Niederschlagung des „Prager Frühlings" revidiert wurde. Das zeitliche Zusammentreffen der angedeuteten machtpolitischen Vorgänge und außenpolitischen Öffnungstendenzen mit einer ganzen Reihe weiterer Umstände und Faktoren, wie etwa den Bildungsreformen und der Bildungsexpansion, der Liberalisierung des Tourismus, dem zunehmenden westlichen Kultur- und Medieneinfluß usw., wirkte sich natürlich auch deutlich auf das geistig-kulturelle Klima aus, das in den sechziger Jahren ohnehin von einer gewissen Entkrampfungstendenz gekennzeichnet war.

Stellt man die „Tauwetterperiode" der zweiten Hälfte der sechziger Jahre in einen längerfristigen Betrachtungskontext, so kann man in der rumänischen Literatur und

Kulturpolitik folgende Zeitabschnitte und Wendepunkte ausmachen: von 1945 bis nach Stalins Tod herrschte eine betont klassenkämpferische, fest auf den sozialistischen Realismus verpflichtete Losungs- und Monumentalliteratur vor; darauf folgte in den Jahren 1953-1957 eine etwas liberalere Phase, die 1958-1959 allerdings von einer „neuen Eiszeit" unterbrochen wurde. Ab 1960 folgte wieder eine vorsichtige Liberalisierung, wobei man etwa ab 1965 von einem zunehmend offeneren, liberalen Kulturklima sprechen kann. Ab 1968 machen sich erneut erste Anzeichen eines kulturpolitischen „Klimawechsels" deutlich. Spätestens 1971 setzte sodann eine mit massiven Reideologisierungsbestrebungen und zunehmenden Restriktionen und Repressionen gegenüber den Intellektuellen verbundene „Kulturrevolution" ein.[17] Ohne daß diese Weichenstellung zunächst eine unmittelbar durchschlagende Wirkung gehabt hätte, setzte sich ihre das kreative Geistesleben paralysierende Tendenz in den folgenden Jahren doch zunehmend durch und führte letztlich zu jener geistigen Öde, die die späte Ceaușescu-Ära Rumänien hinterlassen hat.

---

[17] In einer langfristigen Betrachtung der literarischen und kulturpolitischen Entwicklungen in Rumänien kann man ergiebig auf folgende systematische, mit prägnanten Überschriften versehene Periodisierung zurückgreifen: „Kultur und Klassenkampf 1944-1947", „Die Grundlagen der neuen Kulturpolitik 1948-1952", „Das kleine Tauwetter 1953-1957", „Eine „neue Eiszeit" 1958-1959", „Gesteuerte Liberalität 1960-1965", „Liberalismus unter Ceaușescu: Theorie und Praxis 1965-1968", „Klimawechsel: 1969-1971", „Ceaușescus „Kulturrevolution" 1971-1974". Siehe: Gabanyi, Anneli Ute: Partei und Literatur in Rumänien seit 1945, München 1975.

Zumindest in groben Zügen folgt auch die rumäniendeutsche Literatur diesem wechselvollen Entwicklungs-
verlauf, zumal sie von entsprechenden kulturpolitischen
Weichenstellungen und Klimawechsel stets mitbetroffen
war.[18] Allerdings ist spätestens seit Ende der sechziger
Jahre eine vor allem von einer jungen Generation von
Schreibenden getragene Sonderentwicklung der rumäniendeutschen Literatur zu erkennen. Anders als der
größte Teil der rumänischen Literatur suchte und fand
diese Literatur nicht nur Anschluß an die europäische
Gegenwartsliteratur, sondern brachte sich auch viel ent-
schiedener als die rumänische Literatur in den Widerspruch zum herrschenden politischen System.
Diese Sonderentwicklung hat auch – so soll nunmehr zumindest kurz angedeutet werden – mit generationsspezifischen Gegebenheiten zu tun. Bei den jungen rumäniendeutschen Autoren, die in der zweiten Hälfte und vor
allem Ende der sechziger Jahre – manche auch erst Anfang der siebziger Jahren – zu schreiben und zu veröffentlichen begannen, handelt es sich durchweg um nach
dem Zweiten Weltkrieg Geborene, die in ein sich politisch und kulturpolitisch liberalisierendes Klima hinein-
wuchsen und die bei ihren Schreibanfängen in vielen
Hinsichten von der „Tauwetterperiode" profitieren
konnten. So stellt Richard Wagner zutreffend fest: „Das
Meiste von dem, was wir geschrieben haben, haben wir
anfangs auch veröffentlicht. Daß unsere Respektlosig-

---

[18] Siehe: Csejka, Gerhardt: Rückblick auf die rumäniendeutsche
Nachkriegsliteratur, in: Solms, Wilhelm (Hrsg.): Nachruf auf die
rumäniendeutsche Literatur, Marburg 1990 (S. 145-159); Motzan,
Peter: Die rumäniendeutsche Lyrik nach 1944. Problemaufriß und
historischer Überblick, Cluj-Napoca 1980.

keiten gedruckt wurden, ist einigen Leuten aus der Generation vor uns zu verdanken, die im offeneren Rumänien der sechziger Jahre zu Posten in den Feuilletons und Literaturredaktionen gekommen waren. Sie hatten die Moderne für sich entdeckt, wir waren, mit einer oder zwei Ausnahmen, die ersten, die sie real praktizierten."[19] Es handelt sich bei den Autoren, für die die „Aktionsgruppe Banat" gewissermaßen als prototypisch angesehen werden kann, um Vertreter einer Generation, die von den Diskriminierungen der deutschen Minderheit in der Nachkriegszeit allenfalls indirekt betroffen war. Und die auch die Vorsichtsmaßregeln, die Verpflichtungen und Selbstverpflichtungen, Anpassungszwänge und Abhängigkeiten der etwas älteren Schriftsteller zunächst so nicht hinnehmen mußte – und später auch nicht akzeptieren konnte.[20] Zumeist Bildungsaufsteiger, die von der Bildungsexpansion – und den Möglichkeiten des Gymnasialunterrichts in deutschen Unterrichtssprache – profitieren konnten, verstanden sich die jungen Literaten der späten sechziger Jahre vor allem als Zeitgenossen jener damals so kulturmächtigen weltweiten Jungendkultur- und Protestgeneration. Sie teilten in erster Linie den Zeitgeist jener nonkonformistischen, experimentierfreudigen westlichen Kultur und suchten nach entsprechenden literarischen Ausdrucksmöglichkeiten. Die Hinwendung zur modernen Gegenwartsliteratur, zu ihren Schreibformen,

---

[19] Siehe: Wagner, Richard: Die Aktionsgruppe Banat. Versuch einer Selbstdarstellung, in: Solms, Wilhelm (Hrsg.): Nachruf auf die rumäniendeutsche Literatur, Marburg 1990 (S. 121-126), S. 124 f.

[20] Sehr eindringlich sind diese Restriktionen, Kontrollen und Anpassungszwänge von Dieter Schlesak geschildert worden. Siehe: Schlesak, Dieter: Visa. Ost West Lektionen, Frankfurt a. M. 1970.

Themen und ihrem Realitätsverständnis, bedeutete indes gleichermaßen eine Entfremdung von dem traditionalen Herkunftsmilieu wie eine kritische Distanz zu den politischen und ideologischen Selbstverständnissen der sozialistischen rumänischen Gesellschaft. Die Außenseiterrolle, in die dies führte, wurde durch Gruppenbildungen, intensive Kommunikation und durch Bestätigungen von außen kompensiert.

Zu Recht weist Solms im Hinblick auf die „Aktionsgruppe Banat" auf das „Phänomen einer einzigartigen literarischen Gruppe" hin.[21] Nicht ganz zutreffend ist allerdings, daß er das Entstehungsmilieu dieser Gruppe an die Temeswarer „Leunau-Schule" verlegt. Es ist wohl mehr als ein zufälliges biographisches Detail, daß der Kern der „Aktionsgruppe Banat" (z.B. Richard Wagner, William Totok, Johann Lippet, Werner Kremm u.a.) vom Lyzeum (Gymnasium) einer noch viel kleineren „Provinzstadt" als Temeswar, nämlich vom Lyzeum von Groß-Sankt-Nikolaus, kommt. Die Genannten waren Schüler der ersten Jahrgänge der erst 1966 gegründeten deutschsprachigen Abteilung des Groß-Sankt-Nikolauser Lyzeums. Die entscheidende Phase ihrer politischen und literarischen Sozialisation fiel nicht nur mit dem Höhepunkt der „Tauwetterperiode" in Rumänien und einer überhaupt sehr bewegten Zeit in Europa zusammen. Auch der örtliche Kontext der mit großem Engagement gegründeten deutschen Lyzealabteilung – der dort in den ersten Jahren vorherrschende Innovationsgeist wie auch

---

[21] Siehe: Solms, Wilhelm: Nachruf auf die rumäniendeutsche Literatur, in: Solms, Wilhelm (Hrsg.): Nachruf auf die rumäniendeutsche Literatur, Marburg 1990 (S. 11-24), S. 14.

die dort gegebenen, sonst nicht gerade selbstverständlichen „akademischen" Freiheiten – haben vermutlich eine gewisse Rolle gespielt, daß sich ein kreativer, weltoffener, kritischer Geist entwickeln konnte. Die spielerische Radikalität der hier geführten intellektuellen und politischen Gespräche, die die ersten Schreibversuche der genannten Autoren begleiteten, läßt sich vielleicht am ehesten durch die Außenseiter- und Enklavensituation in der tiefsten Provinz erklären. Aus dieser Situation ergab sich jedenfalls geradezu der Zwang zur intensiven Gruppendiskussion, wobei Gruppendiskussionen, die später auch mit anderen gleichaltrigen oder älteren Schreibenden geführt wurden, den Ausgangspunkt und das Hauptphänomen der „Aktionsgruppe Banat" bildeten.[22] Denn: in der Gruppe stellte sich erst jene Selbstverständlichkeit des modernen Realitätsverständnisses her, das zwar zur Literatur, die gelesen und geschrieben wurde, gehörte, aber so gar nicht zu den traditionsgeprägten Lebensformen des sozialen Herkunftsmilieus und auch kaum zu den sozialistischen Wirklichkeitszumutungen paßte.

Die politische Relevanz der neueren rumäniendeutschen Literatur

In der zweiten Hälfte der sechziger Jahre hat das Zusammentreffen bestimmter historischer Randbedingungen mit generationsspezifischen und individuell-biographischen Gegebenheiten bei einer größeren Gruppe damals

---

[22] Als einen Versuch, das Selbstverständnis der „Aktionsgruppe Banat" aus der damaligen Perspektive zu fixieren, siehe: Sterbling, Anton: aktionsgruppe banat – oder ähnlich so, in: Neue Literatur, Heft 7, Bukarest 1975 (S. 39-45).

zu schreiben und zu veröffentlichen beginnender rumäniendeutscher Schriftsteller zu „modernen", an der westlichen Literatur und ihrer Realitätsperzeption ausgerichteten Orientierungen und Grundhaltungen geführt. Dies hat ihre weitere literarische Arbeit wie die gesamte Entwicklung der rumäniendeutschen Literatur nachhaltig geprägt. Gerade durch Gruppenbindungen und -aktivitäten verstärkt und konsequent weitergetrieben, aber auch von außen – zunächst von älteren Schriftstellern, Redakteuren und Kritikern, sodann auch aus dem deutschsprachigen Ausland – bestätigt und gefördert, mündete die schriftstellerische Tätigkeit der meisten Schreibenden natürlich in fortgesetzten Auseinandersetzungen mit dem sich ideologisch zunehmend verschließenden, immer deutlichere repressive Züge annehmenden politischen System. Die vielfältigen Konflikte mit dem Herrschaftsapparat und die individuell erfahrenen Repressionen sind schon mehrfach – authentisch und detailliert – dargestellt worden.[23] Die jahrelange Observierung und Zerschlagung der „Aktionsgruppe Banat" durch die Securitate im Jahre 1975, die Verhaftung einiger ihrer Mitglieder im gleichen Jahr, Berufs- und Publikationsverbote, vor allem Ende der siebziger und Anfang der achtziger

---

[23] Siehe z.B.: Csejka, Gerhardt: Draußen, daheim. Ein Ortungsversuch, in: Bossert, Rolf: Auf der Milchstraße wieder kein Licht, Berlin 1986 (S. 107-120); Totok, William: Die Zwänge der Erinnerung. Aufzeichnungen aus Rumänien, Hamburg 1988; Wagner, Richard: Ausreiseantrag, Darmstadt 1988; Lippet, Johann: Protokoll eines Abschieds und einer Einreise oder Die Angst vor dem Schwinden der Einzelheiten, Heidelberg 1990; Frauendorfer, Helmuth: Das bißchen Kompromiß, in: Solms, Wilhelm (Hrsg.): Nachruf auf die rumäniendeutsche Literatur, Marburg 1990 (S. 130-134).

Jahre, immer wieder auch Verhöre, Bedrohungen, gemeinsame Protestbriefe, sodann die mehr oder weniger zwangsläufige Aussiedlung der meisten Autoren in die Bundesrepublik Deutschland infolge zunehmender Repressalien in den achtziger Jahren, der erschütternde Freitod Rolf Bosserts im Jahre 1986 oder der bis heute ungeklärte Tod des jungen Autors Roland Kirsch (Jahrgang 1960) im letzten Jahr der Ceauşescu-Herrschaft – all dies sind nur einige, gut dokumentierte Beispiele eines viele Spielarten kennenden repressiven Umgangs mit den rumäniendeutschen Schriftstellern. Dieser Aspekt muß hier nicht weiter vertieft werden. Im folgenden soll es vielmehr – in aller gebotenen Kürze – um die Frage gehen, welche politische Bedeutung der neueren rumäniendeutschen Literatur, im Rückblick betrachtet, beigemessen werden könnte.

Eine Antwort auf diese Frage kann natürlich nur tentativ ausfallen, handelt es sich bei dem Einfluß der Literatur auf das politische Geschehen doch um etwas sehr schwierig Operationalisierbares und bei den Konflikten, die Schriftsteller einer nationalen Minderheit mit einem politischen System haben, nur selten um zentrale Herrschaftskonflikte. Wiewohl auf einem Nebenschauplatz ausgetragen, so soll hier indes als These vertreten werden, trugen die Konflikte mit der kritischen rumäniendeutschen Literatur doch sicherlich zum internationalen Glaubwürdigkeits- und Legitimitätsverlust des politischen Herrschaftssystems Rumäniens mit bei. Insbesondere in den siebziger und frühen achtziger Jahren, in denen Rumänien aufgrund seiner Sonderrolle im Ostblock noch ein beachtliches internationales Wohlwollen genoß, hatten diese Konflikte, die den zunehmend intoleranteren Charakter des Regimes deutlich werden ließen, in gewisser Weise die Funktion eines öffentlich wirksamen Signal- und Warnsystems. Durch eine gezielte Öffentlichkeitsarbeit im Westen und vor allem im deutschsprachigen Raum publik gemacht,[24] wurde das Vorgehen gegen die jungen rumäniendeutschen Schriftsteller schon relativ früh zum anschaulichen Beispiel eklatanter Widersprüche zwischen der Selbstpräsentation und der Wirklichkeit der rumänischen Politik. Der Umgang mit den regimekritischen rumäniendeutschen Schriftstellern ließ zudem die Realitätsverluste, den zunehmenden Verzicht auf formale Rechtmäßigkeit, die ideologische Stupidität, die Gewalteskalation, aber auch die Verunsicherungen und Anfälligkeiten des Herrschaftsapparates und nicht zuletzt die unverhüllten nationalistischen Tendenzen der rumänischen Minderheitenpolitik gleichsam wie in einem Brennglas aufscheinen. Die rumäniendeutsche Literatur der siebziger und achtziger Jahre ist wohl weniger durch ihren unmittelbaren Einfluß, als vielmehr durch ihren „seismographischen Charakter", durch die enthüllenden Wirkungen der gegen die Schreibenden getroffenen repressiven Maßnahmen politisch relevant. Es

---

[24] Günstige Voraussetzungen einer wirksamen Information der westlichen Öffentlichkeit waren dadurch gegeben, daß der Ausreiseprozeß der rumäniendeutschen Schriftsteller schon Ende der sechziger, Anfang der siebziger Jahre begann und sukzessive erfolgte. So bestanden Kontakte, Möglichkeiten und Interessen, die eine öffentlichkeitswirksame Berichterstattung über Vorfälle in Rumänien begünstigten. Hinzu kam natürlich das in der Bundesrepublik Deutschland vorhandene Interesse an der Situation der deutschen Minderheit in Rumänien.

kommt dabei aber noch ein weiteres, mindestens gleichermaßen wichtiges Moment hinzu.

Durch ihre entschiedene Hinwendung zur modernen und insbesondere zur bundesdeutschen Gegenwartsliteratur hat die neuere rumäniendeutsche Literatur einen Kurs eingeschlagen, der den späteren Weg der ganzen deutschen Minderheit in Rumänien in gewisser Weise symbolisch vorwegnahm und der zugleich die Spannungsverhältnisse sichtbar machte, die mit einer solchen Option verbunden sind. Die dezidierte „Westorientierung" der rumäniendeutschen Literatur, die zeitlich mit einer fortschreitenden und sich immer stärker substantialisierenden Ausrichtung der Deutschen in Rumänien an der Bundesrepublik Deutschland als „Bezugsgesellschaft"[25] zusammenfiel, begründete wohl im Wesentlichen die Konflikte der rumäniendeutschen Schriftsteller mit dem rumänischen Herrschaftssystem. Die hierzu vertretene These lautet: Der Ende der sechziger Jahre einsetzende, in seiner fortschreitenden Eigendynamik immer breiter werdende Auswanderungsprozeß, der zu einer immer stärkeren Orientierung der deutschen Bevölkerung in Rumänien an der Bundesrepublik Deutschland führte, und die moderne Ausrichtung der neueren rumäniendeutschen Literatur zeigen – wenngleich auf unterschiedlichen Ebenen und vielleicht auch mit unter-

---

[25] Siehe dazu auch: Sterbling, Anton: Die Deutschen in Rumänien zwischen Tradition und Modernität. Aspekte sozialer Mobilisierung nach dem Zweiten Weltkrieg, in: Seewann, Gerhard (Hrsg.): Minderheitenfragen in Südosteuropa. Beiträge der Internationalen Konferenz: The Minority Question in Historical Perspective 1900-1990. Inter University Center, Dubrovnik, 8.-14. April 1991, R. Oldenbourg Verlag, München 1992 (S. 265-277).

schiedlichen Vorzeichen – eine bezeichnende Gleichsinnigkeit. In diese Richtung weisend, stellt auch Richard Wagner fest: „Wir wollten eine zeitgemäße Literatur schreiben, die sich mit der deutschen Gegenwartsliteratur messen konnte. Darin, daß „Deutschland" unser Maßstab war, trafen wir uns mit den aus der Gegenrichtung kommenden Eltern."[26] Dadurch, daß die neuere rumäniendeutsche Literatur in der Frage der „kulturellen Identität", nicht so sehr dem Bekenntnis nach, sondern in einem ganz praktischen Sinne, in der literarischen Schreibweise, eine entschiedene, „bundesdeutsche" Option vertrat und sich damit gegen eine traditionalistische wie auch gegen eine rumänisch-sozialistische Option wendete,[27] darin liegt vielleicht – wenn man Literatur als Frühindikator folgender Entwicklungen sehen will – ein wesentlicher Teil ihren politischen Relevanz.

Die gegenwärtige Situation und der Versuch eines Ausblicks

Man könnte gegen den „Nachruf auf die rumäniendeutsche Literatur" die etwas spitzfindige Replik wenden, daß es heute, genau genommen, gleich mehrere rumäniendeutsche Literaturen gebe: Eine in der Bundesrepublik Deutschland und eine in Rumänien, eine veröffent-

[26] Siehe: Wagner, Richard: Die Aktionsgruppe Banat. Versuch einer Selbstdarstellung, in: Solms, Wilhelm (Hrsg.): Nachruf auf die rumäniendeutsche Literatur, Marburg 1990 (S. 121-126), S. 125.

[27] Siehe: Sterbling, Anton: Zur Problematik der kulturellen Identität: Überlegungen zum Selbstverständnis der Deutschen in Rumänien, in: Tolksdorf, Ulrich (Hrsg.): Jahrbuch für ostdeutsche Volkskunde, Band 32, Marburg 1989 (S. 142-160), insb. S. 150 f.

lichte und eine vormals verbotene, und daher vielleicht noch zu entdeckende. Natürlich ist eine solche Feststellung problematisch.

Was die (ehemaligen) rumäniendeutschen Autoren in der Bundesrepublik Deutschland betrifft, ergibt sich ein differenziertes Bild: Einige haben sich im bundesdeutschen Literatur- und Kulturbetrieb überzeugend durchgesetzt und zählen teilweise sogar zu den bekanntesten oder zumindest interessantesten Gegenwartsautoren (z.B. Oskar Pastior, Richard Wagner, Herta Müller, Klaus Hensel, Ernest Wichner). Sie haben sich von speziellen „rumäniendeutschen" Themen aber teilweise auch schon so weit entfernt, daß kaum noch etwas, bis auf Biographisches, dafür spricht, sie als „rumäniendeutsche" unter der bundesdeutschen Autoren zu verstehen. Anderen gelang es nicht, als Schriftsteller die erwartete Anerkennung und ein entsprechendes Auskommen in der Bundesrepublik Deutschland zu finden. Einige haben das Schreiben daher wohl ganz aufgegeben, andere versuchen literarische und sonstige erwerbsfähige Schreibtätigkeiten miteinander zu verbinden. Außerdem gibt es wohl einige, die in der Bundesrepublik Deutschland weiterhin versuchen, ganz gezielt und entsprechend thematisch ausgerichtet für die aus Rumänien stammenden Landsleute zu schreiben. Die letztgenannte Gruppe kann man wohl, zumindest in einem gewissen Sinne, weiterhin als rumäniendeutsche Schriftsteller betrachten.

Was die heutige deutsche Literatur in Rumänien angeht, so kann man zunächst feststellen, daß nur wenige bekannte Autoren der älteren und mittleren Generation noch nicht in die Bundesrepublik Deutschland ausgereist sind. Zu den ganz wenigen anerkannten und politisch nicht kompromittierten deutschen Schriftstellern, die weiterhin in Rumänien leben, sind noch einige jüngere Schreibende hinzuzurechnen, über deren Talent und weitere Entwicklung gegenwärtig allerdings noch nicht allzu viel gesagt werden kann. Immerhin sind noch – trotz einer mit der rapiden Abnahme der deutschen Bevölkerung ständig schrumpfenden Leserschaft – einige deutschsprachige Publikationsmedien vorhanden. Auch sind bislang sicherlich erhaltenswerte Veröffentlichungsmöglichkeiten für literarische Arbeiten gegeben. In den nach dem Sturz Ceauşescus erschienenen Hefte der Literaturzeitschrift „Neue Literatur" – der Zeitschrift, die gewissermaßen als das Schaufenster der rumäniendeutschen Literatur betrachtet werden kann – ist durchaus Verschiedenes zu lesen: Vormals „verbotene Texte" von noch in Rumänien lebenden und schreibenden Autoren, Arbeiten von ausgewanderten Schriftstellern – natürlich auch Texte der ehemaligen „Aktionsgruppe Banat" –, Betrachtungen zum Zeitgeschehen; viel Bekanntes und Gehabtes, da und dort aber auch Neueres – und gelegentlich sogar tatsächlich Erfrischendes.[28] Dennoch sind die Hoffnungen, was den Fortbestand einer deutschen Literatur in Rumänien betrifft, nicht groß. Alles spricht dafür, daß der größte Teil der noch in Rumänien verbliebenen Deutschen auch alsbald für immer von der alten Heimat Abschied nehmen wird. Und was mag dann noch bleiben – eine rumäniendeutsche Literatur?

---

[28] Siehe z.B.: Britz, Helmut: Der rumänische Rosenkavalier und die freie balkanische Marktwirtschaft, in: Neue Literatur, Heft 3-4, Bukarest 1990 (S. 27-32).

Literatur

Akzente stellt vor: „Aktionsgruppe Banat". Eine rumäniendeutsche Autorengruppe, in: Akzente. Zeitschrift für Literatur, 23. Jg., Heft 6, München 1976 (S. 534-550)

Britz, Helmut: Der rumänische Rosenkavalier und die freie balkanische Marktwirtschaft, in: Neue Literatur, Heft 3-4, Bukarest 1990 (S. 27-32)

Csejka, Gerhardt: Draußen, daheim. Ein Ortungsversuch, in: Bossert, Rolf: Auf der Milchstraße wieder kein Licht, Berlin 1986 (S. 107-120)

Csejka, Gerhardt: Rückblick auf die rumäniendeutsche Nachkriegsliteratur, in: Solms, Wilhelm (Hrsg.): Nachruf auf die rumäniendeutsche Literatur, Marburg 1990 (S. 145-159)

Dahrendorf, Ralf: Betrachtungen über die Revolution in Europa, Stuttgart 1990

Frauendorfer, Helmuth: Das bißchen Kompromiß, in: Solms, Wilhelm (Hrsg.): Nachruf auf die rumäniendeutsche Literatur, Marburg 1990 (S. 130-134)

Fügen, Norbert: Wege der Literatursoziologie, Neuwied-Berlin [2]1971

Gabanyi, Anneli Ute: Partei und Literatur in Rumänien seit 1945, München 1975

Gabanyi, Anneli Ute: Die Deutschen in Rumänien, in: Aus Politik und Zeitgeschichte. Beilage zur Wochenzeitung Das Parlament, Nr. 50 vom 9.12.1988, Bonn 1988 (S. 28-39)

Gabanyi, Anneli Ute: Rumänische Außenpolitik im Zeichen des „Neuen Denkens". Eine Bilanz des Jahres 1988, in: Südosteuropa. Zeitschrift für Gegenwartsforschung, München 1989 (S. 71-106)

Gabanyi, Anneli Ute: Die unvollendete Revolution. Rumänien zwischen Diktatur und Demokratie, München 1990

Hauser, Arnold: Soziologie der Kunst, München [2]1978

Lippet, Johann: Protokoll eines Abschieds und einer Einreise oder Die Angst vor dem Schwinden der Einzelheiten, Heidelberg 1990

Litfass. Berliner Zeitschrift für Literatur, Heft 2, Berlin 1976

Lukács, Georg: Schriften zur Literatursoziologie, Frankfurt a. M.-Berlin-Wien 1985

Michaelis, Rolf: Angekommen wie nicht da, in: Die Zeit, Nr. 13, vom 20 März 1987

Motzan, Peter: Die rumäniendeutsche Lyrik nach 1944. Problemaufriß und historischer Überblick, Cluj-Napoca 1980

Neue Literatur, Heft 11, Bukarest 1972

Neue Literatur, Heft 7, Bukarest 1973

Neue Literatur, Heft 4, Bukarest 1974

Popper, Karl R.: Die offene Gesellschaft und ihre Feinde, München [5]1977 (2. Bde.)

Popper, Karl R./Lorenz, Konrad: Die Zukunft ist offen. Das Altenberger Gespräch, München-Zürich [3]1988

Rados, Antonia: Die Verschwörung der Securitate. Rumäniens verratene Revolution, Hamburg 1990;

Schlesak, Dieter: Visa. Ost West Lektionen, Frankfurt a. M. 1970

Schlesak, Dieter: Unser Erbe, das Nichts. Die gestundete Zeit der Rumäniendeutschen und ihrer Literatur, in: „Die Zeit", Nr. 42, vom 14. Oktober 1988

Solms, Wilhelm: Nachruf auf die rumäniendeutsche Literatur, in: Solms, Wilhelm (Hrsg.): Nachruf auf die rumäniendeutsche Literatur, Marburg 1990 (S. 11-24)

Solms, Wilhelm (Hrsg.): Nachruf auf die rumäniendeutsche Literatur, Marburg 1990

Sterbling, Anton: aktionsgruppe banat – oder ähnlich so, in: Neue Literatur, Heft 7, Bukarest 1975 (S. 39-45)

Sterbling, Anton: Zur Problematik der kulturellen Identität: Überlegungen zum Selbstverständnis der Deutschen in Rumänien, in: Tolksdorf, Ulrich (Hrsg.): Jahrbuch für ostdeutsche Volkskunde, Band 32, Marburg 1989 (S. 142-160)

Sterbling, Anton: Demokratisierungsprobleme in Südosteuropa, in: Südosteuropa. Zeitschrift für Gegenwartsforschung, 40. Jg., Heft 6, R. Oldenbourg Verlag, München 1991 (S. 307-324)

Sterbling, Anton: Die Deutschen in Rumänien zwischen Tradition und Modernität. Aspekte sozialer Mobilisierung nach dem Zweiten Weltkrieg, in: Seewann, Gerhard (Hrsg.): Minderheitenfragen in Südosteuropa. Beiträge der Internationalen Konferenz: The Minority

Question in Historical Perspective 1900-1990. Inter University Center, Dubrovnik, 8.-14. April 1991, R. Oldenbourg Verlag, München 1992 (S. 265-277)

Totok, William: Die Zwänge der Erinnerung. Aufzeichnungen aus Rumänien, Hamburg 1988

Wagner, Richard: Ausreiseantrag, Darmstadt 1988

Wagner, Richard: Die Aktionsgruppe Banat. Versuch einer Selbstdarstellung, in: Solms, Wilhelm (Hrsg.): Nachruf auf die rumäniendeutsche Literatur, Marburg 1990 (S. 121-126)

Wagner, Richard: Sonderweg Rumänien. Bericht aus einem Entwicklungsland, Berlin 1991

Wagner, Richard/Frauendorfer, Helmuth (Hrsg.): Der Sturz des Tyrannen. Rumänien nach dem Ende einer Diktatur, Reinbek bei Hamburg 1990

Wichner, Ernest (Hrsg.). Das Wohnen ist kein Ort, Sonderband der Zeitschrift: die horen. Zeitschrift für Literatur, Kunst und Kritik, 32. Jg., 3. Bd., Bremerhaven 1987

Von den Schwierigkeiten des Denkens ohne Verbot – Die Rolle der Intellektuellen, der intellektuelle Aufbruch und die nahezu unvermeidbaren geistigen Konfusionen in Osteuropa

Die „Revolution in Europa" wurde nicht zuletzt als intellektuelle Wende, als geistige Revolution, überschwänglich begrüßt. Eine Formulierung des Herausgebers von *Le Monde*, André Fontaine, aufgreifend, meinte Dahrendorf: „Die Wiedervereinigung der Sprache bringt die Geschichte, von der hier die Rede sein soll, auf den Begriff. Zwei Systeme, die auf zwei Weltbildern beruhten, brauchten zwei Sprachen. (...) Das alles ist plötzlich wie weggeblasen. (...) Daraus folgt, daß die Sprache nicht mehr dazu herhalten muß, zwei Systeme zu stabilisieren. Gespräch und Diskussion können zur Veränderung von Meinungen führen. Wir sind in eine Zeit der Veränderung eingetreten. Eine schlimme Mauer ist zerbröckelt, und wir sind dabei, ihre Reste gänzlich abzutragen." (Dahrendorf 1990, S. 15 f). Die Wiedervereinigung der Sprache, die offene, unverstellte Kommunikationsmöglichkeit und Verständigungsbereitschaft auf der Grundlage gemeinsamer, allgemein anerkennbarer Vernunftprinzipien, wird von Dahrendorf als ein wesentliches Moment des folgenreichen Wandels in Europa aufgefaßt. Intellektuelle Kommunikation, Sprache und Denken – so die damit verbundene Hoffnung – können sich endlich aus ihren weltanschaulichen Fixierungen lösen, die sich nahezu zwangsläufig aus dem alles beherrschenden Systemgegensatz ergaben. Sie können nicht nur ihre systemstabilisierende Funktion ablegen, sondern gleichsam aus jeglicher Systemgebundenheit heraustreten und sich im Prozeß der kritischen Reflexion und des Meinungswandels durch offene, uneingeschränkte Diskussion in den Dienst der anstehenden Veränderungen stellen, die die Menschen an neue, gleichermaßen riskante wie chancenreiche Horizonte heranführen. Für Dahrendorf schienen 1990 wenig Zweifel zu bestehen, daß nach der Auflösung des dominanten Systemgegensatzes auch die restlichen „Mauern" weltanschaulicher Engstirnigkeit durch das intellektuelle Gespräch zu überwinden sind und daß das intellektuelle Geschehens damit gleichsam den vormals gerade in Osteuropa so augenfälligen Zustand ideologischer Instrumentalisierung überwinden kann.

Ganz ähnlich sah es Pierre Bourdieu, der im Hinblick auf die Befreiung der Sprache von ihrem ideologischen Mißbrauch geradezu emphatisch feststellte: „Was aber tun sie unter unseren Augen jetzt anderes, als das Programm des Dichters zu verwirklichen, „den Wörtern des Stammes einen reineren Sinn zu geben"?" Und der für die Zukunft forderte: „Daher müssen heute die Intellektuellen aller Länder zusammenfinden, um den so begonnenen Kampf fortzuführen. Es hat ein Ende mit dem „organischen Intellektuellen", der sich gezwungen glaubte, seine Vernunft vor den Verdikten der Staatsräson zu beugen, oder mit dem „Weggefährten" nach Sartres Art, der sich, um seine „Erbsünde" zu tilgen, zu „verblöden" bemühte, auf daß er zu den Partei"denkern" zähle." (Bourdieu 1990, S. 160).

Der demokratische Umbruch in Osteuropa wurde demnach auch und vor allem als Befreiung des Denkens aus ideologischen Verpflichtungen und Selbstverpflichtungen, als Rückkehr zu einer gemeinsamen universalistischen Sprache des kritischen Diskurses und der erfahrungsgeprüften Vernunft, als neue Chance des Geistes, sich der Machtunterwerfung zu entziehen und ausschließlich in den Dienst der Wahrheit zu stellen, verstanden. Dabei waren die Hoffnungen, unmittelbar nach den Ereignissen des Jahres 1989, sehr weitgesteckt. Nicht nur, daß man die „Wiedervereinigung der Sprache" unter dem gemeinsamen Wertbegriff der Freiheit für ausgemacht hielt. Man hoffte auch, daß die westlichen Intellektuellen – unter dem Eindruck jener Emanzipationsbestrebungen, die sich im Osten entfalteten und die in vielen Hinsichten an den abendländischen Aufbruch in die Moderne erinnerten – ebenfalls wieder zu sinnvollen Orientierungen und verbindlicheren Maßstäben ihres Tuns fänden, schien mit dem in der abendländischen Kultur um sich greifenden postmodernen Denken doch spielerische Unverbindlichkeit, bodenlose Skepsis und weitgehende Resignation zu den beherrschenden Wesenszügen des intellektuellen Diskurses geworden zu sein. Wenn Richard Wagner lakonisch bemerkt: „Das Ende des Kommunismus betrifft nicht Osteuropa allein, es verrückt die ganze Welt. Gerade als die westlichen Intellektuellen meinten, am Ende der Geschichte angekommen zu sein, brach der Damm, der ihnen ihre Spiel-Welt ermöglicht hatte.", klingt nicht nur Kritik an der postmodernen „Spiel-Welt" an. Damit wird zugleich angedeutet, daß das intellektuelle Denken durch die neuen Herausforderungen vielleicht auf Fragen und Aufgaben gelenkt werden könnte, die angetan sind, die nicht zuletzt aus der „Versteinerung" der Verhältnisse resultierende Resignation oder Nonchalance der Intellektuellen zu überwinden (Wagner 1992, S. 7).

Zumindest angesichts solch weitgespannter Erwartungen, wie sie eben exemplarisch angedeutet wurden, hielten die tatsächlichen intellektuellen Entwicklungen in Osteuropa (wie auch im Westen) bei weitem nicht das, was man sich von ihnen zunächst erhoffte. In düsteren Worten und Bildern bringt ein rumänischer Schriftsteller die Situation aus der Sicht eines osteuropäischen Intellektuellen auf den Begriff: „Freiheit bedeutete jahrelang – und sie bedeutet noch heute – nur das Ausbrechen aus dem Käfig. Wir haben nicht begriffen und begreifen wahrscheinlich immer noch nicht, daß die Freiheit ihre eigene Ordnung hat. Vor allem haben wir nicht verstanden, daß wir uns wie gefangene Tiere benehmen, die ihren Käfig im Kopf noch mit sich tragen, wenn sie freigelassen werden. Wir begreifen nicht, daß bei uns die Vergangenheit nicht nur mit Archiven zusammenhängt, sich also nicht allein auf das „Gewesene" beschränkt, sondern weiter fortwirkt. Gespenster wandeln durch die Straßen. Gespenster reden mit uns, und manchmal sehen wir sie auch im Fernsehen. Zuweilen sind wir selbst unsere eigenen Gespenster, ohne uns dessen bewußt zu werden. Aber ich fürchte, ein Westeuropäer ist außerstande, die Tragödie unserer Situation zu erfassen." (Paler 1993).

Der vielversprechende intellektuelle Aufbruch mündete fast überall in schwerfällige Komplikationen und Retardierungen, in merkwürdige Konfusionen oder auch in offenkundige Irrwege, denkt man beispielsweise an das „Wiedererwachen" feindseliger „Nationalismen", einen nahezu überall in Osteuropa um sich greifenden Prozeß, der nicht zuletzt von Intellektuellen und Halbintellektuellen forciert und leidenschaftlich gesteigert wird – und dem andererseits viele Intellektuelle im Westen zumeist ratlos gegenüberstehen, oder auf den sie mit überheblichen moralischen Vorwürfen und geschichtsblinder Verständnislosigkeit reagieren. Dabei kommen solche Entwicklungen keineswegs von ungefähr, sondern haben eine für das intellektuelle Denken in Osteuropa ebenso bezeichnende wie traurige Vorgeschichte, deren Stichworte „nationalistische intellektuelle Leidenschaften" im Prozeß des „Erwachens verspäteter Nationen" und intellektuelle Denkverbote unter totalitär-kommunistischen Herrschaftsbedingungen sind. Diesen beiden Ausgangsbedingungen oder „Vorbelastungen" des intellektuellen Denkens in Osteuropa, die die Reflexion und die Kommunikation weit schwieriger machen, als es in erster Begeisterung nach dem Niedergang der kommunistischen Herrschaft gehofft wurde, werden sich die folgenden Überlegungen zuwenden. Natürlich nicht mit der Anspruch, eine umfassende Erklärung für ein ohnehin sehr kompliziertes und widersprüchliches Phänomen zu bieten, sondern lediglich mit der Absicht, einige Denkanstöße für weitere Überlegungen und Diskussionen zu geben.

Wenn im folgenden nicht die beeindruckenden Fortschritte, sondern vor allem die problematischen Kehrseiten und Schwierigkeiten des intellektuellen Aufbruchs in den Mittelpunkt der Erörterungen gestellt werden, soll dies den Verdienst vieler engagierter, kreativer und rechtschaffener Intellektueller in Osteuropa keineswegs mindern. Zweifellos haben Intellektuelle einen sehr gewichtigen Anteil daran, daß zumindest einige osteuropäische Gesellschaften nach der Überwindung der kommunistischen Herrschaft ein gutes Stück auf dem Weg in die europäische Moderne vorangekommen sind. Doch sollte dies – bei aller Anerkennung und großem Respekt – gerade die intellektuelle Stellungnahme – die ja immer ein kritische ist –, nicht davon abhalten, sich dem Problematischen zuzuwenden, das gleichermaßen als Schatten der sozialistischen Vergangenheit wie als fortbestehende Hypothek der vorsozialistischen Modernisierungsanfänge verstanden werden kann.

Eine nähere Betrachtung des unter den Imperativen mächtiger Verbote und verdrängter Leidenschaften eingeübten intellektuellen Denkens, das in Osteuropa heute mühselig und keineswegs immer erfolgreich seine eigene Vergangenheit zu überwinden sucht – und vielfach doch noch sehr im Banne dieser Vergangenheit steht – verschafft uns in gewisser Weise auch Aufschluß über die Bedingungen und Fragwürdigkeiten des „postmodernen Denkens", das sich vielfach als ein radikal offenes Denken, als Denken ohne Denkverbote, aber auch als Denken ohne Richtschnur und Anhaltspunkte, darstellt.

I.

Von einer Vorstellung ausgehend, die den Intellektuellen vor allem als Kritiker, als Ideologie-, Herrschafts- und Gesellschaftskritiker sieht, ist gelegentlich – so auch in einer Diskussion auf dem 26. Deutschen Soziologentag in Düsseldorf 1992 – die Frage aufgeworfen worden, ob es in Osteuropa unter den kommunistischen Herrschaftsgegebenheiten – von den wenigen intellektuellen Dissidenten einmal abgesehen –, überhaupt Intellektuelle gegeben hat? Dem steht ein gerade in Osteuropa weit verbreitetes

Verständnis der Intellektuellen gegenüber, das weitgehend der Auffassung Theodor Geigers entspricht, wonach als Intellektuelle alle anzusehen sind, „die im weitesten Sinne geistige, immaterielle Arbeit ausführen, insbesondere die akademisch Geschulten" (Geiger 1949, S. 12 f). Schon für die Zwischenkriegszeit hielt der bekannte Osteuropahistoriker Seton-Watson ganz in diesem Sinne fest: „Das Wort „intellektuell" hat vielleicht in Osteuropa ein größeres Ansehen als sonstwo auf dem Erdenrund. Kaufleute, Soldaten und öffentliche Beamte schmücken sich gern mit diesem Wort" (Seton-Watson 1948, S. 164).

Um die spezifischen Bedingungen des intellektuellen Denkens in Osteuropa zu bezeichnen, muß also zunächst die Frage geklärt werden, ob man von einem weitgefaßten Verständnis des Begriffes ausgeht, so daß im Grund genommen alle Intelligenzberufe mit einbegriffen sind, oder ob man auf einer klaren Distinktion zwischen Intellektuellen und Intelligenz bestehen sollte? Wenn man diese Unterscheidung für maßgeblich hält – und einiges spricht durchaus dafür, dies zu tun – zieht dies natürlich die Frage nach sinnvollen und möglichst trennscharfen Differenzierungskriterien nach sich.

Sollte man die kritisch-reflexive Grundhaltung, das kompromißlos kritische Verhältnis zur Macht und den Anliegen der Mächtigen als das untrügliche Erkennungszeichen des Intellektuellen verstehen? In vielen einschlägigen Definitionen wird dies so angenommen, und zwar keineswegs nur von diejenigen, die den Intellektuellen unabdingbar auf die kritische Utopie verpflichtet sehen wollen. Auch viele entschiedene Kritiker der „Priesterherrschaft" der Intellektuellen fassen deren permanente Neigung zur „Fundamentalkritik" als eines ihrer Wesensmerkmale auf. Ist die kritische Grundhaltung, die ständige Problematisierung des Gegebenen, das utopiegeleitete Streben der Intellektuellen nach Veränderung also jenes entscheidende Merkmal, daß diese deutlich von der Intelligenz unterscheidet, die sich nicht selten als Technokratie des Machbaren darstellt?

Bei näherer Betrachtung stellen sich schnell Einwände und Bedenken ein. Nicht nur, daß kritische Grundhaltungen sehr unterschiedlich motiviert und ausgerichtet sein können. Kritische Attitüden besagen noch nichts über ihre tatsächliche Perzeption und Wirkung. So haben oft ganz nüchterne, ohne jede kritische Absicht vorgetragene Tatsachenfeststellungen unerwartete und tiefgreifende Auswirkungen auf Machtstrukturen und Herrschaftssysteme entfaltet, von denen die entschiedene „Fundamentalkritik" vergeblich träumt. Radikale Kritik wiederum kann durch Übersteigerung ihrer wohlgemeinten Absicht durchaus kontraproduktiv wirken – oder bestenfalls nichts bewirken. Dann ist der Begriff „Kritik" selbst – wie griffig er sich auf den ersten Blick auch darstellen mag – ein Sammelbegriff für durchaus unterschiedliche Denk-, Analyse- und Argumentationsprinzipien, die zwar alle auf die Hinterfragung des tatsächlich oder vermeintlich Gegebenen hinauslaufen, aber dabei doch sehr unterschiedlichen Urteilskriterien und Maßgaben folgen können. Genau genommen, kann die Lebenspraxis, können die Angehörigen einzelner Intelligenzberufe in ihren alltäglichen Handlungsvollzügen und Entscheidungen kaum ohne Rückgriff auf das Prinzip der Kritik – in welcher Realisierungsform auch immer – auskommen. Insbesondere für die wissenschaftliche Tätigkeit ist die Kritik als regulative Idee von konstitutiver Bedeutung, wenngleich auch hier die wissenschaftstheoretischen Auffassungen weit auseinanderliegen, wie das kritische Prinzip im einzelnen angelegt sein soll und in Anwendung zu bringen ist. Wenn Kritik eine so erhebliche Rolle in der Praxis nahezu aller den Intelligenzberufen oder der Wissenschaft zurechenbaren Tätigkeiten spielt, sollte man daher alle Angehörigen der Intelligenz, die sich entsprechender Denk- und Argumentationsprinzipien bedienen, oder alle ernstzunehmenden Wissenschaftler gleich zu Intellektuellen stilisieren? Oder kommt es darüber hinaus auf die Intensität oder die Gegenstände der Kritik an? Kritisiert wird bekanntlich auch in der Politik und an Stammtischen – zumindest soweit dies zugelassen und möglich ist. Sind alle, oft zu extremer Radikalität und äußersten Vereinfachungen neigenden Kritiker des Bestehenden Intellektuelle?

Selbst das stalinistische Herrschaftssystem hat seine eigenen ritualisierten Formen der Kritik und Selbstkritik hervorgebracht – und gleichsam seine eigenen „Intellektuellen" zu kreieren versucht. Diese erwiesen sich zwar zumeist eher als Dilettanten denn als Virtuosen ihrer vorgeschriebenen Aufgaben: der Kritik des „Klassenfeindes" und der Systemapologie, aber auch so mancher anerkannte und wortmächtige Meister, denkt man beispielsweise an viele namhafte Schriftsteller, stellten sich zumindest gelegentlich der billigsten ideologischen Propaganda zu Verfügung. Sollte man solchen, opportunistisch in den ideologischen Dienst der Herrschenden eingetretenen Sinnvermittler den intellektuellen Anspruch schlichtweg bestreiten, oder zeichnet sie schon die Beherrschung des Wortes – in wessen Dienst auch immer gestellt – als unverkennbare Intellektuelle aus? Die weitgreifende Dimension dieser Frage wird deutlich, wenn man sie, wie Richard Wagner, in einer sehr konsequenten Form stellt: „Aber der Hitler-Stalin-Pakt? Seine Rechtfertigung bis vor kurzem? Statt dessen gab es die schändlichen Erklärungen der Moskauer Prozesse durch Feuchtwanger und Heinrich Mann, und es gab den skandalösen Opportunismus von Bertolt Brecht, der ganz Generationen prägen sollte." (Wagner 1993, S. 17)

Die einigermaßen überzeugende und wirkungsvolle Beherrschung des geschriebenen oder gesprochenen Wortes ist wohl ein Merkmal, das den Intellektuellen charakterisiert und das ihn insofern auch von anderen „Kritikern" und nicht zuletzt von vielen Angehörigen der technisch-pragmatischen Intelligenz unterscheidet. Gehört dann aber auch die wortgewaltige Systemapologie, die ideologische Propaganda, zum selbstverständlichen Geschäft des Intellektuellen? Diese Frage stellt sich insofern mit einiger Berechtigung, als die radikale Kritik eines Systems durchaus mit der Befürwortung oder Apologie eines anderen wünschenswerten oder anderswo (vermeintlich) gegebenen Gesellschaftssystems einhergehen kann, wie nicht zuletzt das Beispiel radikaler westlicher Kapitalismuskritiker zeigt, die sich oft gleichzeitig als überaus naive Propagandisten des realsozialistischen Systems hervortaten. Sie stellt sich aber auch angesichts der Tatsache, daß es zwischen Fundamentalkritik und Systemapologie viele differenzierte und intellektuell durchaus gewichtige Zwischentöne gibt, die sich der einen oder anderen Funktion unter Umständen gar nicht so einfach zurechnen lassen. Was ist aber dann doch das eigentliche Tätigkeitsfeld des Intellektuellen? Wo verläuft die Unterscheidungslinie zur Intelligenz, aus deren Reihen die Intellektuellen in der Regel hervorgehen und mit der sie vielen Wissens- und Bildungsvoraussetzungen teilt? Wie bestimmt sich das Verhältnis der Intelligenz zur politischen Herrschaft, wenn man die ausschließliche Festlegung des Intellektuellen auf die Rolle der Herrschaftskritik als eine weitgehend unrealistische Annahme betrachtet?

II.

Sehr zugespitzt formuliert, läßt sich sagen: Gegenstand der intellektuellen Reflexion sind stets existentielle Grundwerte und die ihnen entsprechenden Wertüberzeugungen, gesellschaftlichen Ordnungsvorstellung, Menschenbilder, Handlungsmaximen usw. – die gleichsam auch Grundelemente der Handlungssphäre des Politischen wie des Moralischen sind. Aus ihnen leiten sich letztlich die Maßstäbe der Kritik ab, deren sich die intellektuelle Reflexion und Stellungnahme bedient. Selbst wenn es der intellektuellen Betrachtung um ganz isolierte Einzelgegebenheiten, um sehr konkrete Sachverhalte, um alltägliche Situationsdeutungen oder banale Einzelhandlungen geht, ist das Urteil explizit oder implizit stets an fundamentale Wertüberzeugungen gebunden und entsprechend fundiert. Das intellektuelle Urteil ist insofern auch immer – wie nüchtern und sachlich es sich auch darstellen mag – nicht nur Wirklichkeitsurteil, sondern auch Werturteil. Oft beziehen sich die intellektuellen Auseinandersetzungen natürlich ganz explizit auf im Widerstreit liegende fundamentale Werte oder auf ihre konkurrierenden Ausdeutungsmöglichkeiten. Unterschiedliche intellektuelle Standpunkte gehen oft weniger auf verschiedene Realitätsbefunde denn auf voneinander abweichende Wertprioritäten zurück, wobei schon die Vorstellungen darüber, wie die für das intellektuelle Urteil maßgebliche Wertesphäre beschaffen ist, weit auseinanderliegen.

Folgt man einer Auffassung, wie sie etwa von Friedrich Nietzsche oder Max Weber vertreten wurde, die vielen indes auch heute noch moralisch oder ideologisch unerträglich erscheint, so sind individuell oder kollektiv zurechenbare „letzte" Werte, ob religiös begründet oder nicht, stets partiell inkommensurabel und liegen in einem ewigen, nicht zuletzt interessen- und willensbestimmten Kampf miteinander. Grundwerte und Wertbezüge, die praktische moralische oder politische und gleichsam auch intellektuelle Bewertungen abstützen, sind zwar im Prinzip auf von jenen, die entsprechende Werte oder Bewertungen nicht teilen, unvoreingenommen und sachlich rekonstruierbar; die das praktische Handeln leitenden „letzten" Wertmaximen selbst aber sind rational nicht begründbar, sie stellen letztlich eine Sache des „Glaubens" und des „Wollens" dar.

Gesellschaften oder politische Ordnungen – die sich ja selbst auf bestimmte Grundwerte und Ordnungsprinzipien stützen oder die solche Werte zumindest zur Begründung der bestehenden Herrschaftsverfassung heranziehen – können dazu tendieren, bestimmte „letzte" Werte und die daraus abgeleiteten gesellschaftlichen Ordnungsprinzipien gegen jede Anfechtung zu immunisieren. Je weitreichender solche Vorbehalte sind und je weiter ihre Durchsetzbarkeit geht, umso mehr zeichnen sie das Herrschaftssystem als ein ideologisch geschlossenes aus. Es können aber auch – und dies ist in demokratisch-pluralistischen Gesellschaften weitgehend der Fall – institutionelle Arrangements gefunden werden, die den individuellen oder gruppenspezifischen Divergenzen in letzten Wertfragen Rechnung tragen: Einerseits dadurch, daß letzte Wertüberzeugungen privatisiert und damit aus den ständigen politischen Auseinandersetzungen herausgehalten werden; andererseits aber auch dadurch, daß der gegebene Wertdissens im intellektuellen Prozeß artikuliert und in der intellektuellen Auseinandersetzung so durchdekliniert wird, daß seine aufhebbaren Komponenten wie auch seine unaufhebbaren Reste sichtbar und handhabbar werden. Dies setzt allerdings voraus, daß zumindest der Grundwert der Glaubens-, Meinungs- und Äußerungsfreiheit in letzten Wertfragen weitgehend Konsens findet und institutionell gesichert ist. Ebenso daß der praktische Entscheidungsprozeß in einzelnen Bereichen nach weitgehend akzeptieren, wenn auch stets veränderbaren Verfahrensregeln funktioniert und daß intellektuelle Reflexionsprozesse und praktische Entscheidungsvorgänge eigene, autonome Sphären mit eigenen „Semantiken" bilden. Intellektuelle Urteile können dabei natürlich als kritische Korrektive praktischer Entscheidungsprozesse fungieren, sie können auch als Begründungskomponente praktischer Entscheidungen auftreten, ohne diese allerdings – etwa im Sinne ideologisch-dogmatischer Vorgaben – zu präjudizieren.

In einem solchen Konzept, unter solchen praktischen Gegebenheiten, ist sich das intellektuelle Denken seiner jeweiligen partikularen Wertgebundenheit und Relativität durchaus bewußt, es stellt sich selbstreflexiv auf die Situation „geistiger Konkurrenz" ein, indem es die konstruktive Auseinandersetzung mit anderen intellektuellen Standpunkten sucht, es strebt zugleich aber auch

nach praktischer Relevanz, indem es die Gesellschafts-
praxis und die politische Praxis im besonderen einerseits
zu kritisieren und andererseits zu beeinflußen sucht. Intellektuelle Urteile, wie konsequent und konsistent sie
sich auch verstehen, sind sich hierbei aber stets der Tatsache begrenzter praktischer Reichweite und Gültigkeit
bewußt. Sie nehmen zur Kenntnis, daß sie lediglich Be-
standteile intellektueller und politischer Auseinandersetzungen, nicht Urteile im letzter Instanz, die unbedingte
Verbindlichkeit beanspruchen dürfen, sind. Intellektuelle
Reflexionen, Kommunikationsprozesse und Auseinandersetzungen können so also schon ihren eigenen Voraussetzungen nach nie in einen definitiven Konsens ein-
münden, aber immerhin tragfähige Kompromisse im
Hinblick auf praktische Entscheidungen ermöglichen.
Erst so – im praktischen Einfluß gebrochen und begrenzt
durch den Widerspruch, korrigiert durch die Gegenmei-
nung – kann das intellektuelle Denken den Anspruch auf
Radikalität, das Recht auf Wertgebundenheit und Irrtum
und die Freiheit unrestringierter Kritik für sich reklamie-
ren. Nur unter solchen Umständen ist es übrigens auch
zu jener Unverbindlichkeit und Beliebigkeit freigesetzt,
die seiner postmodernen Erscheinungsform in gesteiger-
ter Weise eigen ist.
Eine zumindest in einigen wesentlichen Punkten andere
Auffassung vertritt beispielsweise Bourdieu, der den Intellektuellen auf einen Grundsatz unbestreitbarer huma-
nistischer Werte mit universalistischem Geltungsanspruch verpflichtet versteht (Bourdieu 1991). Diese Ver-
pflichtung bringt den Intellektuellen notwendig in eine
permanente Opposition zu allen realen Herrschaftsordnungen und Machtstrukturen, zumal in diesen die uni-

versalistischen Werte, die den unverzichtbaren Maßstab intellektueller Kritik bilden, bestenfalls bruchstückhaft realisiert sind. Der Intellektuelle kann aber auch nach der Auffassung Bourdieus nur dann von seiner grundsätzlich kritischen Haltung aus korrigierend in den politischen Prozeß „intervenieren", wenn seine Autonomie, seine Denk- und Handlungsfreiheit, gesichert und nicht zuletzt auch materiell abgesichert sind. Nur dann kann er von einer universalistischen Wertbasis aus prinzipiell kritisch und doch mit praktischen Folgen auf die reale Gestalt einzelner Herrschaftsordnungen einwirken, die – wie auch immer verfaßt – dem Intellektuellen stets unzulänglich erscheinen müssen.

Nochmals eine ganz andere Auffassung von den das intellektuelle Geschehen fundierenden Leitwerten suchen ideologisch geschlossene, totalitäre Herrschaftsordnungen normativ vorzugeben und institutionell zu realisieren. Hier sind eine Vielzahl gesellschafts- und herrschaftsrelevanter Werte wie auch ihre zulässigen Interpretationen rigide festgelegt und aller weiteren intellektuellen Auseinandersetzung enthoben. Die Wertpositionen, die für das intellektuelle Urteil zulässig sind, werden machtpolitisch im Sinne weitgehend durchgearbeiteter ideologischer Überzeugungssysteme vorgegeben. Jeder intellektuelle oder politische Rekurs auf abweichende Werte oder Wertauslegungen wird untersagt und verfolgt oder zumindest institutionell beschnitten, so daß die intellektuelle Reflexion und Kritik – zumindest soweit sie diesen Vorgaben folgt oder sich ihren Zwängen nicht entziehen kann – hier lediglich einen sehr engen Spielraum haben und von vielen Denkmöglichkeiten und Bewertungsalternativen abgeschnitten bleiben.

III.

Intellektuelle werden natürlich auch unter solchen Bedingungen – wie sie wohl nahezu durchgängig in den sozialistischen Gesellschaften Osteuropas gegeben waren – bestrebt sein, die ideologischen Vorgaben zu hinterfragen oder zu unterlaufen. Oder sie werden zumindest versuchen, die Praxis kritisch an den geltenden ideologischen Prinzipien zu messen. Da dies aber als „illegitim" erachtet wird, ist ihre Lage dabei stets prekär und gefährdet. Dem Intellektuellen – soweit er seine Rolle nicht heroisch versteht und, wie in gewöhnlichen Fällen üblich, die persönliche Gefährdung scheut – bleibt demnach häufig nur ein äußerst begrenzter Handlungsspielraum zwischen Opportunismus und Verfolgung. Soweit allerdings intellektueller Mut und die relativ unwahrscheinliche, durch bestimmte Zufälle aber doch immer mal gegebene Chance in solchen Systemen besteht, intellektuelle Ideologie- und Herrschaftskritik öffentlich wirksam zu artikulieren, ist diese indes nicht nur für den intellektuellen Kritiker, sondern auch für das ideologisch begründete Herrschaftssystem durchaus gefährlich. Oder der intellektuelle Widerspruch wird von den Herrschenden zumindest als bedrohlich empfunden, wie nicht zuletzt die vielfältigen Vorkehrungen in totalitären oder autoritären Systemen zeigen, entsprechende intellektuelle Kritik zu unterbinden oder schon im Vorfeld abzufangen.

Das stalinistisch-kommunistische System wies gegenüber anderen totalitären Herrschaftssystemen die Besonderheit auf, daß es zwar wie diese ein weltanschaulich fixiertes Überzeugungssystem mit weitreichenden Festlegungen der gesellschaftlichen Ordnungsvorstellungen, des

Menschenbildes, der Wertmaßstäbe usw. als für das intellektuelle Denken allein verbindlich vorgab und keine konkurrierenden Auffassungen duldete; es nahm darüber hinaus aber zugleich für sich in Anspruch, völlig mit den humanistisch-universalistischen Werten, wie sie beispielsweise auch Bourdieu als Maßstab des intellektuellen Urteils vorschweben, übereinzustimmen. Darin lag die Faszination wie wohl auch das Verhängnis der kommunistischen Ideologie, gelang es den politisch Herrschenden doch kaum die virtuelle Wirkung der für sich reklamierten universalistischen Werte völlig ausblenden, noch die gesellschaftliche Wirklichkeit einigermaßen in Einklang mit der Ideologie zu bringen. In diesem Spannungsfeld, unter diesem sich teilweise natürlich auch wandelnden und lockernden Gegebenheiten, entfaltete sich mehrere Jahrzehnte lang das intellektuelle Geschehen in den einzelnen osteuropäischen Gesellschaften, wobei natürlich auch wichtige gesellschaftsspezifische Unterschiede zu beachten wären, die hier allerdings keine nähere Berücksichtigung finden können.

IV.

Die Bedingungen der öffentlichen intellektuellen Tätigkeit unter den kommunistischen Herrschaftsgegebenheiten waren zum Teil überaus restriktiv, das intellektuelle Denken war von vielen ideologisch vorgegebenen Denktabus und Schreibverboten bestimmt. Auf diese spezifischen Umstände haben sich die meisten osteuropäischen Intellektuellen teils freiwillig, teils zwangsläufig eingestellt – natürlich nicht nur opportunistisch, sondern auch strategisch. Die „Intellektuellen" präsentierten sich

65

keineswegs nur als völlig gefügige, wirklichkeitsblinde Systemapologeten, wenngleich es auch diese Spielart von Pseudointellektuellen gab, die wie eine Karikatur ihrer selbst wirkten. Von vielen wurden die Spielräume möglicher Kritik indes durchaus genutzt, wiewohl kritische Äußerungen in der Regel feinsinnig dosiert und nur dem Eingeweihten vernehmbar blieben. Das Unerlaubte, ideologisch Tabuisierte wurde nicht selten verschlüsselt, bildlich, metaphorisch angesprochen. Anspielungen, Doppeldeutigkeiten, symbolische Chiffren waren in der intellektuellen Kultur osteuropäischer Gesellschaften teilweise hoch elaboriert. Intellektuelle Äußerungen fanden oft gerade ihrer Undeutlichkeit, Unfaßbarkeit und offenen Auslegbarkeit wegen Resonanz und Interesse. Raffinierte symbolische Codierungs- und Decodierungstechniken der unaussprechbaren Reflexionen über die Wirklichkeit entwickelten sich mitunter zu einer hohen Kunst, deren Beherrschung nicht nur als intellektuelle Scharfsinnigkeit, als Signum der Dazugehörigkeit zum Kreis der Intellektuellen, sondern mitunter auch als systemkritischer Akt verstanden wurde. Daher auch die vielen selbsternannten intellektuellen Helden nach der Revolution, die vormals noch wie karrierebewußte Opportunisten wirkten. Was haben die Jahrzehnte der Denktabus und Schreibverbote, wie erfolgreich die Versuche im Einzelnen auch gewesen sein mögen, sie zu überspielen oder zu unterlaufen, bewirkt und hinterlassen?

Bei vielen, die ihr intellektuelles Denken unter solch spezifischen Bedingungen eingeübt und spezialisiert haben – so meine These -, eine nachhaltige Festlegung und Rigidität des Denkstils, der Denk- und Argumentationsmuster, die sich sicherlich – auch beim besten Willen – nicht von heute auf morgen überwinden lassen, sondern zunächst wohl eher in Irritationen und Orientierungsschwierigkeiten münden. Überaus schonungslos, aber sicherlich nicht ganz unzutreffend, ist dies in dem schon zitierten Satz ausgedrückt: „Vor allem haben wir nicht verstanden, daß wir uns wie gefangengehaltene Tiere benehmen, die ihren Käfig im Kopf noch mit sich tragen, wenn sie freigelassen werden" (Paler 1993).

Das intellektuelle Denken, dem der wenig überzeugende, aber als Bedingungsgefüge und Tatsache doch so nachdrücklich vorhandene und insofern auch prägende Bezugsrahmen der ideologischen Vorgaben und Tabus verlorengegangen ist, muß lernen, mit vielfältigen grundlegenden Alternativen zu rechnen und mit Perspektivenwechsel zwischen möglichen Grundpositionen zurechtzukommen. Für die intellektuelle Tätigkeit muß dabei nicht nur ein neuer Kommunikationsstil ausgebildet werden, das intellektuelle Geschehen muß sich auch eine entsprechende institutionelle Infrastruktur schaffen, die eine pluralistische Öffentlichkeit als unverzichtbare Voraussetzung demokratischer Verhältnisse ermöglicht. Die durch die kommunistische Ideologie systematisch ausgeblendeten oder entstellten Werte und Wertüberzeugungen und ihre unterschiedlichen Implikationen – etwa ihre komplizierten rechtlichen Implikationen – wie sehr sie in ihrer ursprünglichen Form für osteuropäische Intellektuelle auch virtuell gegeben oder intuitiv erahnbar waren, müssen als Basis kritischer Urteile erst gründlich erschlossen und erarbeitet werden, ehe sie überzeugend ins Feld zu führen sind. Zugleich muß sich das intellektuelle Denken auf die Möglichkeiten eines in vielen Hinsichten grundlegenden Wertedissens, der durch kritische Artikulation transparent zu machen ist, einstellen und die Spielregeln widerstreitender intellektueller Meinungen einüben, damit der intellektuelle Meinungsstreit einerseits nicht völlig ungehört und unverbindlich, andererseits aber auch nicht zur geistigen Antriebskraft destruktiver politischer Konflikte wird.

In diesen Umstellungsschwierigkeiten des intellektuellen Denkstils und den geistigen Orientierungsproblemen in einer neuen, offen, durch keine Tabus und Gewißheiten vorstrukturierten Situation haben viele intellektuelle Verunsicherungen und Konfusionen, denen man heute in Osteuropa begegnet, eine wichtige Ursache. Dabei kommt hinzu, daß nicht nur der vertraute ideologische, politische und soziale Denkzusammenhang, sondern auch ein wesentlicher Teil der das intellektuelle Geschehen bestimmenden institutionellen Infrastruktur von einem tiefgreifenden Umbruchprozeß erfaßt wurde, so daß die intellektuellen Irritationen nicht zuletzt durch eine Situation materieller und existentieller Unsicherheit begleitet und irrational verstärkt werden.

V.

Durch das kommunistische Ideologiemonopol wurde das intellektuelle Denken – betrachtet man es genauer – eigentlich nach zwei Richtungen hin eingeschränkt und abgeschattet. Auf die jahrzehntelange Ausblendung oder ideologische Entstellung bestimmter Grundwerte und Realitätszusammenhänge und die kognitiven Schwierigkeiten, den intellektuellen Denk- und Kommunikationsstil kurzfristig auf die Gegebenheiten und Herausforderungen einer neuen, im Umbruch begriffenen, pluralisti-

schen Wertordnung einzustellen, ist eben hingewiesen
worden. Damit ist sicherlich ein wichtiger, zugleich aber
auch prinzipiell überwindbar erscheinender und teilweise auch schon entschärfter Aspekt der gegenwärtigen intellektuellen Orientierungskrise in Osteuropa bezeichnet.
Unter den kommunistischen Herrschaftsbedingungen ist
allerdings noch eine zweite Schranke des intellektuellen
Denkens errichtet gewesen. Sie zielte auf einen mehr
oder weniger deutlichen Bruch mit den eigenen, osteuropäischen vorsozialistischen intellektuellen Denktraditionen ab.
Es wurde schon angedeutet, daß das für den intellektuellen Diskurs im Westen relevante Wertuniversum dem
osteuropäischen Denken auch während der Zeit kommunistischer Herrschaft nicht völlig verschlossen war, sondern zumindest in einer virtuellen Form – wenn auch
vielfach gebrochen und keineswegs immer affirmativ
aufgefaßt – gegenwärtig blieb. Mehr noch gilt dies für die
eigenen, die nationalkulturellen intellektuellen Denktraditionen in Osteuropa, gegen die die kommunistische
Ideologie ebenfalls eine hoch selektive Absperrung zu er-
richten suchte, ohne das dies tatsächlich gelungen wäre.
Im Halbdunkel der zwar nicht öffentlich artikulierbaren,
aber doch mündlich im engen Vertrautenkreis von Generation zu Generation sich fortsetzenden Wissensvermitt-
lung wie auch in der Form unzerstörbarer objektivierter
Kulturzeugnisse und nicht zuletzt über westliche Umwege tradierten sich bestimmten intellektuelle Wissens-
gehalte der vorsozialistischen Vergangenheit, die wohl
gerade wegen dieser „subversiven" Art ihrer Vermitt-
lung eine faszinierende, symbolträchtige und emotional
stark aufgeladene Bedeutung bewahrten. So erstaunt

keineswegs, daß nach dem Wegfall der jahrzehntelang so mächtigen offiziellen Denk- und Schreibtabus nicht nur eine intellektuelle Neuorientierung an universalistischen Werten und westlichen Denkweisen in Gang gekommen ist, sondern auch diese untergründig überkommenen Denktraditionen Osteuropas wieder leidenschaftlich aufleben. Was aber charakterisiert diese intellektuellen Denkweisen? Was gibt ihnen ihr besonderes Gepräge? Äußerst pointiert formuliert, lautet meine dazu an anderer Stelle ausführlicher entwickelte These: Diese überkommenen intellektuellen Denktraditionen spiegeln überaus trefflich die spezifische Modernisierungsproblematik osteuropäischer Gesellschaften wider, in der Zentrum schon seit den Anfängen moderner Entwicklungen: die teilweise bis heute noch keineswegs befriedigend gelösten Fragen der Staaten- und Nationenbildung, die Probleme sozialer und wirtschaftlicher Rückständigkeit sowie die Spannungen und Vermittlungsbemühungen zwischen unterschiedlichen Kulturtraditionen stehen. Sie bilden zugleich ein vorzügliches Zeugnis des ebenso engagierten, wie von leidenschaftlichen Irrtümern und erschütternden Mißerfolgen gekennzeichneten Einsatzes osteuropäischer Intellektueller für den Modernisierungserfolg ihrer Gesellschaften (Sterbling 1993). Je tiefgreifender die Modernisierungskrise ihrer Gesellschaften den Intellektuellen erscheint und je stärker sie sich existentiell und materiell davon betroffen sehen, umso eher neigen sie in ihrem Urteil zu radikal-fundamentalistischen Realitätsdeutungen, die angesichts der überkommenen wie der aktuellen Konfliktstrukturen in Osteuropa naheliegenderweise auf nationalistische Ideologiegehalte und Wertvorstellungen rekurrieren.

VI.

Wenn osteuropäische Intellektuelle heute nicht umstandslos in den postmodernen Dialog eintreten, sondern
sich – bei aller Öffnungsbereitschaft – den eigenen nationalen Denktraditionen und den in ihrem Lichte definierten Probleme zuwenden, so liegt das nicht zuletzt daran,
daß die spezifischen Modernisierungsprobleme, die diesen intellektuellen Denkmustern und Bestrebungen Gestalt gaben, auch heute bei weitem noch nicht gelöst sind.
Dies betrifft die durch vielfältige interethnische Spannungen aktualisierte Problematik der Staaten- und Nationenbildung und die damit zusammenhängenden Minderheitenprobleme und Territorialfragen ebenso wie – angesichts eines wachsenden Wirtschafts- und Reichtumsgefälles – die Frage der gesellschaftlichen Rückständigkeit.
Die osteuropäischen Intellektuellen stehen aber auch
heute noch – oder besser gesagt, heute, nachdem das intellektuelle Denken seinen langjährigen ideologischen
Zwängen entronnen ist, wieder – vor der überaus
schwierigen Aufgabe, zwischen teilweise deutlich auseinanderstrebenden Werthorizonten zu vermitteln.
Wenn sich die osteuropäischen Intellektuellen tatsächlich
redlich bemühen, die vielfältigen Brüche zwischen traditionalen und modernen, zwischen partikularistischen
und universalistischen Werten, zwischen unterschiedlichen ethnischen Zugehörigkeiten und Kulturkreiseinflüssen, die sich durch ihre ältere und neuere Geschichte hindurchziehen und die auch die gegenwärtige politische Situation wie auch ihre eigene Lage maßgeblich bestimmen, begreifbar zu machen, leisten sie einen wichtigen

Beitrag dazu, lange Zeit verschüttete und verdeckte, aber stets latent vorhandene Wert- und Interessenbezüge freizulegen. Dies ist sicherlich ein erster Schritt, unterschiedliche Interessen und Wertpositionen in die in Gang gekommenen demokratischen Prozesse einzubinden, eine wichtige Voraussetzung, sie demokratischen Verfahren zuzuführen und damit institutionell vermittelbar zu machen. Allerdings darf der intellektuelle Prozeß dabei nicht bei der unbeirrten Artikulation bestimmter dogmatischer Standpunkte stehenbleiben, sondern muß im kritischen, meinungsverändernden Kommunikationsprozeß seine Fortsetzung finden.

Natürlich sind auch die westlichen Intellektuellen aufgefordert, nicht nur mit überzogenen Erwartungen und raschem Befremden auf den schwierigen intellektuellen Aufbruch in Osteuropa zu reagieren. Sie sind zur Pflicht gerufen, in einen substantiellen kritischen Kommunikationsprozeß mit Osteuropa einzutreten. Das würde auch für sie zumindest nützliche Irritationen mit sich bringen und ihnen vielleicht auch die Illusion der grenzenlosen Beliebigkeit der intellektuellen Reflexion als eine doch allzu leichtfertige Voraussetzung des intellektuellen Denkens enthüllen.

Literatur

Bourdieu, Pierre: Im Osten erwacht die Geschichte. Die Revolution und die Befreiung der Worte, in: Schirrmacher, Frank (Hrsg.): Im Osten erwacht die Geschichte. Essays zur Revolution in Mittel- und Osteuropa, Stuttgart 1990 (S. 159-162) (zuerst, am 6. Dezember 1989, in der Frankfurter Allgemeinen Zeitung)

Bourdieu, Pierre: Der Korporativismus des Universellen. Die Rolle des Intellektuellen in der modernen Welt, in Bourdieu, Pierre: Die Intellektuellen und die Macht, Hamburg 1991 (S. 41-65)

Dahrendorf, Ralf: Betrachtungen über die Revolution in Europa, in einem Brief, der an einen Herrn in Warschau gerichtet ist, Stuttgart 1990

Geiger, Theodor: Aufgaben und Stellung der Intelligenz in der Gesellschaft, Stuttgart 1949

Paler, Octavian: Wir sind unsere eigenen Gespenster, in: Die Zeit vom 30. Juli 1993

Seton Watson, Hugh: Osteuropa zwischen den Kriegen 1918-1941, Paderborn 1948

Sterbling, Anton: Strukturfragen und Modernisierungsprobleme südosteuropäischer Gesellschaften, Hamburg 1993

Wagner, Richard: Völker ohne Signale. Zum Epochenbruch in Osteuropa, Berlin 1992

Wagner, Richard: Für eine Linke ohne Sozialismus, in: Wagner, Mythendämmerung. Einwürfe eines Mitteleuropäers, Berlin 1993 (S. 14-25)

Das Wesen und die Schwächen der Diktatur – nachgelesen in den Romanen von Herta Müller

jeder hatte einen Freund in jedem Stückchen Wolke
so ist es halt mit Freunden wo die Welt voll Schrecken ist
auch meine Mutter sagte das ist ganz normal
Freunde kommen nicht in Frage
denk an seriösere Dinge[1]

1. Ausgangspunkte

Die abendländische Modernisierung (Sterbling 1991a, 1997a, 2002a) und gleichsam auch die meisten europäischen Gesellschaften haben im 20. Jahrhundert eine tiefe Zäsur und Regression erlebt: den Rückfall in totalitäre Gesellschaftsverhältnisse durch die Entstehung und Ausbreitung faschistischer, nationalsozialistischer und kommunistischer Diktaturen. Diese Diktaturen haben das gesellschaftliche Leben in weiten Teilen Europas nicht nur über mehr oder weniger lange Zeit bestimmt – die Sowjetunion bestand immerhin über siebzig Jahre lang (Rauch 1990) –, sondern sie haben auch tiefgreifende Verwerfungen im Gefüge und im Selbstverständnis moderner Gesellschaften herbeigeführt (Jesse 1999, Lepsius 1993, Courtois 1997, Verdery 1997: 39 ff). Deren Spuren wirken auch heute noch – nachdem nahezu alle europäischen Gesellschaften mehr oder weniger konsequent zu demokratischen Verhältnissen zurückgekehrt oder aufge-

---

[1] Gedicht von Gellu Naum, in der Übersetzung von Oskar Pastior, Motto und Leitmotiv des Romans „Herztier" von Herta Müller.

brochen sind (Balla/Geier 1994, Balla/Sterbling 1996) – folgenreich nach.

Unter den Diktaturen des 20. Jahrhunderts hat die nationalkommunistisch-neostalinistische Spätdiktatur des Ceaușescu-Regimes in den siebziger und achtziger Jahren nicht nur eine der bizarrsten und anachronistischsten Deformationserscheinungen *moderner Gesellschaftsentwicklung*, eine tiefe Krise gesellschaftlicher Modernisierung hervorgebracht (Sterbling 1993a, 1997b, 2001), sondern – bei allen in Rechnung zu stellenden Besonderheiten – gleichsam auch das *Wesen* der Diktatur besonders markant und leidvoll erfahrbar gemacht. Darauf – auf die wesentlichen Grundzüge und gesellschaftlichen Tiefenwirkungen, aber auch auf die letztlich unbehebbaren Konstruktionsmängel kommunistischer Spätdiktaturen – hat sich die deutsche Gegenwartssoziologie, in ihrer weitgehenden Fixierung auf die eigene „moderne" oder „postmoderne" Gesellschaft, kaum mit angemessener Intensität eingelassen. Selbst dann, wenn das Hauptaugenmerk soziologischer Forschung Osteuropa oder einzelnen ost- oder südosteuropäischen Gesellschaften galt, standen zumeist eher die aktuellen Modernisierungs- und Transformationsprobleme nach dem demokratischen Aufbruch im Zentrum des Interesses und nicht die Analyse der untergegangenen, aber vielfach nachwirkenden kommunistischen Herrschaft (Sterbling 2002b). Jedenfalls hat die soziologische Beschäftigung mit dem Wesen kommunistischer Diktaturen kaum jene Intensität und Eindringlichkeit wie die zeitgenössische Literatur, etwa von Herta Müller, erreicht.

Daher stellen sich die Fragen: In welcher Weise kann diese Literatur, namentlich Romane und Erzählungen von

Herta Müller (Müller, 1984, 1986, 1992, 1994, 1997), unter denen ich mich auf den 1994 erschienenen Roman „Herztier" besonders einlassen möchte, etwas über das Wesen der Diktatur erschließen und nachvollziehbar machen, das über allgemeine oder herkömmliche soziologische Erkenntnisse hinausgeht? Wie lassen sich diese literarisch vermittelten Erkenntnisse in einen soziologischen Reflexionszusammenhang über moderne Gesellschaften und insbesondere über ihre Entwicklungsbrüche und Deformationsgefahren einbringen und darin nutzbar machen? Sind literarisch gewonnene, sind durch literarische Werke erzeugte und vermittelte Einsichten überhaupt angemessen in die Sprache soziologischer Theorien und Analysen übersetzbar (Sterbling 1987: 1 ff)?

2. Zum Vorhaben

Ich möchte zunächst mit der letzten Frage beginnen und hierbei auf gewisse Schwierigkeiten der Vermittelbarkeit literarisch gewonnener Einsichten in soziologische Erkenntnisse aufmerksam machen, aber auch auf Möglichkeiten des Erkenntnistransfers und mithin auf das methodische Vorgehen in meinen späteren Ausführungen verweisen. In einem zweiten Schritt soll der weitläufigere realgeschichtliche Erlebnis- und Erfahrungshintergrund des näher betrachteten Romans von Herta Müller, namentlich die politische und gesellschaftliche Situation in Rumänien in der Zeit der Ceauşescu-Diktatur, in groben Zügen umrissen werden. Ebenso soll der relevante Erfahrungskontext im engeren Sinne, das intellektuelle Milieu einer avantgardistisch ausgerichteten, regimekritischen Literatur, wie sie insbesondere durch die sogenannte

„Aktionsgruppe Banat" vertreten wurde, grob skizziert werden. Dies zumal einige der ehemaligen Mitglieder dieser Gruppe wie auch später dazugestoßene jüngere rumäniendeutsche Schriftsteller, denen Herta Müller eng verbunden war, gleichsam hinter einigen der Hauptfiguren des behandelten Romans erkennbar sind (Spiridon 2002: 256).

Im nächsten Schritt soll sodann die Anlage des Romans aufgezeigt werden. Der Hauptteil meiner Ausführungen wird darin bestehen, wesentliche Züge der national-kommunistisch-neostalinistischen Spätdiktatur, wie sie dem Roman von Herta Müller zu entnehmen sind, systematisch aufzuzeigen. Schließlich soll der Erkenntnisgewinn für die soziologische Analyse und Reflexion über Diktaturen zumindest grob angedeutet werden. Dabei sollen die kommunistischen Spätdiktaturen als in eine tiefe Modernisierungskrise und gleichsam auf Abwege der Zivilisation geratene europäische Gesellschaften des 20. Jahrhunderts betrachtet werden, die zwar heute weitgehend verschwunden sind, die aber unter bestimmten Umständen durchaus wiederkommen können. Denn gerade der Blick auf das Wesen der Diktatur, wie es uns nicht zuletzt durch die Literatur von Herta Müller erhellt wird, zeigt, dass es keineswegs subtile, sondern – ganz im Gegenteil – rudimentäre und primitive soziale Mechanismen und menschliche Dispositionen sind, die eine solche Herrschaftsverfassung hervorbringen und aufrechterhalten.

3. Literatur als besonderes Erkenntnis- und Aufklärungsmedium

Einem 1975 erschienenen, als programmatisch zu verstehenden literarischen Essay über die Anliegen und das Literaturverständnis der „Aktionsgruppe Banat" ist zu entnehmen: „literatur begriff sich allmählich als eigene form der erkenntnis. (...) literarische produkte, die den normalgehalt und das eingestanzte leistungsvermögen von sprache changieren, die tradierte sprachgewohnheiten und organisationsformeln der mitteilung und des erfahrungshaushalts anzweifeln und neuproben, leisten im wirklichkeitshaushalt etwas, was auf andere mittel gestellte bewußtseinsprozesse nicht leisten. (...) literatur ist eher beschreibung des bewußtseins von realität als realitätsbeschreibung schlechthin, die neue literatur ist thematisch immer deutlicher darauf angelegt; die spannung experimenteller neuentwürfe zu dem weltbild derer, für die geschrieben wird, ist eigentlich signalisierung der im bewußtsein historisch eingegleisten mißstände." (Sterbling 1975a: 40 bzw. 43). Kaum jemand unter den rumäniendeutschen Schriftstellern hat dieses, hier lediglich mit wenigen Hinweisen angedeutete literarische Programm erzähltechnisch konsequenter als Herta Müller umgesetzt, wiewohl auch andere, etwa Richard Wagner oder Gerhard Ortinau, in diesem Sinne literarisch Innovatives und Interessantes geleistet haben (Sterbling 1975b, Csejka 1992). Wenn aber Literatur als eigenes und besonderes Medium der Erkenntnis fungiert, das gerade durch die Anzweiflung und Veränderung des Normalgehalts der Sprache und der herkömmlichen Organisationsformeln der Mitteilung und des Erfahrungshaushalts zu einem

anderen, verfremdeten und daher erkenntnisfördernden
Wirklichkeitsverständnis zu gelangen sucht, lassen sich
die so erzeugten und vermittelten Einsichten über gesellschaftliche Wirklichkeit und insbesondere das Bewusstsein davon natürlich nicht umstandslos und keineswegs
vollständig in gewöhnliche Wissenschaftsprosa theoretischer Aussagesysteme übersetzen. Eine gewisse ,Inkom-
mensurabilität' und Unvermittelbarkeit bleibt hierbei immer bestehen, zumal sich die Argumentations- und Über-
zeugungsleistungen von Wissenschaft und Literatur
auch an unterschiedlichen Geltungskriterien: nämlich
,Wahrheit' und ,teleologische Wirksamkeit' einerseits
und ,Authentizität' und ,Wahrhaftigkeit' andererseits be-
messen (Habermas 1981: 44 ff).

Insofern wird das, das aus Herta Müllers Roman „Herztier" als Einsicht über das Wesen der Diktatur soziologisch herausgelesen werden kann, nicht nur des begrenzten Umfangs der folgenden Ausführungen wegen, sondern auch aus den angedeuteten grundsätzlichen
Schwierigkeiten, bruchstückhaft bleiben müssen. Um
aber dennoch auch ein Stück der genuin literarischen ge-
wonnenen Einsichten in die Darstellung mit einzubezie-
hen, sollen einzelne analytische Feststellungen zum Wesen der Diktatur, die sich dem Roman entnehmen lassen,
durch einschlägige Zitate belegt werden. Und zwar vornehmlich durch solche Zitate, die ihrem sprachlichen
Ausdruck nach den anderen, den verfremdeten, den intensiveren Blick auf die Wirklichkeit und die davon aus-
gelösten Gedankenanstöße und Erkenntnisse zumindest
stückweise nachvollziehbar machen. Den Blick, den Herta Müller selbst „erfundene Wahrnehmung" (Müller
1991) nennt und der die Wirklichkeit einerseits eindring-

licher und verdichteter, andererseits verfremdet und
vom vertrauten Wahrnehmen und Denken sich abset-
zend erfasst.[2]
Ansonsten folgen meine Ausführungen methodisch dem
Dreischritt, zunächst den relevanten Erlebnis- und Erfahrungshintergrund der Autorin grob zu umreißen, um sodann die literarische Verarbeitung dieser Wirklichkeits-
erfahrungen im Roman unter dem Gesichtspunkt zu analysieren, welche Einsichten und Aufschlüsse darin über
das Getriebe der Diktatur enthalten sind, und um
schließlich die Aufnahme dieser Einsichten in die soziologische Reflexion und Analyse zu prüfen. Dass dies im
Rahmen einer schon vom Umfang her recht begrenzten
Arbeit nur skizzenhaft und fragmentarisch erfolgen
kann, braucht sicherlich nicht näher erläutert oder rechtfertigt werden.

**4. Der äußere Erlebnis- und Erfahrungszusammenhang:
Von der „Tauwetterperiode" zur nationalkommunis-
tisch-neostalinistische Spätdiktatur des Ceauşescu-
Regimes**

Der realhistorische Erfahrungszusammenhang, der für
den hier in Betracht gezogenen Roman wie für die literarische Arbeit von Herta Müller überhaupt relevant erscheint, ist keineswegs einheitlich oder kohärent, wie das
manche vermuten mögen. Es sind vielmehr gerade die
widersprüchlichen und diskontinuierlichen politischen,

---

2 Grundsätzliche Ausführungen zu diesen Zusammenhängen, die
   allerdings eine eingehendere und anders gelagerte Diskussion
   fordern würden, finden sich in: Luhmann, Niklas: Die Kunst der
   Gesellschaft, Darmstadt 2002, insb. S. 13 ff.

gesellschaftlichen und kulturellen Entwicklungen, die eine Literatur wie die von Herta Müller entstehen ließen. Der totalitär-stalinistischen Herrschaft der späten vierziger und fünfziger Jahre folgte nämlich zunächst eine liberalere und geistig offenere „Tauwetterperiode" in den sechziger und vor allem in den späten sechziger Jahren (Schlesak 1970, Gabanyi 1975, Csejka 1990, Motzan/ Sienerth 1993, Motzan 1995, Motzan 2000: 224 ff). Diese wurde sodann aber, seit Anfang der siebziger Jahre, erneut und immer deutlicher von einer nationalkommunistisch-neostalinistischen Diktatur abgelöst.

Ganz grob gesprochen, wurde der literarische Blick auf die gesellschaftliche Wirklichkeit von Herta Müller und anderer jüngerer rumäniendeutscher Schriftsteller durch die Öffnungstendenzen, Einflüsse und Zukunftserwartungen der „Tauwetterperiode" geprägt, während die immer bizarrere und totalitärere Züge annehmende Spätdiktatur dann zum leidvollen Gegenstand, zum grundlegenden Thema, dieser Literatur wurde.

Vor einigen Jahren hielt ich dazu fest: „In wenigen Stichworten läßt sich die vergleichsweise günstige politische, gesellschaftliche und kulturelle Situation der zweiten Hälfte der sechziger Jahre, die gelegentlich auch als „Tauwetterperiode" bezeichnet wird, so umreißen: Die Festigung der Macht Nicolae Ceaușescus, der nach dem Tode Gheorghe Gheorghiu Dejs, im Jahre 1965, Erster Sekretär (später Generalsekretär) der Kommunistischen Partei und 1967 Staatsratsvorsitzender wurde, erfolgte schrittweise und konsequent, aber keineswegs geradlinig. Sie war nicht nur mit einem erheblichen Personalaustausch auf allen Machtebenen, sondern auch mit weitreichenden und vielfach schwer durchschaubaren Verän-

derungen der institutionellen Machtstrukturen verbunden. Dieser Prozeß, der sich über mehrere Jahre hinzog und der nicht zuletzt mit Entmachtungsvorgängen und Machtauseinandersetzungen in nahezu allen institutionellen Bereichen einherging, führte nicht selten zu zeitweilig ungeklärten Macht- und Zuständigkeitsverhältnissen. Dies schaffte – gewissermaßen als unintendiertes Nebenergebnis – in vielen Bereichen vorübergehend beachtliche Handlungsspielräume. Gleichzeitig läßt sich in diesem Zeitraum eine fortschreitende Distanzierung Rumäniens von der Sowjetunion und dem Warschauer Pakt wie auch eine vorübergehend vielversprechende „Westorientierung" der rumänischen Außenpolitik feststellen, die allerdings bald nach der Niederschlagung des „Prager Frühlings" revidiert wurde. Das zeitliche Zusammentreffen der angedeuteten machtpolitischen Vorgänge und außenpolitischen Öffnungstendenzen mit einer ganzen Reihe weiterer Umstände und Faktoren, wie etwa den Bildungsreformen und der Bildungsexpansion, der Liberalisierung des Tourismus, dem zunehmenden westlichen Kultur- und Medieneinfluß usw., wirkte sich natürlich auch deutlich auf das geistig-kulturelle Klima aus, das in den sechziger Jahren ohnehin von einer gewissen Entkrampfungstendenz gekennzeichnet war." (Sterbling 1991b: 216).
Eine Rede Ceauşescus im Sommer 1971 leitete endgültig die bereits in Gang gekommenen Reideologisierungs-, Schließungs- und Repressionsprozesse ein, die – gegen zunächst durchaus gegebenem intellektuellen Widerstand (Sterbling 1996) – immer stärker auf alle Lebensbereiche durchschlugen und die Rumänien sodann in den achtziger Jahren zu einer international weitgehend iso-

lierten, materiell und moralisch tief verelendeten, extrem nationalistischen und gewaltenthemmt-repressiven kommunistischen Spätdiktatur werden ließen. Die Gesellschafts- und Herrschaftsmechanismen dieser Diktatur wie auch deren Stützen und Schwächen finden sich in der Literatur Herta Müllers in einer ebenso eindringlichen wie betroffen machenden, scharfsinnigen wie schonungslosen Weise enthüllt. Daher der – auch im soziologischen Sinne – nahezu unersetzliche Auskunftswert dieser Literatur, als deren zentrales Thema immer wieder das Eindringen des Totalitarismus in nahezu alle Poren und Verästelungen der alltäglichen Lebenswelt und mithin das ohnmächtige Ausgeliefertsein des Individuums einem allmächtig erscheinenden repressiven System gegenüber gilt (Müller 1992, 1994, 1997).

5. Der innere Erfahrungsraum: Das intellektuelle Milieu der avantgardistischen regimekritischen rumäniendeutsche Literatur und insbesondere der „Aktionsgruppe Banat"

Wenngleich die „Aktionsgruppe Banat" keineswegs isoliert zu betrachten ist, so lässt sich an ihrem Beispiel doch am deutlichsten das in den siebziger Jahren wachsende Spannungs- und Konfliktverhältnis zwischen der neueren rumäniendeutschen Literatur und der totalitären Entwicklung in Rumänien festmachen. Darüber hinaus sind noch zwei weitere Bezugspunkte relevant: Herta Müller, die dieser Literatengruppe anfangs nur beiläufig angehörte, wurde nicht nur durch ganz ähnliche Grunderfahrungen wie deren Mitglieder weltanschaulich und literarisch geprägt, sondern sie hatte – wie bereits angesprochen – später auch engste Beziehungen zu ehemaligen Mitgliedern dieser Gruppe und zu anderen jüngeren Schriftstellern, die sich diesen assoziierten. Dies findet in der Literatur Herta Müllers und insbesondere in dem hier näher betrachteten Roman „Herztier" einen unübersehbaren Niederschlag.

Über die „Aktionsgruppe Banat" liegen viele einschlägige Veröffentlichungen (z.B. Totok 1988, 2001, Solms 1990, Csejka 1992, Wagner 1992, Wichner 1992) wie auch mehrere Dissertationen und andere akademische Abschlussarbeiten (z.B. Tudorica 1997, Krause 1998, Spiridon 2002, Wagner 2002) vor, so dass ich meine Ausführungen dazu auf wenige Anmerkungen – vornehmlich aus der subjektiven Sicht eines Mitbegründers dieser Gruppe – beschränken möchte.

Die Anfänge der Gruppe gehen eigentlich – und dies ist weniger bekannt – auf einen Gesprächs- und Freundeskreis junger Literaten am Lyzeum (Gymnasium) von Groß-Sankt-Nikolaus zurück. Diese haben sich seit 1969 regelmäßig und intensiv über Literatur und Politik ausgetauscht, eigene Literatur geschrieben, sich diese wechselseitig vorgelesen und kritisch darüber diskutiert. Seit dieser Zeit begannen sie auch regelmäßig in Zeitungen und Literaturzeitschriften zu veröffentlichen. Nachhaltig beeindruckt und stark beeinflusst wurde dieser Kreis von der damals als avantgardistisch geltenden westlichen Literatur und Kunst, etwa der „konkreten Poesie", dem „absurden Theater", dem „nouveau roman", der neueren amerikanischen Lyrik und „Popart", aber auch von älteren Autoren und Strömungen wie z.B. Franz Kafka, Bertolt Brecht (Motzan 1999), Paul Celan, den Surrealisten, der amerikanischen Erzählliteratur sowie der politisch engagierten, gesellschaftskritischen Literatur. Auch interessante DDR-Autoren wurden übrigens gründlicher zur Kenntnis genommen. Die literarische Beschäftigung hing eng mit der Rezeption damals besonders öffentlichkeitswirksamer westlicher literatur- und gesellschaftskritischer Arbeiten (z.B. von Helmut Heißenbüttel, Heinrich Vormweg, Hans Magnus Enzensberger, aber auch Walter Benjamin, Theodor W. Adorno, Herbert Marcuse usw.) zusammen. Ebenso erreichten die ‚revolutionären Ideen', das ‚emanzipierte Lebens- und Weltverständnis' und das neue ‚Lebensgefühl' der westlichen Studentenbewegungen, der Antivietnam- und nicht zuletzt der Beatgeneration rasch die Köpfe und die Gefühlswelt dieses Literatenkreises, wie übrigens auch erheblicher Teile der damaligen Jugend in Osteuropa überhaupt (Hütten/Sterbling 1994).

Die avantgardistische und kritische Literatur wurde gleichsam zum wichtigsten Medium des Weltverständnisses, zum zentralen Bezugspunkt der eigenen intellektuellen Entwicklung und Positionierung und mithin auch zum Ausgangspunkt der kritischen Distanzierung. Diese erfolgte sowohl dem eher traditionalen, bäuerlich-kleinbürgerlichen Herkunftsmilieu (der Banater Schwaben) wie auch der realsozialistischen Gesellschaft und dem kommunistischen Herrschaftssystem gegenüber – in zum Teil radikaler und provokativer Weise. Die zunehmend repressivere Verfassung des kommunistischen Systems, die in den siebziger Jahren immer deutlicher erkennbar wurde, forderte nicht nur zur intellektueller Kritik und zum Widerstand heraus. Sie wurde auch bald zur Quelle eigener Verfolgung und existenzieller Bedrohung der Mitglieder der Gruppe und ihrer Sympathisanten.

Um den am Lyzeum von Groß-Sankt-Nikolaus bereits formierten Kern gruppierten sich später, in Temeswar, wohin die meisten zum Studium gingen, weitere aus dem Banat stammende junge Literaten. Nach einem in der deutschsprachigen Presse veröffentlichten Rundtischgespräch, das 1972 geführt wurde (Wichner 1992: 61 ff, Kunze 1998: 73 ff), wurde diese Gruppierung zunächst in einem anderen Pressebericht, eher kritisch-ironisch „Aktionsgruppe Banat" genannt. Diese Bezeichnung machte sich die Gruppe bald auch selbst zu eigen, wohl wissend, dass dies allein schon eine Provokation in einem totalitären System darstellt.[3] Drei Jahre lang hat man sodann

---

[3] Ältere Schriftsteller mit einem besser entwickelten Instinkt für stalinistische Repression haben sofort eindringlich vor der Gruppenbildung und der öffentlichen Gruppenbezeichnung gewarnt. Sie sollten insofern Recht behalten, als die Securitate ihre repressiven Maßnahmen später auch damit rechtfertigte, dass die „Aktionsgruppe Banat" eine ähnliche Bedrohung für den rumänischen Staat wie die Baader-Meinhof-Gruppe in der Bundesrepublik Deutschland darstellen würde. Wie abwegig ein solches Argument aus heutiger Sicht auch erscheinen mag, man muss dessen Wirkung im Kontext des damaligen Systems berücksichtigen. Diese und andere Formen der Kriminalisierung der Gruppe sollten vor allem die eigenen Leute, die Angehörigen der Securitate und ihre unzähligen Spitzel gegen die Gruppe aufhetzen und zur Unnachsichtigkeit bewegen. Denn – und dies findet sich in dem Roman „Herztier" (Müller 1994) sehr trefflich dargestellt – die Angehörigen der Securitate und ihre Helfershelfer waren oft soziale Aufsteiger, Menschen vom Lande, die nicht selten selbst unter der Unrechtmäßigkeit ihres Tuns litten und insofern – zur besseren Erfüllung ihres Handwerks – ideologisch aufgehetzt und zugleich moralisch abgestumpft werden mussten. Dies war gegenüber der „Aktionsgruppe Banat" in der Hinsicht einfacher, als gegen sie auch nationalistische und antiwestliche Ressentiments leicht ins Spiel zu bringen waren.

weiterhin viel über Literatur und Politik gesprochen, gemeinsam publiziert, Lesungen durchgeführt – natürlich auch auf dem Land, in den Banater Dörfern, in aufklärerischer Absicht –, hat man Hörfunksendungen gemacht, Theaterstücke inszeniert usw., wobei die Beobachtung und Bespitzelung, der Druck und die Bedrohungen durch die Securitate und ihrer Helfer und Helfershelfer ständig zunahmen. Auf der anderen Seite bestand aber gleichwohl noch eine beachtliche Unterstützung und Förderung, z.B. durch andere, ältere Schriftsteller und Intellektuelle, durch Journalisten und Redakteure und selbst durch politische Funktionäre, die zum Teil einflussreiche Positionen in der Provinz oder in der Hauptstadt innehatten. Die intellektuellen Auseinandersetzungen und politischen Machtkämpfe zwischen den Anhängern der „Tauwetterperiode" und der „nationalkommunistischneostalinistischen Reideologisierung" waren damals (1972-1975) nämlich noch keineswegs abgeschlossen, und die „Aktionsgruppe Banat" bildete in diesem Zusammenhang – ohne dass sie sich dessen zunächst hinreichend bewusst gewesen wäre – so etwas wie einen ‚Testfall' in diesen Auseinandersetzungen, einen Seismograph dafür, wie weit man im Hinblick auf die Zensur wie auch auf den Repressionsapparat des Systems überhaupt ‚noch' oder ‚nicht mehr' gehen konnte (Sterbling 1991b, 1993b).

Zunehmend als ‚Provokation' des Herrschaftssystems empfunden, wurde die „Aktionsgruppe Banat" im Jahre 1975 durch die Securitate zerschlagen. Zwei der Mitglieder (Ernest Wichner und ich selbst) wurden, da Ausreiseanträge vorlagen, in die Bundesrepublik Deutschland entlassen. Andere wurden im gleichen Jahr für kürzere

Zeit verhaftet. William Totok blieb über ein halbes Jahr eingesperrt (Totok 1988: 77 ff, 2001), ehe er – nach massivem Protest und politischer Einwirkung aus dem Westen – 1976 entlassen wurde. In der Zeit nach 1975 wies der Verfolgungsdruck gegenüber den ehemaligen Mitgliedern der „Aktionsgruppe Banat" und anderen jüngeren Schriftstellern, die sich ihnen angeschlossen hatten und zu denen auch Herta Müller zählte, gewissen Schwankungen auf, die sich nicht zuletzt durch außenpolitische Gründe und Zwänge zur Rücksichtsnahme erklären lassen. In den achtziger Jahren, der Zeit zunehmender Isolation Rumäniens in Europa, wurde die Situation dann allerdings immer schwieriger und letztlich so unerträglich (Spiridon 2002: 156), dass die meisten rumäniendeutschen Schriftsteller, die dem Umfeld der ehemaligen „Aktionsgruppe Banat" angehörten, das Land verließen. Für zwei der begabtesten unter ihnen ging die Verfolgungsgeschichte allerdings schlimmer aus: Sie fanden in den achtziger Jahren einen unnatürlichen Tod. Einer, Rolf Bossert, kurz nach seiner Ankunft in der Bundesrepublik Deutschland durch einen Sturz aus dem Fenster, der andere, Roland Kirsch, wurde in Rumänien erhängt gefunden. Beide Schriftsteller hinterließen keine einzige Zeile, sie starben unter bis heute ungeklärten Umständen, die man offiziell – wie in manch anderen Fällen in Rumänien – „Selbstmord" nannte. Der Tod beider kommt auch im Roman „Herztier" – literarisch verfremdet – vor, setzt nochmals entsprechende Schlussakkorde in der „dunklen Prosa" des Romans. In der Entzifferung der „Logik" der Diktatur und des Totalitarismus läuft der Roman aber nahezu zwangsläufig darauf hinaus.

6. Zur Anlage des Romans „Herztier"

Da es sich bei diesem Vorhaben nicht um ein literatur-
wissenschaftliches, sondern um ein primär von soziologischen Erkenntnisanliegen bestimmtes Unterfangen handelt, soll die Anlage und Struktur des hier näher betrachteten Romans, der thematisch und stilistisch zwei weiteren Prosawerken von Herta Müller (Müller 1992, 1997)
übrigens sehr ähnlich ist, nur ganz grob umrissen werden.
Der Roman trägt einerseits ausgeprägte autobiographische Züge und lässt daher die Bezüge zu den vorhin angedeuteten Erlebnis- und Erfahrungskontexten der Autorin nahezu durchgängig erkennen. Andererseits sind die
autobiographischen Motive aber auch weitgehend in die
fiktive und erzähltechnisch geschickt konstruierte Eigen-
realität des Romans eingearbeitet und mithin weitgehend
literarisch umgearbeitet
Das Romangeschehen und die vielfach eingreifenden „erfundenen Wahrnehmungen" und eigenwilligen Reflexionen der Erzählerin ordnen sich um vier wichtige Bezie-
hungs- und Problemkreise, die allerdings vielfach ineinander greifen oder bisweilen auch ineinandergelagert
sind. Zunächst geht es vorwiegend um Lola, einer der
sechs Mitbewohnerinnen des Schlafraums der Autorin
im Studentenwohnheim, einem Mädchen aus armen Verhältnissen vom Lande (den landschaftlichen Andeutun-
gen nach aus der Oltenia), die unbedingt sozial aufstei-
gen will und dafür nahezu alles opfert. Sie macht sich
wahllos Männern, um nicht hungrig zu bleiben, wie natürlich auch dem Herrschaftssystem gefügig, scheitert
letztlich aber an ihrem Ehrgeiz, einen Mann im „weißen

Hemd" zu heiraten, und begeht angeblich Selbstmord. An diesem Selbstmord haben drei junge rumäniendeutsche Schriftsteller, Edgar, Kurt und Georg, die unschwer der „Aktionsgruppe Banat" bzw. ihrem Umfeld zurechenbar sind, ihre begründeten Zweifel.

Das Verhältnis der Autorin zu diesen Schriftstellern, zu denen sie eine immer engere, ebenso schwierige wie unauflösbare Beziehung entwickelt, sowie die gemeinsam erfahrene Repression und Verfolgung, bildet den zweiten zentralen Beziehungs- und Problemkreis des Romans. Diese Beziehungen, die bereits in der Studienzeit beginnen und sich dann, nach der räumlichen Trennung ins Berufsleben, intensiver und komplizierter fortsetzen, haben das gemeinsame Interesse an der Literatur, aber ebenso die verschworene Solidarität unter dem Druck der Verfolgung zur Grundlage. Wie bereits angesprochen, sterben zwei dieser Schriftsteller – auch im Roman – unter ungeklärten Umständen eines unnatürlichen Todes, während der Dritte mit der Autorin am Ende (des Romans) in die Bundesrepublik Deutschland emigriert.

Der dritte Beziehungs- und Problemzusammenhang, mit dem zweiten eng verknüpft, betrifft Tereza. Tereza, die aus einem systemnahen, privilegierten Elternhaus kommt, ist eine Arbeitskollegin in dem Industriebetrieb, in dem die Autorin nach dem Studium zunächst als Übersetzerin tätig ist, ehe sie entlassen wird. Auch die Beziehung zu Tereza wird immer enger und schwieriger, da Tereza der Autorin und ihren Freunden zweifellos hilft, aber sich auch als Spitzel gegen sie instrumentalisieren lässt. Tereza betreibt längere Zeit ein schwer durchschaubares Doppelspiel. Der nahende Krebstod, den sie hartnäckig zu verdrängen sucht, der für sie aber doch immer mehr zur Gewissheit wird, lässt sie schließlich auf die ,ehrliche' Seite wandern – symbolisch durch die Verweigerung, in die Partei einzutreten, wozu sie massiv gedrängt wird, moralisch dadurch, dass sie subversives Material der Schriftsteller bei sich verwahrt. Tereza, als die einem privilegierten Elternhaus entstammende und dennoch enttäuscht und unzufrieden bleibende Angehörige einer jüngeren Generation, die sich vom kommunistischen System fluchend distanziert, da dieses für ihre Bedürfnisse keine Anreize mehr bietet und nur störend und zerstörend wirkt, verkörpert eine Haltung, die aus meiner Sicht zu den wichtigsten Ursachen des Niedergangs, der „Implosion", des kommunistischen Herrschaftssystems beitrug (Sterbling 1993c, Hütten/Sterbling 1994).

Die vierte Beziehungs- und Problemebene, des Romans, die für unseren Betrachtungszusammenhang allerdings weniger relevant erscheint, ist das durchgängig reflektierte Verhältnis der Autorin zum Elternhaus im Dorf. Dieses wird durch seine Vergangenheitsbelastung (ehemalige SS-Zugehörigkeit des Vaters) und seine rigide bäuerlich-traditionale Sozialmoral von der Autorin weniger als eine Stütze, sondern mehr als eine Verdoppelung der autoritären Zwänge empfunden, wiewohl die Rückkehr (der Gedanken) ins Dorf und in die Vergangenheit immer wieder auch einen Fluchtpunkt aus der bedrückenden Gegenwart bildet.

Daneben wird auch das Verhältnis der drei anderen Schriftsteller zu ihren Eltern ein Stück ausgeleuchtet. Ebenso bilden die Beziehungen zu der Vermieterin, einer alten Ungarin, bei der die Autorin später in Untermiete wohnte, und zu ihrer Schneiderin weitere Seitenstränge des Romangeschehens. Am Rande des Romans tauchen auch immer wieder marginalisierte Gestalten: Irre, eine Zwergin und andere Außenseiter auf, die aus der Sicht der Autorin – einem nahezu klassischen Motiv der Literatur folgend – eigentlich die einzigen freien Menschen in einer Diktatur sind.

7. Einblicke in das Getriebe der Diktatur durch den Roman „Herztier"

Zunächst lehrt uns der Roman „Herztier" zu sehen und zu verstehen, dass eine Diktatur nicht (nur) ein wohl durchdachtes und durchorganisiertes Herrschaftskonzept, sondern die Summe vieler einzelner kleiner Dinge ist, die in nahezu sämtliche Winkel des Alltags und des Denkens der Menschen reichen. Die Diktatur ist auch und vielleicht vor allem ein ‚Zustand in den Köpfen', wiewohl natürlich auch eine rigide, durch Gewalt gestützte Kontrolle des Verhaltens der Menschen dazu gehört. Erst Gewalt, oder wie Heinrich Popitz es formuliert hat: die „Verletzungsmächtigkeit, Verletzungsoffenheit" des Menschen (Popitz 1986: 69), bewirkt psychische Verletzungen und führt zu Dispositionen und Zuständen, wie sie in Diktaturen typisch sind, wobei die Diktatur natürlich auch über eigene ‚Anreiz- und Belohnungssysteme' verfügt. Schließlich ist die Diktatur auch ein Kampf gegen die Denkenden, gegen die Intellektuellen, die Intellektuelle sind oder nur bleiben können, wenn sie *nicht* den Machenschaften der Diktatur gefügig und damit eine Karikatur ihrer selbst werden (Sterbling 1993b, 2001). Auf alle vier Gesichtspunkte, also auf die Diktatur in den Köpfen, auf die gewaltsame Kontrolle des Verhaltens, auf die Anreizsysteme und Schwächen der Diktatur und auf die Besonderheiten der Stellung und der Repression gegen Intellektuelle wird im Folgenden, unter Rückgriff auf entsprechende Stellen im Roman „Herztier" von Herta Müller, näher einzugehen sein.

7.1 Zur Diktatur in den Köpfen

Die Diktatur erreicht dann ihren ‚gesellschaftlichen Zielzustand'– und darauf arbeitet sie wohl auch unentwegt hin –, wenn in den Köpfen aller ständig ‚der gleiche Film abläuft'. Das heißt, alle Denkalternativen müssen gekappt, alle Abweichungen des Denkens und des Verhaltens müssen unverzüglich und konsequent unterdrückt werden (Schlesak 1970). Dies geschieht nicht zuletzt durch die Schließung des Weltbildes, durch die Durchsetzung einer alleingültigen Ideologie, die sich durch Allgegenwärtigkeit unhinterfragbar macht und sich gegen jedes kritische Denken, eigentlich gegen jedes Denken überhaupt, immunisiert (Sterbling 1994a: 58 ff). Eine solche Ideologie ist dann erfolgreich etabliert, wenn sie selbst das Denken ihrer Gegner noch an ihre Grundvorstellungen, Selbstverständlichkeiten und Prinzipien bindet (Marcuse 1970, Sterbling 1993b).
In diesem Sinne erscheint die Feststellung, die ein rumänischer Sozialwissenschaftler kurz nach der Wende getroffen hat, sehr aufschlussreich: „Freiheit bedeutete jahrelang – und sie bedeutet noch heute – nur das Ausbrechen aus dem Käfig. Wir haben nicht begriffen und begreifen wahrscheinlich immer noch nicht, daß die Freiheit ihre eigene Ordnung hat. Vor allem haben wir nicht verstanden, daß wir uns wie gefangene Tiere benehmen,

die ihren Käfig im Kopf noch mit sich tragen, wenn sie freigelassen werden. Wir begreifen nicht, daß bei uns die Vergangenheit nicht nur mit Archiven zusammenhängt, sich also nicht allein auf das „Gewesene" beschränkt, sondern weiter fortwirkt. Gespenster wandeln durch die Straßen. Gespenster reden mit uns, und manchmal sehen wir sie auch im Fernsehen. Zuweilen sind wir selbst unsere eigenen Gespenster, ohne uns dessen bewußt zu werden. Aber ich fürchte, ein Westeuropäer ist außerstande, die Tragödie unserer Situation zu erfassen." (Paler 1993).

Im Mittelpunkt der Ideologie der nationalkommunistisch-neostalinistischen Ceauşescu-Diktatur, die in den Köpfen der Menschen lange nach ihrem Untergang nachwirkt, stand weniger der kommunistische Egalitarismus, wiewohl auch dessen ideologische Grundfiguren vorhanden waren, sondern mehr der extreme rumänische Nationalismus und der Personenkult um den „größten Führer und Sohn seines Volkes" (Sterbling 1989, Sterbling 2000). Im Roman „Herztier" von Herta Müller kommt dieser Führerkult bemerkenswerter Weise nicht in seiner aufdringlichen, plakativen Erscheinungsform der allgegenwärtigen Bilder und Lobeshymnen vor, sondern in seiner trivialisierten, zum Alltagsfetisch gewordenen wie auch in seiner abergläubisch mystifizierten Form. So heißt es zum Beispiel von Lola, die den Auftrag übernommen hat, die Wandzeitung im Glaskasten des Studentenwohnheims zu betreuen, um in die Kommunistische Partei aufgenommen zu werden: „Dann wechselte sie die Zeitungsausschnitte, zerknäulte die vorletzte Rede des Diktators und klebte die letzte Rede hinein." (Müller 1994: 20). Ansonsten ist der Diktator allgegenwärtig in den Gerüchten der Menschen über seine verschiedenen Krankheiten. Selbst in dem Wunsch und in der Hoffnung, sich von ihm zu befreien, bleibt er so permanent anwesend, ist das Denken und Reden der Menschen ständig auf ihn bezogen. „Man hörte jeden Tag Gerüchte über die alten und neuen Krankheiten des Diktators. Auch ihnen glaubte niemand. Dennoch flüsterten alle in ein nächstes Ohr. Auch wir gaben die Gerüchte weiter, als wäre der Schleichvirus des Todes drin, der den Diktator zuletzt doch erreicht" (Müller 1994: 69).

Die Diktatur bindet nicht nur das Denken der Menschen – auch das subversive – an ihre ideologischen Grundfiguren, sondern macht auch das Reden und Schweigen grundsätzlich gleich – *gleich nutzlos*: „Das Gras steht im Kopf. Wenn wir reden, wird es gemäht. Aber auch, wenn wir schweigen." (Müller 1994: 8). Selbst in das gewöhnliche Sprechen der Kinder sind bereits die Brennsiegel der Diktatur eingeprägt: „Georg schrieb: Die Kinder sagen keinen Satz ohne: Müssen. Ich muß, du mußt, wir müssen." (Müller 1994: 142). Und natürlich auch die Gedankenwelt und Zukunftsvorstellungen der Kinder sind von den Machtfaktoren der Diktatur bestimmt. „Die Jungen machen sich aus Kletten Schulterklappen, sagte Edgar. Sie wollen Polizisten und Offiziere werden". (Müller 1994: 96, 101).

Es ist möglicherweise eines der wichtigsten, von ihr am konsequentesten und trefflichsten angewandten und daher unverwechselbarsten stilistischen Mittel bei Herta Müller, dass sie – in gewisser Weise an Kafka erinnernd – sprachlich erahnbar zu machen sucht, wie die Diktatur und das Elend selbst in die Wahrnehmung der Dinge eindringen und diese deformieren. „Ich sah Lola die arm-

gebliebene Gegend im Gesicht an." (Müller 1994: 23).
Und: „Jede Gegend im Land war arm geblieben, auch in
jedem Gesicht." (Müller 1994: 9) Über die an der Grenze
bei der Flucht Erschossenen ist zu lesen: „Wenn einer mit
dem Tod bedient war, rückten sie nach. Was wußten die
Milch des Nebels davon, die Kreise der Luft, oder die
Biegung der Schienen. Ein Tod so billig wie ein Loch in
der Tasche: Man steckte die Hand hinein, und der ganze
Körper wurde mitgezogen." Oder über die ins Elend ge-
borenen Kinder auf dem Lande steht zu lesen: „Die Blatt-
flöhe machen aus älteren Kindern jüngere Kinder, aus einem vierjährigen ein dreijähriges, aus einem dreijährigen
ein einjähriges. (...) Und je mehr Geschwister die Blattflö-
he machen, umso kleiner wird die Kindheit." (Müller
1994: 14). Aufschlussreich ist auch die Wahrnehmung der
Stadt: „In der Diktatur kann es keine Städte geben, weil
alles klein ist, wenn es bewacht wird." (Müller 1994: 52).
Und schließlich zur Vorstellung vom Westen als der anderen, alternativen Welt: „Ich dachte damals noch, man
könne in einer Welt ohne Wächter anders gehen als in
diesem Land. Wo man anders denken und schreiben
kann, dachte ich mir, kann man auch anders gehen."
(Müller 1994: 128). Die Zitate, die den anderen, den ge-
störten, den „erfundenen" Blick auf die Wirklichkeit erkennbar machen, ließen sich nahezu beliebig fortsetzen.
Die Diktatur verändert nicht nur Denken, Sprechen und
Wahrnehmung, sie produziert auch ständig Rechtferti-
gungszwänge für die *normale* Existenz, sie erzeugt permanente Schuldgefühle – auch und gerade bei ihren Geg-
nern. Die Mechanismen der Diktatur schaffen – wo diese
keine Zustimmung mehr findet und wo selbst der lebens-
erhaltende Opportunismus nicht mehr greift – zumindest

Aussichtslosigkeit, Ohnmacht, Depression, Apathie, Irrsinn, um sich weiterhin aufrecht zu erhalten. „Ich kannte die Irregewordenen in jedem Stadtteil" (Müller 1994: 46) liest man bei Herta Müller, und diese Irren werden in dem Roman, nahezu neidvoll, als einzig Freie beschrieben. „Um den Bahnhof strich der Philosoph. Er verwechselte die Telefonmasten und Baumstämme mit Menschen. Er erzählte dem Eisen und Holz von Kant und dem Kosmos der fressende Schafe. In der Bodega ging er von Tisch zu Tisch, trank Reste und wischte die Gläser trocken mit seinem langen weißen Bart." Auf ein groteskes Abstimmungsritual der Studenten anspielend – darauf wird noch zurückzukommen sein -, wird bemerkt: „Nur die Irregewordenen hätten in der Großen Aula nicht mehr die Hand gehoben. Sie haben die Angst vertauscht mit dem Wahn." (Müller 1994: 48 f). Zur Apathie der Masse, nachdem einer der Schriftsteller durch einen provozierten Unfall verletzt wurde, ist zu lesen: „Sie haben ihre durstigen Gesichter von mir abgewandt. Sie bleiben stumm wie eine Herde in dieser ekelhaften Schuldigkeit." (Müller 1994: 134).

Apathie, Ohnmacht, Schuldigkeit, Aussichtslosigkeit, Irrsinn sind in der Diktatur natürlich kein Zufall und auch kein Ausweg. Diese Zustände werden im Zweifelsfall systematisch herbeigeführt, durch Förderung des Misstrauens und Verbreitung von Angst. Misstrauen und Angst sind die eigentlichen Grundaggregatzustände der Diktatur.[4] Zum Misstrauen im Studentenwohnheim wird

---

4   Von gesellschaftlichen „Aggregatzuständen" ist im Falle länger bestehender Diktaturen nicht nur im metaphorischen, sondern auch in soziologisch reflektierten, auf die Verfassung der Sozialstrukturen bezogenen Sinne berechtigterweise zu sprechen, denn

festgehalten „Die Mädchen flüsterten und schwiegen schon lange, wenn Lola im Viereck war." (Müller 1994: 28). Zur Wirkung des chronischen Misstrauens wird angemerkt: „Das Mißtrauen brachte alles, was ich in meine Nähe zog, zum Wegrutschen." (Müller 1994: 141). Zur Angst der betrunkenen Arbeiter, im Suff etwas für sie Gefährliches gesagt zu haben, wie auch zu Mechanismen der habitualisierten Selbstzensur ist nachzulesen: „Sie fürchteten, daß sie in der Bodega etwas geschrien hatten, was politisch war. Sie wußten, daß die Kellner alles melden. Aber der Suff schützt den Schädel vor dem Unerlaubten, und der Fraß schütz den Mund. Wenn auch die Zunge nur noch lallen kann, verläßt die Gewöhnung der Angst die Stimme nicht. Sie waren in der Angst zu Hause. Die Fabrik, die Bodega, Läden und Wohnviertel, die Bahnhofshallen und Zugfahrten mit Weizen-, Sonnenblumen- und Maisfeldern paßten auf. Die Straßenbahnen, Krankenhäuser, Friedhöfe." (Müller 1994: 39). Ebenso wird zur Angst der Schriftsteller festgehalten: „Wieso träume ich von diesem Messer, fragt Kurt in mein Ohr, obwohl er wußte, weshalb. Edgar, Georg und Kurt hatten keine Rasiermesser mehr. Sie waren aus den verschlossenen Koffern verschwunden." (Müller 1994: 85). In diesen Zeilen ist das Messer keineswegs nur ein Symbol der Angst, die aus den Koffern im Studentenwohnheim verschwunden Rasiermesser wecken gleichsam die Angst

---

diese Gesellschaften stellen sich häufig als wenig strukturierte und differenzierte „Massengesellschaften" dar, bei denen die direkte Abhängigkeit aller Bevölkerungsgruppen von einem politischen Zentrum das bestimmende Strukturprinzip ist (Eisenstadt 1981, Sterbling 1993a).

vor einem durch die Securitate inszenierten Selbstmord – mit dem eigenen, entwendeten Rasiermesser.

In unmittelbarer Nachbarschaft der Angst weilt in der Diktatur der Tod. Wie die Angst ist auch der Tod, die Vorstellung von ihn und ebenso der Gedanke an Mord und Selbstmord, nahezu immer gegenwärtig. Die ständige Anwesenheit des Todesgedankens, der Todesangst und der Todeserfahrung, die Normalität des unnatürlichen Todes in der Diktatur – sei es durch Erschießen auf der Flucht, sei es durch (inszenierten) Selbstmord – verwischen allmählich die Grenzen zwischen Wirklichkeit und Unwirklichkeit des Todes. Der Tod ist oft bereits vorweggenommen, auf dem Kreuz, auf dem nur noch die Inschrift zu vervollständigen bleibt: „Eine glatte Stelle wartet handgroß auf ihren Todestag." (Müller 1994: 45). Die Diktatur produziert geradezu ‚Todessucht' bei den in Ausweglosigkeit geratenen, die nicht wenige sind. In der Diktatur wird Todessucht zum Massenphänomen. Es ist die aus der Unerträglichkeit der Situation geborene Todessucht, die kein Risiko mehr abwägt, so das der Tod auch die Schallmauer zwischen Wirklichkeit und Unwirklichkeit leicht durchbricht. Der zumeist aussichtslose Fluchtversuch über die militärisch streng bewachte Grenze war in Rumänien ein massenhaft gewählter Ort dieser Todessucht. „Sie sahen in der mißglückten Flucht einen gewöhnlichen Wunsch, der mal den einen, mal den anderen in den Tod riß." (Müller 1994: 141 f). Auf die Fluchtversuche über die Landesgrenze wird noch einzugehen sein.

Andere Fluchtpunkte in der Diktatur sind das Dorf, die Tradition, die Vergangenheit, die in der Wahrnehmung von Herta Müller allerdings auch zerstört, deformiert oder unerreichbar geworden sind. Ebenso der Alkoholismus, die Aggression und Selbstaggression und der Aberglaube. „Die Männer torkelten und schrien sich an, bevor sie sich leere Flaschen auf den Kopf schlugen. Sie bluteten. Wenn ein Zahn zu Boden fiel lachten sie, als hätte jemand eine Knopf verloren. Einer bückte sich, hob den Zahn auf und warf ihn in sein Glas. Weil das Glück brachte, kam der Zahn von einem Glas ins andere." (Müller 1994: 37 f). Oder – wie bereits angedeutet – der Wahnsinn, der den Außenseiter, wenngleich zu einem hohen Preis, mindestens etwas schützt und ‚freier‘ als andere macht.

Für Intellektuelle waren Depressionen, Melancholie, Schweigen oder die ‚Faszination des Absurden‘ typische Fluchtpunkte – meinte Eugène Ionesco, der Großmeister des Absurden doch schon, dass es wohl kein Zufall sei, dass er aus Rumänien stamme (Ionesco 1983). Die Literatur von Herta Müller macht vielfach deutlich, dass das Absurde in Rumänien eigentlich gar nicht literarisch erfunden werden muss, sondern gleichsam zu alltäglichen Wirklichkeit gehört, ebenso wie das Gedankenspiel des Absurden eine Möglichkeit der intellektuellen Distanzierung von dieser Wirklichkeit – zumindest für Schriftsteller und Intellektuelle – darstellt. Daneben ist auch die Melancholie eine Grundstimmung der Puszta, der endlosen Banater Tiefebene, die im Roman immer wieder anklingt.

7.2 Zur Diktatur als Zerstörung der Individualität und als gewaltsame Kontrolle des Verhaltens

Die Diktatur ist ihrem Wesen nach darauf angelegt, die Individualität zu zerstören und die kollektiven, die uniformen Menschen hervorzubringen, von denen sich die Privilegierten des Herrschaftssystems allerdings auch abheben dürfen. Die Uniformität wird schon durch Äußerlichkeiten, wie natürlich auch durch die intensive Überwachung und ständige Kontrolle des Verhaltens erreicht. „Ein kleines Viereck als Zimmer, ein Fenster, sechs Mädchen, sechs Betten, unter jedem ein Koffer. Neben der Tür ein Schrank in die Wand gebaut, an der Decke über der Tür ein Lautsprecher. (...) Jemand sagte, die Lautsprecher sehen und hören alles, was wir tun." (Müller 1994: 11).
Zur Diktatur gehören vielfältige Rituale der Konformitätsbezeugung und der Konformitätserzwingung. Nachdem sich die ehrgeizige Lola, die die Misere ihres Dorfes hinter sich lassen wollte und daher in die Partei eintrat, nach einer Affäre mit dem Turnlehrer, einem wichtigen Parteifunktionär an der Hochschule, angeblich erhängt hat, trug sich Folgendes zu: „Die erhängte Lola wurde zwei Tage später am Nachmittag um vier Uhr in der großen Aula aus der Partei ausgeschlossen und von der Hochschule exmatrikuliert. Jemand stand hinter dem Rednerpult und sagte: Sie hat uns alle getäuscht, sie verdient es nicht, Studentin unseres Landes und Mitglied unserer Partei zu sein. Alle klatschten. (...) Niemand hat sich getraut, als erster aufzuhören. Jeder schaute beim Klatschen auf die Hände der anderen. Einige haben kurz aufgehört und erschraken und klatschten wieder." (Müller 1994: 32). Etwas weiter heißt es: „Der Turnlehrer hob

als erster die Hand. Und alle Hände flogen ihm nach. Jeder sah beim Heben des Arms die erhobenen Arme der anderen. Wenn der eigene Arm noch nicht so hoch wie die anderen in der Luft war, streckte so mancher den Ellbogen noch ein bißchen." (Müller 1994: 35). Selbst die tote Lola musste noch – für eine von ihr vermutlich gar nicht begangene Tat – demonstrativ und zur Abschreckung aller bestraft werden, und keiner wagte es dabei vom Klatsch- und Abstimmungsritual kommunistischer Diktaturen auch nur im Geringsten abzuweichen.

Natürlich existierte auch ein umfangreiches Spitzelsystem: „Sie wußten, daß die Kellner alles melden." (Müller 1994: 39). Oder: „Ich sah zwei Haare überkreuz auf dem Kofferdeckel liegen. Edgar sagte: Der Turnlehrer schnüffelt in meinem Zimmer." (Müller 1994: 96). Auch Lola und Tereza waren als Spitzel eingesetzt. Tereza wurde der Autorin, die ein Stipendium im Westen bekam, sogar dahin nachgeschickt. Dabei bekannte sie zwar: „Weißt du, wer mich geschickt hat. Pjele. Ich konnte nicht anders reisen." (Müller 1994: 158). Dennoch hat sie auch das Vertrauen der Freundin missbraucht und einen Nachschlüssel zu deren Wohnung anfertigen lassen: „Ich fand in der Innentasche des Koffers eine Telefonnummer und einen neuen Schlüssel. Ich ging zur Wohnungstür, der Schlüssel paßte. Ich rief die Nummer an. Rumänische Botschaft sagte die Stimme." (Müller 1994: 160).

Mittel der sozialen Kontrolle und der Konformitätserzwingung in der Diktatur sind Drohungen, Durchsuchungen, Fallen, Terror, Machtdemonstrationen, Willkür, Erpressungsversuche und Gewalt. Zu einer Form der Drohung, bei der andere – in diesem Falle Mitstudenten der Schriftsteller – zu Helfershelfern der Securitate gemacht wurden, ist zu lesen: „Die Jungen drohten Edgar, Kurt und Georg mit Schlägen. Drei Männer waren gerade gegangen. Sie hatten die Zimmer durchsucht und zu den Jungen gesagt: Wenn euch dieser Besuch nicht gefällt, dann redet mit dem, der nicht da ist. Redet, hatten die Männer gesagt und die Faust gezeigt." Den Eltern eines Schriftstellers wurde gedroht: „Wißt ihr, wie Streifen laufen, sagte der Alte, bald tragt ihr Gestreiftes." (Müller 1994: 64).

Das Gefängnis und die Gefangenen waren ohnehin in der Stadt in bedrohlicher Weise gegenwärtig: „Wenn die Busse am Springbrunnen vorbeifuhren, sah man in den Lücken der Vorhänge die Finger der Häftlinge. Beim Fahren hörte man keinen Motor, kein Stoßen und Brummen, keine Bremse, kein Rad. Nur das Bellen der Hunde." (Müller 1994: 47). Der abgerichtete Schäferhund war ein ständiger Begleiter der Polizei und der Securitateleute. Einer dieser Schäferhunde heißt im Roman von Herta Müller sogar „Pjele" wie sein Herr, im Roman der Hauptmann „Pjele", in Wirklichkeit der Oberleutnant Petru Pele (Totok 1988: 79 ff), der die Schriftsteller im Roman wie in Wirklichkeit häufiger verhörte und bei Hausdurchsuchungen dabei war.

Zu den Fallen der Securitate wird berichtet: „Edgar sagte, der Geheimdienst streut selber die Gerüchte über die Krankheiten des Diktators, um Leute zur Flucht zu treiben und sie zu erwischen. Um Leute zum flüstern zu treiben und sie zu erwischen." (Müller 1994: 58). Zur Willkür der allgegenwärtigen Aufpasser des Systems ist nachzulesen: „Einen schrien sie an, weil die Sonne brannte, weil der Wind blies, oder weil es regnete. Am zweiten zerrten sie und ließen ihn gehen. Den dritten schlugen sie nieder.

(...) Wenn junge Frauen kamen, starrten sie grübelnd auf deren Beine. Gehenlassen oder Zupacken entschied sich erst im letzten Augenblick. Man sollte sehen, daß es bei solchen Beinen keine Gründe brauchte, nur die Laune." (Müller 1994: 60).

Nachdem die Autorin während eines Verhörs zum Abschreiben eines Gedichtes gezwungen wurde, trug sich Folgendes zu: „Der Hauptmann Pjele nahm das Blatt und sagte: Schön hast du gedichtet, deine Freunde werden sich freuen. Ich sagte: Das haben Sie gedichtet. Na, ja, sagte der Hauptmann Pjele, das ist doch deine Schrift." (Müller 1994: 106). Dies ist nur ein Beispiel von vielen zynischen Tricks und Erpressungsversuchen, mit denen das kommunistische Repressionssystem Abweichler zu diskreditieren und gefügig zu machen suchte.

Natürlich kam auch physische Gewalt massiv zum Einsatz. So beim Verhör der Schriftsteller: „Der Hauptmann Pjele hatte das Gedicht auf einem Blatt, der Hund Pjele bellte. Kurt mußte den Mund öffnen, und der Hauptmann stopfte ihm das Blatt hinein. Kurt mußte das Gedicht essen." (Müller 1994: 87 f). Oder durch Helfer der Securitate: „Georgs Kieferknochen waren zerschlagen. Als er aus dem Spital entlassen war, sagte Georg: Ich kenne die Gesichter der drei Schläger aus der Studentenzeit aus der Kantine. Aber nur vom Sehen, wie sie heißen, weiß ich nicht." (Müller 1994: 214).

Am Ende der Gewalt steht in der Diktatur nicht selten der Tod, mit dem ohnehin immer offen oder versteckt gedroht wird: „Bevor ich gehen durfte, sagte der Hauptmann Pjele: Ihr seid eine böse Saat. Dich stecken wir ins Wasser." (Müller 1994: 106). Steht zum Beispiel der (möglicherweise als Selbstmord getarnte) Tod der Schriftsteller, der einen von ihnen selbst im westlichen Ausland erreichte, wohin sich das Terror- und Repressionssystem der Securitate – keineswegs nur im Roman von Herta Müller – in den achtziger Jahren ausgebreitet hatte. „Georg lag sechs Wochen nach der Ausreise am frühen Morgen in Frankfurt auf dem Pflaster. Im fünften Stock des Übergangsheims stand ein Fenster offen." (Müller 1994: 234). Viele andere erwischte der Tod auf der Flucht, beim Fluchtversuch über die militärisch nahezu hermetisch bewachte Landesgrenze. „Sie hofften auf Nebeltage im Feld und im Fluß, um den Kugeln und Hunden der Wächter zu entgehen, um wegzulaufen und wegzuschwimmen." (Müller 1994: 56). Und weiter zur Flucht: „Die Besessenheit packte sie stärker, je mehr daran gestorben sind." (Müller 1994: 142). Und zu den Folgen und Reaktionen: „Im Maisfeld fanden Bauern beim Ernten zusammengedorrte oder aufgeplatzte, von Krähen leergepickte Leichen. Die Bauern brachen den Mais und ließen die Leichen liegen, weil es besser war, sie nicht zu sehen. Im Spätherbst ackerten die Traktoren." (Müller 1994: 69).

7.3 Anreizsysteme und Schwächen der Diktatur

Natürlich funktionierte die kommunistische Diktatur nicht nur als Repressionssystem, wiewohl dies einer ihrer wesentlichen Züge war. Die Diktatur verfügte durchaus auch über eigene Anreiz- und Belohnungsmittel, und sei es auch nur, indem sie dem einen ermöglichte, dass es ihm nicht ganz so miserabel wie den anderen ging. Zudem gab es – gerade im Falle Rumäniens – gewisse Schwächen, Unzulänglichkeiten und Funktionsmängel der Diktatur, die paradoxerweise ein Stück zu ihrem Fortbestand mit beitrugen.

So war das Studium, zum Beispiel im Falle Lolas, ein Mittel soziale Aufstiegsaspirationen im Sinne des Herrschaftssystems zu nutzen und den weit verbreiteten Opportunismus unter den Aufstiegswilligen, die, wenn es sein musste, stets zu allem mitklatschten, zu instrumentalisieren. Für die jungen Burschen aus den armseligen Dörfern Altrumäniens war es ein sozialer Aufstieg und zugleich ein großer Machtzuwachs, Wächter oder Polizist oder gar Angehöriger der Securitate zu werden – und mithin ein williges und skrupelloses Instrument des Unterdrückungsapparats. (Müller 1994: 58 ff). Natürlich gab es auch richtige Privilegien, wie etwa die des Turnlehrers und Parteifunktionärs an der Hochschule, mit dem Lola eine Affäre hatte, die ihr zum Verhängnis wurde: „Er aß in der Parteihochschule, er stieg in keine Straßenbahn, er folgte Lola nie in den struppigen Park, er hatte ein Auto und einen Schofför." (Müller 1994: 29). Privilegiert war auch die Familie Terezas, deren Vater im ganzen Land die Statuen des Diktators herstellte. „Terezas Essen paßte zu ihr. Es hatte den Beigeschmack ihres Vaters. Er bestellte in der Parteikantine. Es wird ihm jede Woche im Auto vor die Haustür gebracht, sagte Tereza." (Müller 1994: 118).

Dann gab es noch die Korruption und die Kleinkriminalität im harten Überlebenskampf der gewöhnlichen Menschen. Die strebsame Lola suchte nicht nur den Weg in die Partei, sondern ging auch der Prostitution nach und erhielt dafür Lebensmittel oder Waschpulver, die ihre Freier am Arbeitsplatz gestohlen hatten. „Und in seinem Kopf längst keine Liebe, in seiner Tasche kein Geld. Nur

gestohlenes Waschpulver oder die Kleinigkeiten ge-
schlachteter Tiere: Rinderzungen, Schweinenieren oder
die Leber eines Kalbs." (Müller 1994: 19). Oder die
Schneiderin der Autorin erzählte, dass sie auf einer Reise
nach Ungarn mit dem Zöllner „angebandelt" habe: „Aber
auch aus geschäftlichen Gründen, sagte die Schneiderin.
Wenn ich im Herbst wieder fahre, kann ich Küchenmixer
mitbringen." (Müller 1994: 149). Andere stahlen Holz:
„Die Arbeiter stehlen Holzabfälle und machen daraus
Parkett. Wer nicht stiehlt, wird in der Fabrik nicht ernst
genommen." (Müller 1994: 97). Wieder andere tranken
im Schlachthaus das Blut der gerade geschlachteten Tiere
oder warfen Teile von Schweinen und Rindern über den
Zaun des Schlachthofs, die von Angehörigen entgegenge-
nommen wurden. „Kurt erzählte jede Woche vom
Schlachthaus. Die Arbeiter tranken beim Schlachten war-
mes Blut. Gegen Abend warfen sie Schinken von Rindern
und Schweinen über den Zaun." (Müller 1994: 112). Ganze Dörfer waren „Komplizen" solcher Taten.
In einer solchen Situation war nicht nur Opportunismus
und moralische Beschädigung, sondern auch die Dop-
pelmoral weit verbreitet. „Jemand sagte, du gehst doch in
die Kirche. Und Lola sagte, das tun die anderen auch.
Man darf es nur nicht zeigen, daß man den anderen
kennt. Jemand sagte, Gott sorgt für dich oben und die
Partei sorgt unten." (Müller 1994: 28). Die realsozialisti-
sche Gesellschaft bildete so etwas wie eine normative
Doppelstruktur und Doppelrealität heraus (Hankiss
1988, Sterbling 2002c). Dies und die anderen Schwächen,
die Funktionsmängel der Diktatur, machten das diktato-
rische Regime für viele wohl etwas erträglicher – und si-

cherten so paradoxerweise ein Stück länger seinen Fortbestand.

7.4 Zur Stellung und Verfolgung der Intellektuellen in der Diktatur

Der Intellektuelle und der Schriftsteller im Besonderen genießt in der Diktatur in doppeltem Sinne Achtung und Missachtung: Wenn er die Sache des Intellektuellen nicht verrät, die Achtung vieler und die Missachtung der Herrschenden, wenn er zum gefügigen Opportunisten, zu einer „Karikatur" seiner selber wird (Geiger 1949: 71), die offizielle Huldigung und untergründige Verabscheuung. Daher versuchen die meisten Intellektuellen in der Diktatur – oder die, die sich dafür halten –, wenn sie nicht zu den Mutigsten oder zu den Skrupellosesten zählen, in der Schwebe zwischen beiden Möglichkeiten zu bleiben. Dazu stellte ich an anderer Stelle fest: „Dem Intellektuellen – soweit er seine Rolle nicht heroisch versteht und, wie in gewöhnlichen Fällen üblich, die persönliche Gefährdung scheut – bleibt demnach häufig nur ein äußerst begrenzter Handlungsspielraum zwischen Opportunismus und Verfolgung. Soweit allerdings intellektueller Mut und die relativ unwahrscheinliche, durch bestimmte Zufälle aber doch immer mal gegebene Chance in solchen Systemen besteht, intellektuelle Ideologie- und Herrschaftskritik öffentlich wirksam zu artikulieren, ist diese indes nicht nur für den intellektuellen Kritiker, sondern auch für das ideologisch begründete Herrschaftssystem durchaus gefährlich. Oder der intellektuelle Widerspruch wird von den Herrschenden zumindest als bedrohlich empfunden, wie nicht zuletzt die vielfältigen

Vorkehrungen in totalitären oder autoritären Systemen zeigen, entsprechende intellektuelle Kritik zu unterbinden oder schon im Vorfeld abzufangen. (...) Die Bedingungen der öffentlichen intellektuellen Tätigkeit unter den kommunistischen Herrschaftsgegebenheiten waren zum Teil überaus restriktiv, das intellektuelle Denken war von vielen ideologisch vorgegebenen Denktabus und Schreibverboten bestimmt. Auf diese spezifischen Umstände haben sich die meisten osteuropäischen Intellektuellen teils freiwillig, teils zwangsläufig eingestellt – natürlich nicht nur opportunistisch, sondern auch strategisch. Die „Intellektuellen" präsentierten sich keineswegs nur als völlig gefügige, wirklichkeitsblinde Systemapologeten, wenngleich es auch diese Spielart von Pseudointellektuellen gab, die wie eine Karikatur ihrer selbst wirkten. Von vielen wurden die Spielräume möglicher Kritik indes durchaus genutzt, wiewohl kritische Äußerungen in der Regel feinsinnig dosiert und nur dem Eingeweihten vernehmbar blieben. Das Unerlaubte, ideologisch Tabuisierte wurde nicht selten verschlüsselt, bildlich, metaphorisch angesprochen. Anspielungen, Doppeldeutigkeiten, symbolische Chiffren waren in der intellektuellen Kultur osteuropäischer Gesellschaften teilweise hoch elaboriert. Intellektuelle Äußerungen fanden oft gerade ihrer Undeutlichkeit, Unfaßbarkeit und offenen Auslegbarkeit wegen Resonanz und Interesse. Raffinierte symbolische Codierungs- und Decodierungstechniken der unaussprechbaren Reflexionen über die Wirklichkeit entwickelten sich mitunter zu einer hohen Kunst, deren Beherrschung nicht nur als intellektuelle Scharfsinnigkeit, als Signum der Dazugehörigkeit zum Kreis der Intellektuellen, sondern mitunter auch als systemkritischer

Akt verstanden wurde. Daher auch die vielen selbsternannten intellektuellen Helden nach der Revolution, die
vormals noch wie karrierebewußte Opportunisten wirkten." (Sterbling 1993b: 65 ff).

In der Diktatur ist die Wirkungsmacht des Buches, des
kritischen Gedankens, groß – auch und gerade aus der
Sicht der Herrschenden, die sich davor fürchten. Daher
die unnachgiebige, oft auch schon präventive Verfolgung
der Intellektuellen, der Schriftsteller, insbesondere dann,
wenn diese – einer ethnischen Minderheit angehörend –
ganz offenkundig die subversiven Gedanken der westlichen Moderne ins Land einschleppen und zu verbreiten
suchen. In dem Roman „Herztier" werden die verschiedenen Formen der Repression gegen solche Schriftsteller,
wie auch deren Reaktion und Gegenstrategien und die
Folgen ebenso eindringlich wie bedrückend beschrieben.
Zunächst zu den ideologisch bornierten, geradezu unbe-
holfenen Geringschätzungs-, Diskreditierungs- und Kri-
minalisierungsversuchen: „Der Hauptmann Pjele sagte
zu Edgar, Kurt und Georg, das Gedicht fordere zur
Flucht auf. Sie sagten: Es ist ein altes Volkslied. Der
Hauptmann Pjele sagte: Es wäre besser, einer von euch
hätte das selbst geschrieben. Das wäre schlimm genug,
aber so ist es noch schlimmer. Dieses Lieder waren vielleicht einmal Volkslieder, das waren jedoch andere Zeiten. Das bürgerlich-gutsherrliche Regime ist längst überwunden. Heute singt unser Volk andere Lieder." (Müller
1994: 89). Oder an einer anderen Stelle: „Zu Edgar und
Georg hatte Hauptmann Pjele eine Woche später gesagt,
sie lebten vom Volksverhetzen und Schmarotzen. Alles
gegen das Gesetz. Lesen und Schreiben kann jeder in diesem Land. Wenn man so will, schreibt jeder Gedichte,

ohne staatsfeindlich und kriminell organisiert zu sein. Unsere Kunst macht des Volk sich selber, dazu braucht unser Land keine Handvoll Asozialer. Wenn ihr deutsch schreibt, geht doch nach Deutschland, vielleicht fühlt ihr euch dort zu Hause im Morast. Ich dachte, euch kommt der Verstand." (Müller 1994: 197). Ansonsten waren die Bespitzelungs-, Bedrohungs- und Repressionsmethoden, die gegen die Schriftsteller angewandt wurden, natürlich nicht geringer, sondern eher noch hartnäckiger als das bereits Beschriebene. Darauf soll an dieser Stelle aber nicht nochmals eingegangen werden. Vielmehr sollen zunächst einige subversive Gegenstrategien illustriert werden, zu denen sich die Schriftsteller unter dem Verfolgungsdruck veranlasst sahen, und dann auch einige psychische Folgen angesprochen werden, die der fortgesetzte repressive Druck bei ihnen herbeigeführt hat.

Die Schriftsteller haben ihre Bücher und eigenen Texte im Sommerhaus eines unverdächtigen Bekannten versteckt. Dort wollten sie auch das von der Verfasserin gefundene Tagebuch Lolas nach deren Selbstmord verwahren. „Wir hängen das Heft, sagte Kurt, in einen Leinensack an die Unterseite des Brunnendeckels. (...) Der Brunnen ist im Zimmer, das Sommerhaus und der wilde Garten gehören einem Mann, der nie auffällt. Dort sind auch die Bücher, sagte Kurt." (Müller 1994: 43). Sie verabredeten Zeichen und eine verschlüsselte Sprache, um sich – nachdem sie nach dem Studium aus beruflichen Gründen in verschiedene Landesteile ziehen mussten – wechselseitig zu warnen. „Beim Schreiben das Datum nicht vergessen, und immer ein Haar in den Brief legen, sagte Edgar. Wenn keines mehr drin ist, weiß man, daß der Brief geöffnet wurde. (...) Ein Satz mit Nagelschere für Verhör, sagte

Kurt, für Durchsuchung einen Satz mit Schuhe, für Beschattung einen mit erkälten. Hinter die Anrede immer ein Ausrufezeichen, bei Todesdrohung nur ein Komma." (Müller 1994: 90).

Doch ging der Verfolgungsdruck an den Schriftstellern und an ihrer Beziehung zueinander nicht folgenlos vorbei. Auch hier tauchte manchmal Misstrauen oder Ratlosigkeit oder Schweigen oder Aggression auf. „Wer ist der Mann mit dem Sommerhaus, fragte ich und dachte mir gleich: Ich will es nicht wissen. Edgar, Kurt und Georg bleiben stumm." (Müller 1994: 43 f). Oder später: „Weil wir Angst hatten, waren Edgar, Kurt, Georg und ich täglich zusammen. wir saßen am Tisch, aber die Angst bleib so einzeln in jedem Kopf, wie wir sie mitbrachten, wenn wir uns trafen. Wir lachten viel, um sie voreinander zu verstecken. Doch die Angst schert aus. Wenn man sein Gesicht beherrscht, schlüpft sie in die Stimme." (...) Wir brauchten Wut aus langen Wörtern, die uns trennten. Wir erfanden sie wie Flüche als Abstand gegeneinander." (Müller 1994: 83).

Am Ende der Verhöre, Bespitzelungen, Entlassungen, Durchsuchungen, körperlichen Misshandlungen, am Ende der wachsenden Angst und der Ausweglosigkeit der vier standen, wie bereits berichtet, drei Ausreisen in den Westen und zwei unnatürliche Todesfälle, von denen der Hauptmann Pjele im Roman oder der ehemalige Oberleutnant Petru Pele in Wirklichkeit wahrscheinlich am ehesten weiß, ob es wirklich Selbstmorde waren. Manche, nicht nur im Roman „Herztier", sondern auch in Wirklichkeit habe daran ihre berechtigten Zweifel. „Herztier" ist zwar ein Roman im besten Sinn des Wortes, aber gleichwohl nicht nur ein Roman.

8. Einsichten über das Wesen der Literatur und die soziologische Analyse- und Reflexionsperspektive

Wie ich in meinen Ausführungen zumindest andeutungsweise zu zeigen suchte, lassen sich dem Roman „Herztier" und der Literatur von Herta Müller insgesamt viele subtile Einsichten entnehmen, die sich für die soziologische Analyse und Reflexion über Diktaturen zweifellos erkenntnisfördernd und mithin nützlich darstellen. Abschließend möchte ich nur knapp einige wichtige soziologische Anschlussstellen, gleichsam exemplarisch, ausweisen.

Das vorhin betrachtete Romangeschehen und -material ist natürlich nicht die historische Wirklichkeit kommunistischer Spätdiktaturen schlechthin, sondern eine literarisch durchgearbeitete, subjektiv reflektierte und stilisierte und mithin pointierte und überhöhte Rekonstruktion, ein Echolot, derselben. Der Roman hat dabei gleichwohl einen hohen Realitätsgehalt, so dass sich viele Grundzüge dieser „erfundenen Wahrnehmungen" und konstruierten Wirklichkeit relativ gut im Lichte gängiger soziologischer Theorien interpretieren lassen. Vermutlich weniger leicht in der Sprache relativ allgemeiner Theorien wie dem „rational choice"-Ansatz oder der Systemtheorie, die die ‚finsteren Keller' der sozialen Wirklichkeit und der Zivilisationsbrüche des 20. Jahrhunderts eben nur abstrakt ausleuchten können, wiewohl auch diesbezüglich interessante Anschluss- und Übersetzungsmöglichkeiten erkennbar sind. Sehr ergiebig indes im Lichte von Theorien mittlerer Reichweite, wie etwa „historischer Modernisierungstheorien" (Sterbling 1991a, 1994b, 1998), aber auch Macht- und Herrschaftstheorien,

Theorien sozialer Abweichung und Kontrolle (Sterbling 2002c) usw. Wenn ich abschließend einige theoretische Interpretations- und Anschlussmöglichkeiten andeute – übrigens auch systemtheoretische –, so sind diese Bezüge weder zwangsläufig noch gar erschöpfend. Sie könnten – unter Hinzuziehung anderer soziologischer Theorien und Überlegungen – nahezu beliebig fortgesetzt werden. Die soziologische Gedankenrichtung, die ich in wenigen abschließenden Überlegungen vor allem andeuten möchte, ergibt sich aus meiner sozialwissenschaftlichen Grundorientierung an der in der Tradition Max Webers stehenden „historischen Modernisierungsforschung" wie ebenso aus meiner wissenschaftstheoretischen Schulung durch den kritischen Rationalismus, theoretische Ideen stets als ‚Denkwerkzeuge' der wissenschaftlichen Erkenntnispraxis zu verstehen (Albert 1972)

Die Diktaturen des 20. Jahrhunderts und mithin auch die kommunistischen Spätdiktaturen können als Ergebnis einer tiefen Modernisierungskrise begriffen werden. Ihren Problemkern bildet eine starke Spannungen und gesellschaftliche Verwerfungen erzeugende „partielle Modernisierung" (Rüschemeyer 1971, Eisenstadt 1997, Sterbling 1998), bei der im Bereich der politischen Herrschaft eine vornehmlich auf Ideologie und Gewalt gestützte rigide Zwangsintegration als „Problemlösung" angestrebt wird (Schimank 1999). Diese führt nicht nur zu einem weitgehenden entdifferenzierten politischen Institutionensystem und insgesamt zu einem nahezu monolithischen, vom politischen Zentrum bestimmten Institutionenkonglomerat, mit entsprechenden Rationalitäts- und Leistungsverlusten (Lepsius 1995), sondern auch zur Dominanz der Ideologie und der Gewalt als soziale Steuerungsmedien. Der zentrale Stellenwert der Ideologie zwingt zur rigiden Kontrolle und Unterdrückung aller Denkabweichungen, zur Verfolgung der Intellektuellen und zum geistigen Niedergang. Zu den Leistungsverlusten, die sich aus der institutionellen Entdifferenzierung und der Unterbindung der Eigenrationalität der sozialen Teilsysteme ergeben und die über kürzer oder länger materielle Knappheit und Verelendung zur Folge haben, kommen Ressourcenverschwendungen durch eine notwendigerweise sich immer weiter steigernde Kontrollspirale hinzu. Auf die Flucht- und Vermeidungsstrategien der Unterdrückten muss nämlich mit intensiverer Kontrolle und zunehmender Repression reagiert werden. Dies führt wiederum zu geschickteren ‚Anpassungen' und Vermeidungsstrategien, aber auch zu Resignation, Unwillen, Apathie und zu entsprechenden materiellen, motivationalen und moralischern Ressourcenverlusten – wie auch zum fortschreitenden Legitimitäts- und Wirksamkeitsverlust der Ideologie, selbst bei deren Anhängern (Sterbling 1993c).

Die ideologisch begründete, zwangsintegrierte Diktatur ist ihrer Eigenrationalität nach darauf angelegt, alle Alternativen zu ihr im Denken, Verhalten und Glauben der Menschen zu zerstören. Ist ein solches Herrschaftssystem daher überhaupt überwindbar? Ja – und geradezu zwangsläufig, muss der Soziologe sagen. Aber wahrscheinlich nicht unbedingt, weil Diktaturen in redlichen Intellektuellen mächtige Feinde haben, denn erstens gab es davon nicht allzu viele in den kommunistischen Spätdiktaturen und zweitens wurde deren Macht, die Macht der freien Gedanken und Bücher, insbesondere von denen, die sich davon fürchteten, weit überschätzt.

Zwei andere Gründe erscheinen uns wichtiger: Erstens ist ein diktatorisches System – nicht nur den Kosten und Verlusten der Kontrollspirale wegen – tendenziell auf Ressourcenentzug (Balla 1996), Ressourcenverschwendung und Ressourcenvernichtung angelegt, so dass die Verteilungsspielräume des Systems immer knapper werden und mithin auch jene immer weniger zufrieden zu stellen sind, die sich dem Herrschaftssystem zunächst opportunistisch zur Verfügung stellten (Sterbling 1993c). Zweitens gehen Diktaturen auch an ihren eigenen Schwächen, Unzulänglichkeiten und Funktionsmängeln zu Grunde: an der Korruption, moralischen Beschädigung, der Unzuverlässigkeit und Unglaubwürdigkeit ihrer Funktionäre, an den Schwachstellen ihrer allgegenwärtigen Kontrollmechanismen, letztlich – und dies ist die tiefere soziologische Einsicht – an den Grenzen der Möglichkeit durch Ideologie und Gewalt, die ‚normative Doppelstruktur‘, die andere Gesellschaft, das anderen sozialen Gesetzmäßigkeiten und Grundmustern des Verhaltens folgende soziale Leben, politisch total zu beherrschen. Gleichwohl gilt es auch aus der Sicht der Soziologie aufmerksam zu bleiben, denn – dies lehrt uns das 20. Jahrhundert und gleichsam, unter einem Brennglas betrachtet, auch die Literatur von Herta Müller – Entwicklungsregressionen und Zivilisationsbrüche wie jene, die die kommunistischen Spätdiktaturen hervorgebracht haben, kann es und unter bestimmten Bedingungen, nicht zuletzt in Folge tiefer Modernisierungskrisen und von „plötzlichen Koinzidenzen" (Lepsius 1993: 79), selbst in Europa immer wieder geben.

Literatur

Albert, Hans, ²1972, Theorie und Realität. Ausgewählte Aufsätze zur Wissenschaftslehre der Sozialwissenschaften, Tübingen, J.C.B. Mohr (Paul Siebeck) Verlag

Balla, Bálint, 1996, Kommunismus und Postkommunismus handlungstheoretisch, in: Balla, Bálint/Sterbling, Anton (Hrsg.), Zusammenbruch des Sowjetsystems – Herausforderung für die Soziologie, Krämer Verlag, Hamburg, S. 81-100

Balla, Bálint/Geier, Wolfgang (Hrsg.), 1994, Zu einer Soziologie des Postkommunismus. Kritik, Theorie, Methodologie, Münster-Hamburg, Lit Verlag

Balla, Bálint/Sterbling, Anton (Hrsg.), 1996, Zusammenbruch des Sowjetsystems – Herausforderung für die Soziologie, Krämer Verlag, Hamburg

Csejka, Gerhardt, 1990, Rückblick auf die rumänische Nachkriegsliteratur, in: Solms, Wilhelm (Hrsg.), Nachruf auf die rumäniendeutsche Literatur, Marburg, Hitzeroth Verlag, S. 145-159

Csejka, Gerhardt, 1992, Die Aktionsgruppen-Story, in: Wichner, Ernest (Hrsg.), Ein Pronomen ist verhaftet worden. Die frühen Jahre in Rumänien – Texte der Aktionsgruppe Banat, Frankfurt a. M., Suhrkamp Verlag, s. 228-244

Courtois, Stéphane u.a., 1997, Le livre noir du communisme, Paris, Editions Robert Laffont

Eisenstadt, Samuel N., 1979, Tradition, Wandel und Modernität, Frankfurt a. M., Surhkamp

Eisenstadt, Samuel N., 1981, Revolution und Transformation von Gesellschaften. Eine vergleichende Untersuchung verschiedener Kulturen, Opladen, Westdeutscher Verlag

Gabanyi, Anneli Ute, 1975, Partei und Literatur in Rumänien seit 1945, München, R. Oldenbourg Verlag

Gabanyi, Anneli Ute, 2000, The Ceauşescu Cult. Propaganda and Power Policy in Communist Romania, Bucharest, The Romanian Cultural Foundation Publishing House

Geiger, Theodor, 1949, Aufgaben und Stellung der Intelligenz in der Gesellschaft, Stuttgart, Enke Verlag

Habermas, Jürgen, 1981, Theorie des kommunikativen Handelns, Band 1: Handlungsrationalität und gesellschaftliche Rationalisierung, Frankfurt a. M., Suhrkamp Verlag

Hankiss, Elemér, 1988, The „Second Society": Is There an Alternative Social Model Emerging in Contemporary Hungary?, in: Social Research. An International Quarterly of the Social Sciences, 55. Jg., New York, S. 13-42

Hütten, Susanne/Sterbling, Anton, 1994, Expressiver Konsum. Die Entwicklung von Lebensstilen in Ost- und Westeuropa, in: Blasius, Jörg/Dangschat, Jens S. (Hrsg.), Lebensstile in den Städten. Konzepte und Methoden, Opladen, Verlag Leske + Budrich, S. 122-134

Ionesco, Eugène, 1983, Gegengifte. Artikel, Aufsätze, Polemiken, Frankfurt a. M.-Berlin-Wien, Ullstein Verlag

Jesse, Eckhard (Hrsg.), ²1999, Totalitarismus im 20. Jahrhundert. Eine Bilanz der internationalen Forschung, Bonn, Bundeszentrale für Politische Bildung

Krause, Thomas, 1998, Die Fremde rast durchs Gehirn, das Nichts. Deutschlandbilder in den Texten der Banater Autorengruppe (1969-1991), Frankfurt a. M. usw., Peter Lang Verlag

Lepsius, M. Rainer, 1993, Extremer Nationalismus. Strukturbedingungen vor der nationalsozialistischen Machtergeifung, in: Lepsius, M. Rainer, Demokratie in Deutschland. Soziologisch-historische Konstellationsanalysen. Ausgewählte Aufsätze, Göttingen, Vanderhoeck & Ruprecht, S. 51-79

Lepsius, M. Rainer, 1995, Institutionenanalyse und Institutionenpolitik, in: Nedelmann, Birgitta (Hrsg.), Politische Institutionen im Wandel, Kölner Zeitschrift für Soziologie und Sozialpolitik, Sonderheft 35, Opladen, Westdeutscher Verlag, S. 393-403

Luhmann, Niklas, 2002, Die Kunst der Gesellschaft, Darmstadt, Wissenschaftliche Buchgesellschaft

Marcuse, Herbert, 19970, Der eindimensionale Mensch. Studien zur Ideologie der fortgeschrittenen Industriegesellschaft, Neuwied-Berlin, Luchterhand Verlag

Motzan, Peter/Sienerth, Stefan (Hrsg.), 1993, Worte als Gefahr und Gefährdung. Fünf deutsche Schriftsteller vor Gericht (15. September 1959 – Kronstadt/Rumänien). Zusammenhänge und Hintergründe,

Selbstzeugnisse und Dokumente, München, Verlag Südostdeutsches Kulturwerk

Motzan, Peter, 1995, Was aber stiften Literaturhistoriker? Ausschweifende Überlegungen zu einer Literaturgeschichte und einem Tagungsband, in: Südostdeutsche Vierteljahresblätter. Zeitschrift für Literatur und Kunst, Geschichte und Zeitgeschichte, 44. Jg., München, Verlag Südostdeutsches Kulturwerk, S. 125-139

Motzan, Peter, 1999, Von der Aneignung zur Abwendung. Der intertextuelle Dialog der rumäniendeutschen Lyrik mit Bertolt Brecht, in: Szász, Ferenc/Kurdi, Imre (Hrsg.), Im Dienste der Auslandsgermanistik. Festschrift für Prof. Dr. Dr. h.c. Antal Mádl zum 70. Geburtstag, Budapest, S. 139-165

Motzan, Peter, 2001, Zwischen Kür und Pflichtübung, Freundschaftsdienst und Opportunismus. Zur Präsenz rumänischer Gegenwartsliteratur in der Zeitschrift *Banater Schrifttum/Neue Literatur* (1949-1989), in: Hackl, Wolfgang/Krolop, Kurt (Hrsg.), Wortverbunden – Zeitbedingt. Perspektiven der Zeitschriftenforschung, Innsbruck-Wien-München-Bozen, Studien Verlag, S. 219-233

Müller, Herta, 1984, Niederungen, Berlin, Rotbuch Verlag

Müller, Herta, 1986, Der Mensch ist ein großer Fasan auf der Welt, Berlin, Rotbuch Verlag

Müller, Herta, 1991, Wie Wahrnehmung sich erfindet. Poetische Überlegungen zum Prozeß des Schreibens, in: Frankfurter Rundschau, vom 11. Mai 1991, ZB, S. 2

Müller, Herta, 1992, Der Fuchs war schon damals der Jäger, Reinbek bei Hamburg, Rowohlt Verlag

Müller, Herta, 1994, Herztier. Roman, Reinbek bei Hamburg, Rowohlt Verlag

Müller, Herta, 1997, Heut wär ich mir lieber nicht begegnet, Reinbek bei Hamburg, Rowohlt Verlag

Müller, Herte, 2002, Wenn wir schweigen, werden wir unangenehm – wenn wir reden, werden wir lächerlich. Kann Literatur Zeugnis ablegen?, in: Text + Kritik. Zeitschrift für Literatur, Band 155: Herta Müller, München 2002, S. 6-17

Paler, Octavian, 1993, Wir sind unsere eigenen Gespenster, in: Die Zeit, vom 30. Juli 1993

Popitz, Heinrich, 1986, Phänomene der Macht. Autorität – Herrschaft – Gewalt – Technik, Tübingen, J.C.B. Mohr (Paul Siebeck) Verlag

Rauch, Georg von, [8]1990, Geschichte der Sowjetunion, Stuttgart, Alfred Kroner Verlag

Rüschemeyer, Dietrich, [3]1997, Partielle Modernisierung, in: Zapf, Wolfgang (Hrsg.), Theorien des sozialen Wandels, Köln-Berlin, Kiepenheuer & Witsch Verlag, S. 382-396

Schimank, Uwe, 1999, Funktionale Differenzierung und Systemintegration der modernen Gesellschaft, in: Friedrichs, Jürgen / Jagodzinski, Wolfgang (Hrsg.), Soziale Integration, Kölner Zeitschrift für Soziologie und Sozialpsychologie, Sonderheft 39, Opladen, Westdeutscher Verlag, S. 47-65

Schlesak, Dieter, 1970. Visa. Ost West Lektionen, Frankfurt a. M., S. Fischer Verlag

Solms, Wilhelm (Hrsg.), 1990, Nachruf auf die rumäniendeutsche Literatur, Marburg, Hitzeroth Verlag

Spiridon, Olivia, 2002, Untersuchungen zur rumäniendeutschen Erzählliteratur der Nachkriegszeit, Oldenburg, Igel Verlag

Sterbling, Anton, 1975a, aktionsgruppe banat - oder ähnlich so, in: Neue Literatur, 26. Jg., Heft 7, Bukarest, S. 39-43, wiederabgedruckt in: Wichner, Ernest (Hrsg.), 1992, Ein Pronomen ist verhaftet worden. Die frühen Jahre in Rumänien - Texte der Aktionsgruppe Banat, Frankfurt a. M., Suhrkamp Verlag, S. 210-218

Sterbling, Anton, 1975b, „Kapitel 23" - oder das zerstörte sinnmuster der ereignisse, in: Neue Literatur, 26. Jg., Heft 7, Bukarest 1975, S. 43-45, wiederabgedruckt in: Wichner, Ernest (Hrsg.), 1992, Ein Pronomen ist verhaftet worden. Die frühen Jahre in Rumänien - Texte der Aktionsgruppe Banat, Frankfurt a. M., Suhrkamp Verlag, S. 168-172

Sterbling, Anton, 1987, Eliten im Modernisierungsprozeß. Ein Theoriebeitrag zur vergleichenden Strukturanalyse unter besonderer Berücksichtigung grundlagentheoretischer Probleme, Hamburg (Dissertation)

Sterbling, Anton, 1989, Eliten, Strukturwandel und Machtfragen in Südosteuropa, in: Südosteuropa. Zeitschrift für Gegenwartsforschung, 38. Jg., München, R. Oldenbourg Verlag, S. 395-413

Sterbling, Anton, 1991a, Modernisierung und soziologisches Denken. Analysen und Betrachtungen, Hamburg, Krämer Verlag

Sterbling, Anton, 1991b, Zum Abschied einer Minderheit. Gedanken zum „Nachruf auf die rumäniendeutsche Literatur", in: Südosteuropa. Zeitschrift für Gegenwartsforschung, 40. Jg., Heft 5, München, R. Oldenbourg Verlag, S. 211-223

Sterbling, Anton, 1993a, Strukturfragen und Modernisierungsprobleme südosteuropäischer Gesellschaften, Hamburg, Krämer Verlag

Sterbling, Anton, 1993b, Von den Schwierigkeiten des Denkens ohne Verbot. Die Rolle des Intellektuellen, der intellektuelle Aufbruch und die nahezu unvermeidbaren geistigen Konfusionen in Osteuropa, in: Neue Literatur. Zeitschrift für Querverbindungen, Heft 4 (Neue Folge), Bukarest, S. 55-71

Sterbling, Anton, 1993c, Eigeninteressen oder Verantwortung der Intelligenz? Zum Niedergang der kommunistischen Herrschaft in Südosteuropa, in: Sterbling, Anton (Hrsg.), Zeitgeist und Widerspruch: Soziologische Reflexionen über Gesinnung und Verantwortung, Hamburg, Krämer Verlag, S. 231-250

Sterbling, Anton, 1994a, Rationalität und Wissenschaft. Allgemeine und aktuelle Überlegungen zur Werturteilsproblematik, in: Sterbling, Anton, Gegen die Macht der Illusionen. Zu einem Europa im Wandel, Hamburg, Krämer Verlag, S. 29-81

Sterbling, Anton, 1994b, Sind Modernisierungstheorien handlungstheoretisch fundierbar?, in: Sterbling, Anton, Gegen die Macht der Illusionen. Zu einem Europa im Wandel, Hamburg, Krämer Verlag, S. 85-108

Sterbling, Anton, 1996, Anmerkungen zur schwierigen Entwicklung und zum gegenwärtigen Stand der rumänischen Soziologie, in: Hodenius, Birgit/Schmidt, Gert (Hrsg.), Transformationsprozesse in Mittelost-Europa. Ein Zwischenbefund. Sonderheft 4 der Soziologischen Revue, München, R. Oldenbourg Verlag, S. 256-271

Sterbling, Anton, 1997a, Widersprüchliche Moderne und die Widerspenstigkeit der Traditionalität, Hamburg, Krämer Verlag

Sterbling, Anton, 1997b, Kontinuität und Wandel in Rumänien und Südosteuropa. Historisch-soziologische Analysen, München, Verlag Südostdeutsches Kulturwerk

Sterbling, Anton, 1998, Historische Modernisierungstheorien und die gegenwärtigen Probleme des Institutionenwandels in Ost- und Südosteuropa, in: Müller, Klaus (Hrsg.), Postsozialistische Krisen. Theoretische Ansätze und empirische Befunde, Opladen, Leske + Budrich, S. 53-87

Sterbling, Anton, 2000, Unterdrückung, Ideologie und der untergründige Fortbestand der Mythen, in: Dahlmann, Dittmar/Potthoff, Wilfried (Hrsg.): Mythen, Symbole und Rituale. Die Geschichtsmächtigkeit der Zeichen in Südosteuropa im 19. und 20. Jahrhundert, Frankfurt a. M. usw., Peter Lang Verlag, S. 275-293

Sterbling, Anton, 2001, Eliten, Intellektuelle, Institutionenwandel. Untersuchungen zu Rumänien und Südosteuropa, Hamburg, Krämer Verlag

Sterbling, Anton, 2002a, Informationszeitalter und Wissensgesellschaft. Zum Wandel der Wissensgrundlagen der Moderne, in: Hamburger Beiträge zur Erziehungs- und Sozialwissenschaft Heft 4, Hamburg, Universität der Bundeswehr, S. 1-37

Sterbling, Anton, 2002b, Soziologische Lehre und Forschung über Südosteuropa an deutschen Hochschulen - ein Überblick, in: Soziologie. Forum der Deutschen Gesellschaft für Soziologie, Heft 1, Opladen, Verlag Leske + Budrich, S. 26-38

Sterbling, Anton, 2003, Menschliches Zusammenleben und Anomie, in: Hillmann, Karl-Heinz/Oesterdiekhoff, Georg W. (Hrsg.): Die Verbesserung des menschlichen Zusammenlebens. Eine Herausforderung für die Soziologie, Opladen, Verlag Leske + Budrich, S. 127-150

Totok, William, 1988, Die Zwänge der Erinnerung. Aufzeichnungen aus Rumänien, Hamburg, Junius Verlag

Totok, William, 2001, Constrângerea memoriei. Insemnări, documente, amintiri, (Die Zwänge der Erinnerung. Aufzeichnungen, Dokumente, Erinnerungen), Iaşi, Editura Polirom

Tudorica, Cristina, 1997, Rumäniendeutsche Literatur (1970-1990). Die letzte Epoche einer Minderheitenliteratur, Tübingen-Basel, Francke Verlag

Wagner, Carmen, 2002, Sprache und Identität. Literaturwissenschaftliche und fachdidaktische Aspekte der Prosa von Herta Müller, Oldenburg, Igel Verlag

Wagner, Richard, 1991, Sonderweg Rumänien. Bericht aus einem Entwicklungsland, Berlin, Rotbuch Verlag

Wagner, Richard, 1992, Die Aktionsgruppe Banat. Versuch einer Selbstdarstellung, in: Wichner, Ernest (Hrsg.), Ein Pronomen ist verhaftet worden. Die frühen Jahre in Rumänien - Texte der Aktionsgruppe Banat, Frankfurt a. M., Suhrkamp Verlag, S. 222-227

Wichner, Ernest (Hrsg.), 1992, Ein Pronomen ist verhaftet worden. Die frühen Jahre in Rumänien - Texte der Aktionsgruppe Banat, Frankfurt a. M., Suhrkamp Verlag

Wichner, Ernerst, 2002, Herta Müllers Selbstverständnis, in: Text + Kritik. Zeitschrift für Literatur, Band 155: Herta Müller, München 2002, S. 3-5

Verdery, Katherine, 1997, What was socialism, and what comes next?, Princeton/New Jersey, Princeton University Press

Stalinismus in den Köpfen
Zur kommunistischen Gewaltherrschaft in Rumänien

Mit dem Titel: „Stalinismus in den Köpfen"[1] sind eigentlich zwei Sachverhalte angesprochen, die sich am Beispiel der stalinistisch geprägten kommunistischen Herrschaft in Rumänien aufschlussreich darstellen und analysieren ließen. Erstens ist damit zum Ausdruck gebracht, dass der „Stalinismus" – als eine spezifische Erscheinungsform totalitärer Herrschaft[2] – auch und vor allem einem „Zustand in den Köpfen", einem spezifischen kollektiven Bewusstseinszustand, der durch verbreitete Angst und Willkürerfahrungen, allgegenwärtige Kontrolle und Verfolgung, durch Gefühle tiefer Verzweiflung und Vorstellungen weitgehender Aussichtslosigkeit ge-

---

1   Beitrag zu der 40. Jahrestagung des Arbeitskreises für Siebenbürgische Landeskunde zum Thema „Minderheiten im Stalinismus in Rumänien", 10.-12.9.2004, an der Universität Heidelberg. Ich danke Herrn Prof. Dr. Mattias Theodor Vogt (Hochschule Zittau/ Görlitz), Herrn Richard Wagner (Berlin) und Herrn Prof. Dr. Edward Bialek (Universität Breslau) für Ihre Bereitschaft, mit mir im Rahmen des „Collegium Pontes" in Görlitz die grundlegenden Gedanken dieses Beitrags kritisch durchzusprechen.

2   Allgemein dazu siehe: Jesse, Eckhard (Hrsg.): Totalitarismus im 20. Jahrhundert. Eine Bilanz der internationalen Forschung, Bonn ²1999; Courtois, Stéphane u.a.: Le livre noir du communisme, Paris, 1997; Veen, Hans-Joachim/Pieper, Markus (Hrsg.): Nach der Diktatur, Köln-Weimar-Wien 2003.

prägt ist, korrespondiert.[3] Zweitens soll damit angezeigt werden, dass „Kopfarbeiter", dass Intellektuelle, als deren wesentliche Aufgabe – zumindest im westlichen Verständnis und Selbstverständnis – die Kritik der Mächtigen und die Kontrolle der Machtausübung erscheint,[4] eine wichtige und gleichsam ambivalente Rolle im Betrachtungszusammenhang stalinistischer Herrschaft spielten. Intellektuelle zeigten sich im Stalinismus nämlich teils als ein sehr ernst genommenes und daher besonders starken Repressionen ausgesetztes Widerstandspotenzial, das vielfach gewaltsam zum Schweigen gebracht werden musste; Intellektuelle traten teils aber auch als besonders ideologieanfällige und willfährige Werkzeuge stalinistischer Herrschaft in Erscheinung – und trugen mithin erhebliche Mitschuld an dessen schlimmsten Untaten und

---

3   Siehe dazu auch: Sterbling, Anton: Grundzüge von Diktaturen im 20. Jahrhundert. Unter besonderer Berücksichtigung der kommunistischen Spätdiktatur in Rumänien, in: Sterbling, Anton: Soziologische Wortmeldungen. Zu Migration und Integration, Ost- und Südosteuropa, Gewalt an Schulen und Polizeiwissenschaften, Rothenburger Beiträge. Schriftenreihe der Fachhochschule für Polizei Sachsen, Band 16, Rothenburg/OL 2003 (S. 61-75); Sterbling, Anton: Das Wesen und die Schwächen der Diktatur – nachgelesen in den Romanen von Herta Müller, in: Kron, Thomas/Schimank, Uwe (Hrsg.): Die Gesellschaft der Literatur, Opladen 2004 (S. 165-200).

4   Zu einem solchen Verständnis der „Intellektuellen" als „Kritiker" siehe zum Beispiel: Geiger, Theodor: Aufgaben und Stellung der Intelligenz in der Gesellschaft, Stuttgart 1949; König, René: Intelligenz, in: König, René (Hrsg.): Soziologie. Fischer Lexikon, Frankfurt a. M. 1975 (S. 148-155); Lepsius, M. Rainer: Kritik als Beruf. Zur Soziologie des Intellektuellen, in: Lepsius, M. Rainer: Interessen, Ideen und Institutionen, Opladen 1990 (S. 270-285); Bourdieu, Pierre: Die Intellektuellen und die Macht, Hamburg 1991.

Wirkungen. Dies gilt im Falle Rumäniens – in beiden Hinsichten – auch und insbesondere für Intellektuelle aus den Reihen ethnischer Minderheiten. Einerseits spielten Intellektuelle aus den Reihen der Minderheiten bereits in der Zwischenkriegszeit[5] wie in der unmittelbaren Nachkriegszeit[6] in der zahlenmäßig zunächst kleinen kommunistischen Partei Rumäniens eine recht auffällige Rolle; andererseits waren es aber auch und gerade Intellektuelle und Geistliche aus dem Kreis der ethnischen und religiösen Minderheiten, die sich besonders unbeugsam zeigten und die die stalinistische Verfolgung daher mit entsprechender Härte traf.

Zur Aufhellung der Grundzüge des Stalinismus in Rumänien, der zumindest zeitweilig totalitäre Züge erkennen ließ, könnten beide Sachverhalte aufschlussreich thematisiert werden. Erstens: die im Zuge der Sowjetisierung und der kommunistischen Machtusurpation sich entfaltende Gewaltherrschaft, unter der erhebliche Teile der Bevölkerung und große Teile der deutsche Minderheit[7] im Besonderen zu Leiden hatten, wodurch diese

---

5   Siehe zum Beispiel: Tănase, Stelian: Belu Zilber. Aus der Geschichte des rumänischen Kommunismus zwischen den beiden Weltkriegen (I), in: Ausflug in die Konspiration. Halbjahresschrift für südosteuropäische Geschichte, Literatur und Politik, 16. Jg., Heft 1, Dinklage 2004 (S. 14-25).

6   Siehe dazu: Fejtö, Francois: Die Geschichte der Volksdemokratien. Band I: Die Ära Stalin 1945-1953, Frankfurt a. M. ²1988; Hacker, Jens: Der Ostblock. Entstehung, Entwicklung und Struktur 1939-1980, Baden-Baden 1983.

7   Stichworte dazu sind: Internierungen in Gefängnissen und Sonderlager, Deportation in die Sowjetunion, nahezu restlose Enteignung des Bodens und anderer Wirtschaftunternehmen, Zwangsumsiedlung in die Bărăgan usw. Siehe dazu ausführlicher u.a.:

gleichsam in einen Zustand kollektiver Deprivation versetzt wurde, und zweitens: die Intellektuellenproblematik im Stalinismus und deren Folgeerscheinungen.

Ich möchte mich im Weiteren indes nur auf eine allgemeine Kennzeichnung der totalitären Züge des Stalinismus und einige ausgewählte Aspekte der Intellektuellenfrage beschränken, am Ende meiner Ausführungen aber noch kurz auf wesentliche Ähnlichkeiten wie auch auf deutliche Differenzen zwischen Stalinismus und dem nationalkommunistisch ausgerichteten Neostalinismus der Ceauşescu-Diktatur eingehen.

Hatte der Stalinismus in Rumänien totalitäre Züge?

Die Etablierung eines kommunistischen Herrschaftssystems stalinistischer Prägung erfolgte – ähnlich wie in andere osteuropäischen Staaten[8] – grob betrachtet in zwei

---

Bundesministerium für Vertriebene, Flüchtlinge und Kriegsgeschädigte (Hrsg.): Dokumentation der Vertreibung aus Ost-Mitteleuropa III: Das Schicksal der Deutschen in Rumänien, München 1984 (zuerst 1957); Weber, Georg u.a.: Die Deportation der Siebenbürger Sachsen in die Sowjetunion 1945-1949, Köln-Wiemar-Wien 1995 (3 Bde); Totok, William: die Deportation in den Baragan. Aus dem archivalischen Nachlaß des rumänischen Stalinismus, in: Mystifizierungen I. Halbjahresschrift für südosteuropäische Geschichte, Literatur und Politik, 7. Jg., Heft 2, Dinklage 1995 (S. 11-23); Despre holocaust şi comunism. Anuarul Institutului Român de Istorie Recentă (Über Holocaust und Kommunismus. Jahrbuch des rumänischen Instituts für Zeitgeschichte), Band 1, Bukarest 2002.

8   Siehe dazu eingehender: Fejtö, Francois: Die Geschichte der Volksdemokratien. Band I: Die Ära Stalin 1945-1953, Frankfurt a. M. 21988; Hacker, Jens: Der Ostblock. Entstehung, Entwicklung und Struktur 1939-1980, Baden-Baden 1983; Schmidt-Hartmann,

Phasen: der unmittelbaren Nachkriegszeit bis 1947/48, die als Zeit der fortschreitenden Sowjetisierung und kommunistischen Machteroberung zu betrachten ist, und der Zeit danach, nach der Durchsetzung der kommunistischen Alleinherrschaft. Dabei lässt sich eine stalinistische Kernphase bis 1952/ 53 und ein noch deutlich „stalinistisch" geprägter Zeitraum, der im Falle Rumäniens – mit gewissen Schwankungen – im Grunde genommen bis Anfang der sechziger Jahre reichte, unterscheiden.[9] Der Stalinismus in Rumänien zeigte zumindest zeitweilig durchaus totalitäre Züge, selbst wenn diese nicht in jeder Hinsicht zur vollständigen Entfaltung gelangt sein mögen. Folgt man dem klassischen Totalitarismuskonzept[10] von Carl Joachim Friedrich und Zbigniew Brzezinski, so sind als zentrale Elemente totalitärer Diktaturen, zu denen der Stalinismus paradigmatisch zählt, zu betrachten: 1. Eine ausgearbeitete, auf alle wesentlichen Aspekte des Lebens bezogene und an einem idealen gesellschaftlichen Endzustand ausgerichtete Ideologie; 2. die Uneinge-

---

Eva (Hrsg.): Kommunismus und Osteuropa. Konzepte, Perspektiven und Interpretationen im Wandel, München 1994.

[9]   Siehe dazu auch: Rusan, Romulus (Hrsg.): Anul 1946 – începutul sfârşitului (instituţii, mentalităţi, evenimente) (Das Jahr 1946 – der Anfang vom Ende (Institutionen, Mentalitäten, Ereignisse)), Bukarest 1996; Boca, Ioana: 1956 – un an de ruptură. România între internationalismul proletar şi stalinismul antisovietic (1956 – ein Jahr des Bruchs. Rumänien zwischen dem proletarischen Internationalismus und dem antisowjetischen Stalinismus), Bukarest 2001.

[10] Siehe: Friedrich, Carl Joachim/Brzezinski, Zbigniew: Die allgemeinen Merkmale der totalitären Diktatur, in: Jesse, Eckhard (Hrsg.): Totalitarismus im 20. Jahrhundert. Eine Bilanz der internationalen Forschung, Bonn ²1999 (S. 225-236), insb. S. 230 f.

schränkte Alleinherrschaft einer einzigen Massenpartei, die streng hierarchisch geordnet ist, die typischerweise von einem „Diktator" geführt wird und die der Staatsbürokratie übergeordnet oder völlig mit ihr verflochten ist; 3. ein physisches und psychisches Terrorsystem, das sich auf die allgegenwärtige Kontrolle der Partei und der Geheimdienste stützt, das willkürlich handelt, das ständig Druck auf die Gesellschaft und insbesondere auf einzelne Bevölkerungsgruppen ausübt und sich dabei auch systematisch wissenschaftlicher Methoden bedient; 4. Monopolisierung aller Mittel der Massenkommunikation; 5. Waffenmonopol 6. Zentrale Überwachung und Lenkung des Wirtschaftsgeschehens.

All diese strukturellen Elemente finden sich – mehr oder weniger rasch durchgesetzt und mehr oder weniger deutlich ausgeprägt – auch im rumänischen Stalinismus. Das Ideologie-, Macht-, Waffen- und Medienmonopol und die staatliche Kontrolle und zentrale Lenkung der Wirtschaft wurde bis 1948 weitgehend durchgesetzt, bis dahin bildeten sich auch die Grundzüge einer auf physischen und psychischen Terror gestützten Gewaltherrschaft heraus, die sodann mehrere Jahre hindurch eine besonders intensive Wirkung entfaltete.

Die stalinistische Diktatur war nicht nur ein in seinen repressiven Zügen wohl durchdachtes und durchorganisiertes Herrschaftssystem, sondern auch und zunächst die Summe vieler einzelner bedrohlicher Erscheinungen und Wirkungen, die in nahezu sämtliche Winkel des Alltags und des Denkens der Menschen reichten. Die stalinistische Diktatur war auch und vielleicht vor allem ein ‚Zustand in den Köpfen', wiewohl natürlich zugleich eine rigide, durch Gewalt und Terror gestützte Kontrolle und

Lenkung des Verhaltens der Menschen dazu gehörte. Erst massive physische Gewalt oder, wie Heinrich Popitz es formuliert hat: die „Verletzungsmächtigkeit, Verletzungsoffenheit" des Menschen,[11] bewirkt psychische Verletzungen und Deformationen und führt zu Dispositionen und Zuständen, wie sie in Diktaturen typisch sind. Auch im rumänischen Stalinismus spielte ständig gegenwärtige physische Gewalt und Gewaltandrohung, die zusammen mit Massendeportationen und Verschleppungen, mit harten Gefängnisstrafen und Folter in Erscheinung traten und bis zur heimtückischen Erschießung und physischen Vernichtung reichten, eine wichtige Rolle.[12]

Die stalinistische Diktatur erreicht dann ihren ‚gesellschaftlichen Zielzustand'– und darauf arbeitet sie wohl auch unentwegt hin –, wenn in den Köpfen aller ständig das gleiche Bild oder genauer gesagt: das gleiche Zerrbild erscheint. Das heißt, alle Denkalternativen müssen gekappt, alle Abweichungen des Denkens und des Verhaltens müssen unverzüglich und konsequent unterdrückt werden.[13] Dies geschieht nicht zuletzt durch die Schlie-

---

[11] Siehe: Popitz, Heinrich: Phänomene der Macht. Autorität – Herrschaft – Gewalt – Technik, Tübingen 1986, vgl. S. 69.

[12] Siehe zum Beispiel: Despre holocaust şi comunism. Anuarul Institutului Român de Istorie Recentă (Über Holocaust und Kommunismus. Jahrbuch des rumänischen Instituts für Zeitgeschichte), Band 1, Bukarest 2002; Oprea, Marius: Banalitatea răului. O istorie a Securităţii în documente 1949-1989 (Die Banalität des Bösen. Eine Geschichte der Securitate in Dokumenten 1949-1989), Bukarest 2002.

[13] Siehe: Schlesak, Dieter: Visa. Ost West Lektionen, Frankfurt a. M. 1970.

ßung des Weltbildes, durch die Durchsetzung einer alleingültigen Ideologie, die sich durch ihre penetrante Allgegenwärtigkeit unhinterfragbar macht und sich gegen jedes kritische Denken, eigentlich gegen jedes Denken überhaupt, immunisiert.[14] Eine solche Ideologie ist dann erfolgreich etabliert, wenn sie selbst das Denken ihrer Gegner nahezu vollständig an ihre Vorstellungen, Grundmuster, Selbstverständlichkeiten und Prinzipien bindet.[15]

Daher tritt die stalinistische Diktatur auch und insbesondere als Kampf gegen das Denken und die Denkenden, gegen die Intellektuellen in Erscheinung. Der Stalinismus ließ den Intellektuellen kaum eine Möglichkeit, Intellektuelle zu bleiben. Sie wurden verfolgt und zum schwei-

---

[14] Siehe: Sterbling, Anton: Rationalität und Wissenschaft. Allgemeine und aktuelle Überlegungen zur Werturteilsproblematik, in: Sterbling, Anton: Gegen die Macht der Illusionen. Zu einem Europa im Wandel, Hamburg 1994 (S. 29-81), insb. S. 58 ff.

[15] Siehe: Marcuse, Herbert: Der eindimensionale Mensch. Studien zur Ideologie der fortgeschrittenen Industriegesellschaft, Neuwied-Berlin 1970; Sterbling, Anton: Von den Schwierigkeiten des Denkens ohne Verbot. Die Rolle des Intellektuellen, der intellektuelle Aufbruch und die nahezu unvermeidbaren geistigen Konfusionen in Osteuropa, in: Neue Literatur. Zeitschrift für Querverbindungen, Heft 4 (Neue Folge), Bukarest 1993 (S. 55-71). In diesem Sinne erscheint auch die Feststellung eines rumänischen Sozialwissenschaftlers sehr aufschlussreich: „Freiheit bedeutete jahrelang – und sie bedeutet noch heute – nur das Ausbrechen aus dem Käfig. Wir haben nicht begriffen und begreifen wahrscheinlich immer noch nicht, daß die Freiheit ihre eigene Ordnung hat. Vor allem haben wir nicht verstanden, daß wir uns wie gefangene Tiere benehmen, die ihren Käfig im Kopf noch mit sich tragen, wenn sie freigelassen werden." Siehe: Paler, Octavian: Wir sind unsere eigenen Gespenster, in: Die Zeit, vom 30. Juli 1993.

gen gebracht, nicht selten auch eingesperrt oder physisch vernichtet.[16] Oder aber wurden sie, was ebenfalls häufig geschah, den Machenschaften der Diktatur gefügig und damit eine Karikatur ihrer selbst.[17] Die Durchsetzung der kommunistischen Ideologie war in der Zeit des Stalinismus mit besonderen Repressionen gegenüber den Intellektuellen und geistig Tätigen im weiteren Sinne verbunden, aber gleichsam auch auf die Mitwirkung aus deren Reihen gestützt, so dass Intellektuelle im Stalinismus gleichermaßen besonders betroffene Opfer wie auffällige Täter waren.[18]

Ich möchte dies – in aller gebotenen Kürze – anhand zweier Bereiche verdeutlichen: der rumänischen Geschichtswissenschaft und der Literatur, wobei in diesen Betrachtungszusammenhang natürlich auch die rumä-

---

[16] Siehe zum Beispiel: Motzan, Peter/Sienerth, Stefan (Hrsg.): Worte als Gefahr und Gefährdung. Fünf deutsche Schriftsteller vor Gericht (15. September 1959 – Kronstadt/Rumänien). Zusammenhänge und Hintergründe, Selbstzeugnisse und Dokumente, München 1993; Vulcănescu, Mircea: Ultimul cuvînt (Das letzte Wort), Bukarest 1992; Zub, Alexandru: Orizont închis. Istoriografia română sub dictatură (Geschlossener Horizont. Die rumänische Historiographie unter der Diktatur), Iaşi 2000.

[17] Siehe: Sterbling, Anton: Von den Schwierigkeiten des Denkens ohne Verbot. Die Rolle des Intellektuellen, der intellektuelle Aufbruch und die nahezu unvermeidbaren geistigen Konfusionen in Osteuropa, in: Neue Literatur. Zeitschrift für Querverbindungen, Heft 4 (Neue Folge), Bukarest 1993 (S. 55-71); Sterbling, Anton, Eliten, Intellektuelle, Institutionenwandel. Untersuchungen zu Rumänien und Südosteuropa, Hamburg 2001.

[18] Siehe auch: Acsel, Tamas/Meray, Tibor: Die Revolte des Intellekts. Die geistigen Grundlagen der ungarischen Revolution, München 1961.

niendeutsche Literatur einbezogen werden kann. Aus der Betrachtung beider Bereiche lässt sich eine allgemeine Typologie intellektueller Grundhaltungen im Stalinismus konstruieren, die ebenfalls kurz umrissen werden soll.

„Geschlossener Horizont" – zum Wandel von der Geschichtswissenschaft zur Ideologie

Die Geschichtswissenschaft zählt neben den Sozialwissenschaften[19] zu jenen Bereichen des wissenschaftlichen und geistigen Lebens, die besonders ideologieempfindlich erscheinen.[20] Insofern lassen sich die einzelnen Schritte der ideologischen Gleichschaltung, der institutionellen und personellen Umformung wie auch der methodologischen und inhaltlichen Neuausrichtung der Geschichtsschreibung in unserem Betrachtungszusammen-

---

[19] Zum Einfluss des Stalinismus und des Neostalinismus auf die Soziologie in Rumänien mit dem Ergebnis ihrer nahezu vollständigen Verdrängung siehe eingehender: Sterbling, Anton: Anmerkungen zur schwierigen Entwicklung und zum gegenwärtigen Stand der rumänischen Soziologie, in: Hodenius, Birgit/Schmidt, Gert (Hrsg.): Transformationsprozesse in Mittelost-Europa. Ein Zwischenbefund. Sonderheft 4 der Soziologischen Revue, München 1996 (S. 256-271).

[20] Siehe: Boia, Lucian: Geschichte und Mythos. Über die Gegenwart des Vergangenen in der rumänischen Gesellschaft, Köln-Weimar-Wien 2003; Rak, Martin/Sterbling, Anton: Denken und Nachdenken über die Geschichte. Zu Ergebnissen einer Befragung tschechischer Studenten der Geschichtswissenschaft in: in: Vogt, Matthias Theodor/Sokol, Jan/Tomiczek, Eugeniusz (Hrsg.): Kulturen in Begegnung. Bericht über das Collegium Pontes Görlitz-Zgorzelec-Zhorelec 2003, Wroclaw-Görlitz 2005 (S. 161-172).

hang besonders aufschlussreich analysieren.[21] An dieser Stelle können dazu nur einige Stichworte festgehalten werden. Wenngleich in den Jahren 1945 und 1946 in Rumänien durchaus noch Ansätze einer wissenschaftlichen, professionellen, inhaltlich pluralistischen nationalen Geschichtsschreibung zu erkennen waren und mithin noch alte und neue Richtungen der Geschichtsschreibung koexistierten, wurden dennoch bereits eine Reihe namhafter rumänischer Historiker und ihre Werke[22] in eine „Verbotsliste" aufgenommen. Ein dem neuen Regime zugeneigter Historiker, Petre Constantinescu-Iaşi, wirkte dabei als Propagandaminister übrigens maßgeblich mit. Die Liste der aus dem öffentlichen wissenschaftlichen Leben Entfernten und des Verbotenen sollte in den nächsten Jahren rasch anwachsen.[23]

---

[21] Siehe dazu eingehender: Zub, Alexandru: Orizont închis. Istoriografia română sub dictatură (Geschlossener Horizont. Die rumänische Historiographie unter der Diktatur), Iaşi 2000; Boia, Lucian: Geschichte und Mythos. Über die Gegenwart des Vergangenen in der rumänischen Gesellschaft, Köln-Weimar-Wien 2003.

[22] Darunter: G.I. Brătianu, C. Gane, O. Ghibu, P.V. Haneş, N. Iorga, I. Nistor, A. Rădulescu. Siehe: Zub, Alexandru: Orizont închis. Istoriografia română sub dictatură (Geschlossener Horizont. Die rumänische Historiographie unter der Diktatur), Iaşi 2000, vgl. S. 21.

[23] So kamen u.a. hinzu: G. Bezviconi, Tr. Brăileanu, P. Cazacu, Şt. Ciobanu, N. Daşcovici, D. Gusti, V. Hanea, M. Manoilescu, S. Mehedinţi, H. Ursu, Em. Vîrtosu, R. Cîndea, N.A. Constantinescu, S. Dragomir, V. Grecu, T. Sauciuc-Săveanu, I.D. Stefănescu. Siehe: Zub, Alexandru: Orizont închis. Istoriografia română sub dictatură (Geschlossener Horizont. Die rumänische Historiographie unter der Diktatur), Iaşi 2000, vgl. S. 35 bzw. S. 37.

Alexandru Zub hält zu diesem Vorgang fest: „Die Zensur funktionierte vollständig und erstreckte sich auf alle Bereiche, den bereits seit einigen Jahren in Gang befindlichen Prozess der Sowjetisierung unterstützend. Die Liste der verbotenen Publikationen, die im März 1945 begonnen wurde, wuchs substantiell an und erreichte 1948 über acht Tausend Titel, wobei die meisten zwischen 1. Dezember 1947 und 1. Mai 1948 hinzugefügt wurden. Dies deutet darauf hin, dass in diesem Zeitraum der Rhythmus der Selektion und der Verbote beschleunigt wurde, ohne das damit die Operation allerdings abgeschlossen gewesen wäre."[24] Das Jahr 1947 wird als entscheidender Wendepunkt betrachtet, 1948 kann sodann – auch im institutionellen Sinne – als das Jahr der weitgehend durchgesetzten ideologischen Gleichschaltung der Geschichtsschreibung wie der Wissenschaft und Kultur überhaupt betrachtet werden.

Nach erheblichem Wiederstand und personellen Säuberungen wurde die traditionsreiche *Rumänische Akademie* in die *Akademie der Rumänischen Volksrepublik* umgewandelt.[25] Die 1947 unter der Leitung von Mihail Roller erschienene, einer „marxistischen", d.h. klassentheoretischen und entschieden parteilichen Geschichtsauffassung folgende „Geschichte Rumäniens" („Istoria României"), die 1948 bereits eine vierte, revidierte Auflage erfuhr, markierte gleichsam den Übergang von der wissen-

---

[24] Siehe: Zub, Alexandru: Orizont închis. Istoriografia română sub dictatură (Geschlossener Horizont. Die rumänische Historiographie unter der Diktatur), Iaşi 2000, insb. S. 20 f, 30 ff, vgl. S. 35 (eigene Übersetzung).

[25] Siehe auch: Gabanyi, Anneli Ute: Partei und Literatur in Rumänien seit 1945, München 1975, insb. S. 26.

schaftlich-pluralistischen zur ideologisch bestimmten Geschichtsschreibung, die zugleich einheitliche dogmatische Leitvorstellungen für die weitere Beschäftigung mit der Geschichte vorgab. „Vielen Historikern wurden die weitere Tätigkeit an Lehrstühlen oder Instituten verunmöglicht, andere wurden verfolgt und terrorisiert, eingesperrt oder zur Zwangsarbeit an den Kanal verschickt."[26] Nicht wenige fanden unter der Gewaltherrschaft und Verfolgung den Tod.

Abschließend sei zu diesem Problemzusammenhang noch festgehalten, dass der Abkehr von der wissenschaftlichen Geschichtsschreibung unter parteilichen, ‚marxistisch-klassentheoretischen' Vorzeichen in der Zeit des Stalinismus später, in der Zeit des nationalkommunistischen Neostalinismus, sodann eine ebenfalls von professionellen wissenschaftlichen Standards ferne, aber gleichsam in eine andere Richtung gehende ideologische Umdeutung der Geschichte im Sinne „nationaler Mythen"[27] folgte. Auch unter dem Ceauşescu-Regime fan-

---

[26] Unter ihnen: G.I. Brătianu, S. Dragomir, C.C. Giurescu, I. Lupaş, I. Nistor. Siehe: Zub, Alexandru: Orizont închis. Istoriografia română sub dictatură (Geschlossener Horizont. Die rumänische Historiographie unter der Diktatur), Iaşi 2000, insb. S. 167 bzw. S. 61 ff, vgl. S. 62 (eigene Übersetzung). Es handelt sich um den Donau-Schwarzmeer-Kanal, der von Häftlingen gebaut werden sollte, wobei viele Häftlinge bei der schweren Arbeit starben.

[27] Siehe dazu auch: Boia, Lucian: Geschichte und Mythos. Über die Gegenwart des Vergangenen in der rumänischen Gesellschaft, Köln-Weimar-Wien 2003; Sterbling, Anton: Unterdrückung, Ideologie und der untergründige Fortbestand der Mythen, in: Dahlmann, Dittmar/Potthoff, Wilfried (Hrsg.): Mythen, Symbole und Rituale. Die Geschichtsmächtigkeit der Zeichen in Südosteuropa im 19. und 20. Jahrhundert, Frankfurt a. M. usw. 2000 (S. 275-293).

den Historiker,[28] die ihre Arbeit an professionellen, wissenschaftlichen Standards auszurichten gedachten, kaum förderliche Tätigkeitsmöglichkeiten vor, sondern waren ebenfalls zum Ausweichen in Nischen gezwungen sowie mehr oder weniger strengen Zensur- und Überwachungsmaßnahmen und teilweise auch politischer Verfolgung und Repression ausgesetzt.

Literatur im Zeichen des „Sozialistischen Realismus"

Da hierzu einschlägige Untersuchungen[29] vorliegen und diese Problematik sicherlich noch weiter vertieft wird, möchte ich zur ideologischen Gleichschaltung der Literatur im Kontext des Stalinismus, die sich insbesondere mit den Dogmen des „Sozialistischen Realismus" verbinden, nur einige wenige Anmerkungen machen.

---

[28] Siehe: Zub, Alexandru: Orizont închis. Istoriografia română sub dictatură (Geschlossener Horizont. Die rumänische Historiographie unter der Diktatur), Iaşi 2000, insb. S. 75 ff; Boia, Lucian: Geschichte und Mythos. Über die Gegenwart des Vergangenen in der rumänischen Gesellschaft, Köln-Weimar-Wien 2003.

[29] Siehe insbesondere: Gabanyi, Anneli Ute: Partei und Literatur in Rumänien seit 1945, München 1975. Zur rumäniendeutschen Lyrik siehe auch: Motzan, Peter: Die rumäniendeutsche Lyrik nach 1944. Problemaufriss und historischer Überblick, Cluj-Napoca 1980, insb. 84 ff; zur Erzählliteratur siehe: Spiridon, Olivia: Untersuchungen zur rumäniendeutschen Erzählliteratur der Nachkriegszeit, Oldenburg 2002, insb. S. 27 ff. Auch in den Gesprächen mit einzelnen Schriftstellern aus Südosteuropa bzw. aus Rumänien reflektiert sich nicht selten die Auseinandersetzung mit der Zeit des Stalinismus. Siehe dazu: Sienerth, Stefan (Hrsg.): „Daß ich in diesen Raum hineingeboren wurde ..." Gespräche mit deutschen Schriftstellern aus Südosteuropa, München 1997.

Der Zeitraum unmittelbar nach dem 23. August 1944 bis Ende 1947 war zunächst durch eine gewisse Wiederbelebung der in der Zeit der königlichen Diktatur (1938-1940) und des Antonescu-Regimes (1940-1944) erheblichen Restriktionen unterworfenen literarischen Vielfalt gekennzeichnet, wobei neben Dichtern wie Lucian Blaga und George Bacovia insbesondere auch avantgardistische Schriftsteller wie etwa die „Surrealisten" Gellu Naum und Gherasim Luca durch aufsehenerregende Arbeiten in Erscheinung traten.[30] Bereits ab 1945 deuteten sich indes, zumal im Publikations- und Pressewesen, neue Einschränkungen an. 1947/1948 erfolgte sodann, mit der Durchsetzung der kommunistischen Alleinherrschaft, eine rasche ideologische Gleichschaltung der Literatur und ihrer Institutionen, nicht zuletzt des Schriftstellerverbandes und der führenden Literaturzeitschriften. Die kulturpolitische Revolution, die unter starkem sowjetischen Einfluss, zwischen 1948 und 1953 besonders nachdrücklich in Erscheinung trat, stellte die literarische Produktion weitgehend unter die dogmatischen Leitvorstellungen des „Sozialistischen Realismus".[31] Dies bedeutete zugleich eine Bekämpfung aller „bürgerlichen" Einflüsse

---

[30] Siehe: Gabanyi, Anneli Ute: Partei und Literatur in Rumänien seit 1945, München 1975, insb. S. 11 ff.

[31] In diesem Kontext ist die eng sowjetischen Leitvorstellungen folgende, ausgeprägt dogmatische Spielart des „Sozialistischen Realismus" gemeint. Anfang der sechziger Jahre, in der sogenannten ‚Realismusdebatte' der rumänischen Literatur, wurden durchaus Versuche erkennbar, den Rahmen und die Prinzipien des weiterhin geltenden „Sozialistischen Realismus" deutlich auszuweiten. Siehe: Gabanyi, Anneli Ute: Partei und Literatur in Rumänien seit 1945, München 1975, insb. S. 104 ff.

und „formalistischen" Elemente in der Kunst und Literatur und brachte mithin viele bekannte rumänische Schriftsteller für viele Jahre zum Schweigen und unterwarf ihre früheren Werke einer strengen Zensur.

Auch die rumäniendeutsche Literatur, die sich rasch nach dem Zweiten Weltkrieg neu zu formieren begann, war nahezu gänzlich in diese Entwicklungen einbezogen. Im Zeichen des neuen ideologischen Geistes des Proletkultismus[32] und unter dem Einfluss des „Sozialistischen Realismus" entstanden mithin Verse wie folgende, die sicherlich nicht weiter kommentiert werden müssen: „Du schweisst und bohrst und feilst / In tausenden Gestalten, / Wo immer du auch weilst, / Nichts mag entwei dich spalten, / Du ringst, um zu vollenden / Dich selbst im Zeitenbrand, / Und wächst mit Schöpferhänden / Bis zu der Sterne Rand." (aus dem Gedicht „Neuer Mensch" von Franz Liebhard, Pseudonym von Robert Reiter); „Es sinkt der Tag – doch steigt des Tages Schaffen, / Empor zu Höhen, die das Morgen sehn: / Maria Schreiber kämpft mit Friedenswaffen / Im großen Kampf und wird den Sieg begehn!" (aus dem Gedicht: „Maria Schreiber kämpft mit Friedenswaffen. (Portrait der ersten deutschen Stachanowarbeiterin eines Kombinats in der RVR)" von Franz J. Bulhardt); „Lob den Menschen sag ich, Lob dem Land, / Lob dem Volk, das Ziel und Wege fand. // Lob dem Heere, das dieses Land befreit, / Es von Nacht und Niedergang gefeit. // Lob der Faust, die unser Joch

---

32 Zum „Proletkultismus" siehe auch: Hütten, Susanne/Sterbling, Anton: Expressiver Konsum. Die Entwicklung von Lebensstilen in Ost- und Westeuropa, in: Blasius, Jörg/Dangschat, Jens S. (Hrsg.): Lebensstile in den Städten. Konzepte und Methoden, Opladen 1994 (S. 122-134), insb. S. 127 f.

zerschlug / und das Licht in jede Stube trug! // Aber Fluch dem Feind, der Nacht und Tod / noch ersinnt im glühnden Abendrot." (Gedicht: „Lob den Menschen – Lob dem Land" von Werner Bossert); „Heut sprüht's aus unserm roterglühenden Stahle, / und vorwärts führt's auch heute die Befreiten / im scharfen Takt der Internationale!" (aus dem Gedicht: „Unsere Sprache" von Lotte Berg); [33] „Dein Herz gehört dem Kampf der Zeit, / Dem Kampf der Klasse, der Partei, / Die dir die starken Schwingen leiht, / Daß dein Gesang ihr Kampflied sei..." (aus dem Gedicht: „An einen idyllischen Dichter" von Alfred Margul-Sperber); „Wir alle tragen das Arbeiterkleid, / wir dienen alle der neuen Zeit, wir werken und schaffen mit harter Hand, / und bauen uns neu unser Vaterland." (aus dem Gedicht: „Wir alle tragen das Arbeiterkleid" von Wilhelm Grundhardt).[34]

Nach dem Tode Stalins erfolgte eine gewisse kulturpolitische Lockerung, die im Jahre 1956 am deutlichsten sichtbar wurde, so dass Anneli Ute Gabanyi die Jahre

---

[33] Siehe: Stiehler, Heinrich (Hrsg.): Nachrichten aus Rumänien. Rumäniendeutsche Literatur, Hildesheim-New York 1976, insb. S. 10 ff, vgl. S. 11, S. 16, S. 18 und S. 20.

[34] Siehe: Motzan, Peter: Die rumäniendeutsche Lyrik nach 1944. Problemaufriss und historischer Überblick, Cluj-Napoca 1980, vgl. S. 93 und 94. Mitunter missglückte auch das poetische Bild völlig und es lautete – wohl entgegen der politischen Botschaft des Autors und wahrscheinlich übersehen vom Zensor – bei dem eben zitierten Willhelm Grundhardt: „wir graben tief drunten in ewiger Nacht / wir hocken und schaffen im finsteren Schacht". Die Zeit des Stalinismus könnte man wohl kaum besser als derart metaphorisch umschreiben.

1953 bis 1957 als „Das kleine Tauwetter"[35] bezeichnete. In der Folge des ungarischen Volksaufstandes und anderer außen- und innenpolitischer Entwicklungen traten in den Jahren 1958/59 in der rumänischen Kulturpolitik und auf dem Gebiet der Literatur aber erneut Restriktionen und repressive Maßnahmen offenkundig in Erscheinung.[36] Die Verhaftung und Verurteilung von fünf deutschen Schriftstellern ließen erkennen, dass davon auch die rumäniendeutsche Literatur massiv und unmittelbar betroffen war.[37]

Die Tendenzen auf dem Gebiet der Literatur und der rumäniendeutschen Literatur im Besonderen wirkten auch in der Folgezeit gleichsam wie ein Seismograph der allgemeinen politischen Entwicklungen, wobei die Kontinuitäten und Diskontinuitäten wie auch die merkwürdigen Schwankungen und nicht zuletzt die zwischenzeitlichen

---

35 Siehe: Gabanyi, Anneli Ute: Partei und Literatur in Rumänien seit 1945, München 1975, insb. S. 40 ff; siehe auch: Boca, Ioana: 1956 – un an de ruptură. România între internationalismul proletar şi stalinismul antisovietic (1956 – ein Jahr des Bruchs. Rumänien zwischen dem proletarischen Internationalismus und dem antisowjetischen Stalinismus), Bukarest 2001

36 Betroffen waren Künstler, Wissenschaftler und Studenten, nicht zuletzt der Philosoph Constantin Noica, der Ende 1958 mit zahlreichen Freunden wie Ion Negoiţescu, Nicolae Balotă, Stefan Augustin Doinaş u.a., verhaftet und verurteilt wurde. Siehe: Gabanyi, Anneli Ute: Partei und Literatur in Rumänien seit 1945, München 1975, insb. S. 75.

37 Siehe dazu eingehender: Motzan, Peter/Sienerth, Stefan (Hrsg.): Worte als Gefahr und Gefährdung. Fünf deutsche Schriftsteller vor Gericht (15. September 1959 – Kronstadt/Rumänien). Zusammenhänge und Hintergründe, Selbstzeugnisse und Dokumente, München 1993.

Liberalisierungsphasen zwischen Stalinismus und nationalkommunistischem Neostalinismus ihren bezeichnenden Wiederhall fanden.[38]

Grundzüge einer Typologie intellektueller Grundhaltungen im Stalinismus

Betrachtet man das Gesamtbild des kulturellen und geistigen Lebens und der intellektuellen Grundhaltungen in der Zeit des Stalinismus, so kann man zu folgender groben typologischen Übersicht gelangen:

a) Intellektuelle (und Geistliche), die zum Schweigen gebracht und verfolgt, in Sonderlager interniert, eingesperrt und sogar physisch vernichtet wurden;

b) Intellektuelle, die längerfristig oder gänzlich zum Schweigen gebracht, die in ihren Arbeits- und Wirkungsmöglichkeiten weitgehend eingeschränkt, die streng beobachtet, kontrolliert und überwacht wurden und die ihre Tätigkeit allenfalls in marginalen Bereichen fortführen konnten;

c) Intellektuelle, die sich so weit wie nötig anpassten, um ihre Tätigkeit irgendwie fortsetzen zu können, die aber zugleich so weit wie möglich in (innerer) Distanz zur

---

[38] Siehe dazu auch: Csejka, Gerhardt: Bedingtheiten der rumäniendeutschen Literatur. Versuch einer soziologisch-historischen Deutung, in: Stiehler, Heinrich (Hrsg.): Nachrichten aus Rumänien. Rumäniendeutsche Literatur, Hildesheim-New York 1976 (S. 1-8); Solms, Wilhelm (Hrsg.): Nachruf auf die rumäniendeutsche Literatur, Marburg 1990; Sterbling, Anton: Zum Abschied einer Minderheit. Gedanken zum „Nachruf auf die rumäniendeutsche Literatur", in: Südosteuropa. Zeitschrift für Gegenwartsforschung, 40. Jg., Heft 5, München 1991 (S. 211-223).

kommunistischen Ideologie und zum Herrschaftssystem standen;

d) Intellektuelle, die mehr oder weniger überzeugt zur kommunistischen Ideologie konvertierten, die ihre alten Überzeugungen und ihre kritischen Funktionen aufgaben und die zu ideologischen Stützen des Stalinismus bzw. seiner abgewandelten Formen wurden;

e) Intellektuelle, die zunächst bzw. zeitweilig überzeugte Kommunisten waren, die aber entweder in Ungnade fielen oder selbst in kritische Distanz zum stalinistischen Herrschaftssystem und dessen Ideologie traten;

f) Intellektuelle, die im Hinblick auf ihr geistiges Format häufig eigentlich nur Pseudointellektuelle waren, die als überzeugte Kommunisten oder aber als grenzenlose Opportunisten maßgeblich an der Verbreitung der ideologischen Dogmen des Stalinismus, an der ideologischen Gleichschaltung und an der Gesinnungskontrolle und Denunziation anderer Intellektueller beteiligt waren.

Es handelt sich hier um idealtypisch erfasste intellektuelle Grundhalten, die im Laufe der Zeit durchaus ein unterschiedliches Gewicht und Mischverhältnis aufwiesen, zwischen denen einzelne Personen auch mitunter wechselten und die sowohl im Stalinismus wie im nationalkommunistisch ausgerichteten Neostalinismus der Ceauşescu-Diktatur[39] in Erscheinung traten – und die in-

---

[39] Bezogen auf diesen Zeitraum spätkommunistischer Gewaltherrschaft unterscheidet Alexandru Zub bei den Historikern folgende Grundhaltungen: radikale Ablehnung als Provokation der Machthaber; Rückzug auf einen Standpunkt des strengen Professionalismus als eine eher langfristig wirksame Widerstandsform; eine

sofern auch für eine Wesensähnlichkeit beider Spielarten der kommunistischen Gewaltherrschaft in Rumänien sprechen.

Stalinismus und nationalkommunistischer Neostalinismus der Ceaușescu-Diktatur

Auf Grund seines ausgeprägt repressiven Charakters, der Allgegenwärtigkeit von Bespitzelung und Kontrolle, der Verfolgung und Willkür, der penetranten Reideologisierung und des geradezu grotesken Personenkults ist die kommunistische Spätdiktatur der Ceaușescus[40] zu Recht als *neostalinistische* Gewaltherrschaft[41] betrachtet worden. Zwischen Stalinismus und nationalkommunistischem Neostalinismus gibt es nicht nur wesentliche Ähnlichkeiten, sondern auch eine tiefgründige strukturelle Kon-

---

Mischung von professioneller Arbeit mit einem gewissen politischen Engagement, das zwar nur formal verstanden wurde, aber doch weitreichende Folgen hatte; die offene Unterstützung des Regimes; eine direkte Beteiligung an der Konstruktion des Diskurses (der Ideologie) des kommunistischen Herrschaftssystems. Siehe: Zub, Alexandru: Orizont închis. Istoriografia română sub dictatură (Geschlossener Horizont. Die rumänische Historiographie unter der Diktatur), Iași 2000, insb. S. 77.

[40] Siehe: Gabanyi, Anneli Ute: The Ceaușescu Cult. Propaganda and Power Policy in Communist Romania, Bucharest 2000. Insbesondere in den achtziger Jahren wurde der Personenkult nebst auf Nicolae Ceaușescu auch auf sein Frau Elena ausgedehnt. Auch wurden Grundlagen zur Etablierung eines dynastischen Systems zu schaffen versucht.

[41] Siehe auch: Wagner, Richard/Frauendorfer, Helmuth (Hrsg.): Der Sturz des Tyrannen. Rumänien und das Ende einer Diktatur, Reinbek 1990; Wagner, Richard: Sonderweg Rumänien. Bericht aus einem Entwicklungsland. Berlin 1991.

tinuität, die im einzelnen herauszuarbeiten, Aufgabe gründlicherer Untersuchungen wäre. Dies zumal auch vieles für eine deutliche Diskontinuität spricht. Meine These ist indes, dass die Ceauşescu-Diktatur kaum jene repressive Wirkung und groteske Entfaltung hätte erreichen können, hätte es nicht vorgängig die grundlegende Erfahrung und nachhaltige Prägung durch den Stalinismus gegeben. Ich vertrete diese These auch und gerade, weil ich selbst die intermittierende Zeitspanne, die Aufbruch- und „Tauwetterperiode" zwischen Stalinismus und Neostalinismus, als intellektuell formierend erlebte[42] und dabei mit vielen anderen zumindest zeitweilig die Illusion teilte, der Stalinismus sei längst überwunden und seine Restbestände würden sich – unter der aufklärenden Wirkung des intellektuellen Schaffens und nicht zuletzt der avantgardistischen Literatur und Kunst – schnell in Richtung auf eine fortschreitende Liberalisierung, Demokratisierung und Verwestlichung der rumänischen Gesellschaft auflösen lassen. Dies war – aus der Sicht der späteren Entwicklungen – ein intellektueller Irrtum.

Dennoch gab es zwischen der Kernphase des Stalinismus in den späten vierziger und frühen fünfziger Jahren und der kommunistischen Spätdiktatur, die seit Anfang der siebziger Jahre immer deutlichere Konturen einer neostalinistischen Gewaltherrschaft annahm, nicht nur ge-

---

[42] Siehe dazu auch: Wichner, Ernest (Hrsg.): Ein Pronomen ist verhaftet worden. Die frühen Jahre in Rumänien – Texte der Aktionsgruppe Banat, Frankfurt a. M. 1992; Totok, William: Constrângerea memoriei. Insemnări, documente, amintiri, (Die Zwänge der Erinnerung. Aufzeichnungen, Dokumente, Erinnerungen), Iaşi 2001.

wisse Veränderungen und Normalisierungsprozesse, bestimmte Öffnungs- und Liberalisierungstendenzen und mehrere „Tauwetterperioden";[43] es fallen auch einige wichtige Unterschiede zwischen Stalinismus und nationalkommunistischem Neostalinismus in Rumänien im Hinblick auf die von uns angesprochenen Problemaspekte auf.

Im Mittelpunkt der Ideologie der stalinistischen Diktatur in Rumänien stand zunächst der kommunistische Egalitarismus und der „Klassenkampf", der sich gegen die „Ausbeuter" und „Klassenfeinde" richtete, ebenso der revolutionäre „Internationalismus" und die unverbrüchliche Freundschaft und Dankbarkeit gegenüber der Sowjetunion und ihrem großen Führer Stalin. Mit der Entstalinisierung, die bald nach Stalins Tod einsetzte, wuchs in Rumänien allmählich auch die Distanz zur Sowjetunion – ein Prozess, der Anfang der sechziger Jahre deutlich in Erscheinung trat und der insbesondere Ende der sechziger Jahre – namentlich 1968, bei der Niederschlagung des „Prager Frühling", von der sich Rumänien distanzierte – offenkundig wurde. Bei der Reideologisierung, die ab Anfang der siebziger Jahre massiv forciert wurde, nahm sodann ein extremer rumänischer Nationalismus[44] und der Personenkult[45] um den „größten Führer

---

[43] Siehe dazu, insbesondere auf die Kulturpolitik und Literatur bezogen: Gabanyi, Anneli Ute: Partei und Literatur in Rumänien seit 1945, München 1975; Sterbling, Anton: Zum Abschied einer Minderheit. Gedanken zum „Nachruf auf die rumäniendeutsche Literatur", in: Südosteuropa. Zeitschrift für Gegenwartsforschung, 40. Jg., Heft 5, München 1991 (S. 211-223).

[44] Siehe: Sterbling, Anton: Eliten, Strukturwandel und Machtfragen in Südosteuropa, in: Südosteuropa. Zeitschrift für Gegenwartsfor-

und Sohn seines Volkes" einen zentralen ideologischen Stellenwert ein, ohne dass auf eine sozialrevolutionäre Rhetorik allerdings ganz verzichtet worden wäre. Im kulturellen und geistigen Leben ging dies mit einer um sich greifenden Entfaltung nationaler und nationalistischer Strömungen einher, wobei zum Teil auch entsprechend orientierte Intellektuelle rehabilitiert wurden bzw. erheblichen Einfluss gewannen. Dies hat übrigens bis heute erkennbare Nachwirkungen auf die Politik und politische Kultur Rumäniens.[46]

Was die Situation der ethnischen Minderheiten angeht, so ist ein wichtiger Unterschied zwischen Stalinismus und nationalkommunistischem Neostalinismus in Folgendem zu sehen: Der größte Teil der deutschen Minderheit war im Stalinismus – und insbesondere in dessen Entstehungsphase in der unmittelbarer Nachkriegszeit – besonders stark von kollektiven und individuellen Repressions-, Verfolgungs- und Diskriminierungsmaßnah-

---

schung, 38. Jg., München 1989 (S. 395-413); Sterbling, Anton: Unterdrückung, Ideologie und der untergründige Fortbestand der Mythen, in: Dahlmann, Dittmar/Potthoff, Wilfried (Hrsg.): Mythen, Symbole und Rituale. Die Geschichtsmächtigkeit der Zeichen in Südosteuropa im 19. und 20. Jahrhundert, Frankfurt a. M. usw. 2000 (S. 275-293); Wagner, Richard: Der leere Himmel. Reise in das Innere des Balkan, Berlin 2003.

45 Siehe: Gabanyi, Anneli Ute: The Ceauşescu Cult. Propaganda and Power Policy in Communist Romania, Bucharest 2000.

46 Siehe: Sterbling, Anton: Kontinuität und Wandel in Rumänien und Südosteuropa. Historisch-soziologische Analysen, München 1997; Sterbling, Anton: Gegenwärtige Modernisierungsprobleme und Entwicklungsaussichten Rumäniens, Bonn 2003.

men betroffen,[47] während andere ethnische Minderheiten, z.B. die slawischen (Russen, Ukrainer, Südslawen usw.), damals zumindest zeitweilig sogar deutlich bevorzugt und gefördert wurden.[48] In der Zeit der national-kommunistischen Ceauşescu-Diktatur hingegen wurden nahezu alle ethnischen Minderheiten ähnlich behandelt; das heißt, sie waren nahezu ausnahmslos vergleichbaren Diskriminierungsprozessen und Assimilationszwängen, Verfolgungen[49] und Erpressungen usw. ausgesetzt, wobei die deutsche Minderheit durch die Chance der Aussiedlung sogar gewissermaßen privilegiert erschien, wenn man dies so sehen möchte.

---

[47] Siehe dazu auch: Bundesministerium für Vertriebene, Flüchtlinge und Kriegsgeschädigte (Hrsg.): Dokumentation der Vertreibung aus Ost-Mitteleuropa III: Das Schicksal der Deutschen in Rumänien, München 1984 (zuerst 1957); Sterbling, Anton: On the Development of Ethnic Relations and Conflicts in Romania, in: Giordano, Christian/Greverus, Ina-Maria (Hrsg.): Ethnicity, Nationalism and Geopolitics in the Balkans (II), Sonderheft des Anthropological Journal on European Cultures, Band 4, Heft 2, Fribourg-Frankfurt a. M. 1995 (S. 37-52); Sterbling, Anton: A qui appartient la terre transylvaine?, in: Paysans au-delá du mur. Etudes rurales, Nr. 138-140, Editions de l'ecole des hautes études en sciences sociales, Paris 1995 (S. 87-101).

[48] Siehe auch: Şandru, Dumitru: Raporturile dintre români şi alogeni în anii 1944-1948 (Die Beziehungen zwischen Rumänen und den Minderheiten in den Jahren 1944-1948), in: Istorie şi Identitate (Geschichte und Identität), Xenopoliana, VIII. Jg., Heft 1-4, Iaşi 2000 (S. 116-124).

[49] Siehe dazu: Oprea, Marius/Olaru, Stejărel: Ziua care nu se uită. 15 noiembrie 1987, Braşov (Der Tag, den man nicht vergisst. 15. November 1987, Kronstadt), Bukarest 2002.

Literatur

Acsel, Tamas/Meray, Tibor: Die Revolte des Intellekts. Die geistigen Grundlagen der ungarischen Revolution, München 1961

Boca, Ioana: 1956 – un an de ruptură. România între internationalismul proletar şi stalinismul antisovietic (1956 – ein Jahr des Bruchs. Rumänien zwischen dem proletarischen Internationalismus und dem antisowjetischen Stalinismus), Bukarest 2001

Boia, Lucian: Geschichte und Mythos. Über die Gegenwart des Vergangenen in der rumänischen Gesellschaft, Köln-Weimar-Wien 2003

Bourdieu, Pierre: Die Intellektuellen und die Macht, Hamburg 1991

Bundesministerium für Vertriebene, Flüchtlinge und Kriegsgeschädigte (Hrsg.): Dokumentation der Vertreibung aus Ost-Mitteleuropa III: Das Schicksal der Deutschen in Rumänien, München 1984 (zuerst 1957)

Courtois, Stéphane u.a.: Le livre noir du communisme, Paris, 1997

Csejka, Gerhardt: Bedingtheiten der rumäniendeutschen Literatur. Versuch einer soziologisch-historischen Deutung, in: Stiehler, Heinrich (Hrsg.): Nachrichten aus Rumänien. Rumäniendeutsche Literatur, Hildesheim-New York 1976 (S. 1-8)

Despre holocaust şi comunism. Anuarul Institutului Român de Istorie Recentă (Über Holocaust und Kommunismus. Jahrbuch des rumänischen Instituts für Zeitgeschichte), Band 1, Bukarest 2002

Fejtö, Francois: Die Geschichte der Volksdemokratien. Band I: Die Ära Stalin 1945-1953, Frankfurt a. M. 21988

Friedrich, Carl Joachim/Brzezinski, Zbigniew: Die allgemeinen Merkmale der totalitären Diktatur, in: Jesse, Eckhard (Hrsg.): Totalitarismus im 20. Jahrhundert. Eine Bilanz der internationalen Forschung, Bonn 21999 (S. 225-236)

Gabanyi, Anneli Ute: Partei und Literatur in Rumänien seit 1945, München 1975

Gabanyi, Anneli Ute: The Ceauşescu Cult. Propaganda and Power Policy in Communist Romania, Bucharest 2000

Geiger, Theodor: Aufgaben und Stellung der Intelligenz in der Gesellschaft, Stuttgart 1949

Hacker, Jens: Der Ostblock. Entstehung, Entwicklung und Struktur 1939-1980, Baden-Baden 1983

Hütten, Susanne/Sterbling, Anton: Expressiver Konsum. Die Entwicklung von Lebensstilen in Ost- und Westeuropa, in: Blasius, Jörg/Dangschat, Jens S. (Hrsg.): Lebensstile in den Städten. Konzepte und Methoden, Opladen 1994 (S. 122-134)

Jesse, Eckhard (Hrsg.): Totalitarismus im 20. Jahrhundert. Eine Bilanz der internationalen Forschung, Bonn ²1999

König, René: Intelligenz, in: König, René (Hrsg.): Soziologie. Fischer Lexikon, Frankfurt a. M. 1975 (S. 148-155)

Lepsius, M. Rainer: Kritik als Beruf. Zur Soziologie des Intellektuellen, in: Lepsius, M. Rainer: Interessen, Ideen und Institutionen, Opladen 1990 (S. 270-285)

Marcuse, Herbert: Der eindimensionale Mensch. Studien zur Ideologie der fortgeschrittenen Industriegesellschaft, Neuwied-Berlin 1970

Motzan, Peter/Sienerth, Stefan (Hrsg.): Worte als Gefahr und Gefährdung. Fünf deutsche Schriftsteller vor Gericht (15. September 1959 – Kronstadt/Rumänien). Zusammenhänge und Hintergründe, Selbstzeugnisse und Dokumente, München 1993

Motzan, Peter: Die rumäniendeutsche Lyrik nach 1944. Problemaufriss und historischer Überblick, Cluj-Napoca 1980

Oprea, Marius/Olaru, Stejărel: Ziua care nu se uită. 15 noiembrie 1987, Brașov (Der Tag, den man nicht vergisst. 15. November 1987, Kronstadt), Bukarest 2002

Oprea, Marius: Banalitatea răului. O istorie a Securității în documente 1949-1989 (Die Banalität des Bösen. Eine Geschichte der Securitate in Dokumenten 1949-1989), Bukarest 2002

Paler, Octavian: Wir sind unsere eigenen Gespenster, in: Die Zeit, vom 30. Juli 1993

Popitz, Heinrich: Phänomene der Macht. Autorität – Herrschaft – Gewalt – Technik, Tübingen 1986

Rak, Martin/Sterbling, Anton: Denken und Nachdenken über die Geschichte. Zu Ergebnissen einer Befragung tschechischer Studenten der Geschichtswissenschaft in: in: Vogt, Matthias Theodor/Sokol, Jan/Tomiczek, Eugeniusz (Hrsg.): Kulturen in Begegnung. Bericht über das Collegium Pontes Görlitz-Zgorzelec-Zhorelec 2003, Wroc-law-Görlitz 2005 (S. 161-172)

Rusan, Romulus (Hrsg.): Anul 1946 – începutul sfârşitului (instituţii, mentalităţi, evenimente) (Das Jahr 1946 – der Anfang vom Ende (In-stitutionen, Mentalitäten, Ereignisse)), Bukarest 1996

Şandru, Dumitru: Raporturile dintre români şi alogeni în anii 1944-1948 (Die Beziehungen zwischen Rumänen und den Minderheiten in den Jahren 1944-1948), in: Istorie şi Identitate (Geschichte und Identi-tät), Xenopoliana, VIII. Jg., Heft 1-4, Iaşi 2000 (S. 116-124)

Schlesak, Dieter: Visa. Ost West Lektionen, Frankfurt a. M. 1970

Schmidt-Hartmann, Eva (Hrsg.): Kommunismus und Osteuropa. Konzepte, Perspektiven und Interpretationen im Wandel, München 1994

Sienerth, Stefan (Hrsg.): „Daß ich in diesen Raum hineingeboren wurde..." Gespräche mit deutschen Schriftstellern aus Südosteuropa, München 1997

Solms, Wilhelm (Hrsg.): Nachruf auf die rumäniendeutsche Litera-tur, Marburg 1990

Spiridon, Olivia: Untersuchungen zur rumäniendeutschen Erzählli-teratur der Nachkriegszeit, Oldenburg 2002

Sterbling, Anton: Eliten, Strukturwandel und Machtfragen in Südost-europa, in: Südosteuropa. Zeitschrift für Gegenwartsforschung, 38. Jg., München 1989 (S. 395-413)

Sterbling, Anton: Zum Abschied einer Minderheit. Gedanken zum „Nachruf auf die rumäniendeutsche Literatur", in: Südosteuropa. Zeitschrift für Gegenwartsforschung, 40. Jg., Heft 5, München 1991 (S. 211-223)

Sterbling, Anton: Von den Schwierigkeiten des Denkens ohne Ver-bot. Die Rolle des Intellektuellen, der intellektuelle Aufbruch und die nahezu unvermeidbaren geistigen Konfusionen in Osteuropa, in: Neue Literatur. Zeitschrift für Querverbindungen, Heft 4 (Neue Fol-ge), Bukarest 1993 (S. 55-71)

Sterbling, Anton: Rationalität und Wissenschaft. Allgemeine und ak-tuelle Überlegungen zur Werturteilsproblematik, in: Sterbling, An-ton: Gegen die Macht der Illusionen. Zu einem Europa im Wandel, Hamburg 1994 (S. 29-81)

Sterbling, Anton: On the Development of Ethnic Relations and Conflicts in Romania, in: Giordano, Christian/Greverus, Ina-Maria (Hrsg.): Ethnicity, Nationalism and Geopolitics in the Balkans (II), Sonderheft des Anthropological Journal on European Cultures, Band 4, Heft 2, Fribourg-Frankfurt a. M. 1995 (S. 37-52)

Sterbling, Anton: A qui appartient la terre transylvaine?, in: Paysans au-delá du mur. Etudes rurales, Nr. 138-140, Editions de l'ecole des hautes études en sciences sociales, Paris 1995 (S. 87-101)

Sterbling, Anton: Anmerkungen zur schwierigen Entwicklung und zum gegenwärtigen Stand der rumänischen Soziologie, in: Hodenius, Birgit/Schmidt, Gert (Hrsg.): Transformationsprozesse in Mittelost-Europa. Ein Zwischenbefund. Sonderheft 4 der Soziologischen Revue, München 1996 (S. 256-271)

Sterbling, Anton: Kontinuität und Wandel in Rumänien und Südosteuropa. Historisch-soziologische Analysen, München 1997

Sterbling, Anton: Unterdrückung, Ideologie und der untergründige Fortbestand der Mythen, in: Dahlmann, Dittmar/Potthoff, Wilfried (Hrsg.): Mythen, Symbole und Rituale. Die Geschichtsmächtigkeit der Zeichen in Südosteuropa im 19. und 20. Jahrhundert, Frankfurt a. M. usw. 2000 (S. 275-293)

Sterbling, Anton, Eliten, Intellektuelle, Institutionenwandel. Untersuchungen zu Rumänien und Südosteuropa, Hamburg 2001

Sterbling, Anton: Gegenwärtige Modernisierungsprobleme und Entwicklungsaussichten Rumäniens, Bonn 2003

Sterbling, Anton: Grundzüge von Diktaturen im 20. Jahrhundert. Unter besonderer Berücksichtigung der kommunistischen Spätdiktatur in Rumänien, in: Sterbling, Anton: Soziologische Wortmeldungen. Zu Migration und Integration, Ost- und Südosteuropa, Gewalt an Schulen und Polizeiwissenschaften, Rothenburger Beiträge. Schriftenreihe der Fachhochschule für Polizei Sachsen, Band 16, Rothenburg/OL 2003 (S. 61-75)

Sterbling, Anton: Das Wesen und die Schwächen der Diktatur – nachgelesen in den Romanen von Herta Müller, in: Kron, Thomas/Schimank, Uwe (Hrsg.): Die Gesellschaft der Literatur, Opladen 2004 (S. 165-200)

Stiehler, Heinrich (Hrsg.): Nachrichten aus Rumänien. Rumänien-deutsche Literatur, Hildesheim-New York 1976

Tănasc, Stelian: Belu Zilber. Aus der Geschichte des rumänischen Kommunismus zwischen den beiden Weltkriegen (I), in: Ausflug in die Konspiration. Halbjahresschrift für südosteuropäische Geschichte, Literatur und Politik, 16. Jg., Heft 1, Dinklage 2004 (S. 14-25)

Totok, William: die Deportation in den Baragan. Aus dem archivalischen Nachlaß des rumänischen Stalinismus, in: Mystifizierungen I. Halbjahresschrift für südosteuropäische Geschichte, Literatur und Politik, 7. Jg., Heft 2, Dinklage 1995 (S. 11-23)

Totok, William: Constrângerea memoriei. Insemnări, documente, amintiri, (Die Zwänge der Erinnerung. Aufzeichnungen, Dokumente, Erinnerungen), Iaşi 2001

Veen, Hans-Joachim/Pieper, Markus (Hrsg.): Nach der Diktatur, Köln-Weimar-Wien 2003

Vulcănescu, Mircea: Ultimul cuvînt (Das letzte Wort), Bukarest 1992

Wagner, Richard: Sonderweg Rumänien. Bericht aus einem Entwicklungsland. Berlin 1991

Wagner, Richard: Der leere Himmel. Reise in das Innere des Balkan, Berlin 2003

Wagner, Richard/Frauendorfer, Helmuth (Hrsg.): Der Sturz des Tyrannen. Rumänien und das Ende einer Diktatur, Reinbek 1990

Weber, Georg u.a.: Die Deportation der Siebenbürger Sachsen in die Sowjetunion 1945-1949, Köln-Wiemar-Wien 1995 (3 Bde)

Wichner, Ernest (Hrsg.): Ein Pronomen ist verhaftet worden. Die frühen Jahre in Rumänien – Texte der Aktionsgruppe Banat, Frankfurt a. M. 1992

Zub, Alexandru: Orizont închis. Istoriografia română sub dictatură (Geschlossener Horizont. Die rumänische Historiographie unter der Diktatur), Iaşi 2000

Rumänien 1968
Kontext, Geschehnisse und Folgewirkungen

Im Jahr 1968 schienen in Rumänien – zumindest für kurze Zeit und aus der damaligen Wahrnehmungsperspektive – mehrere Entwicklungsstränge sehr eng beieinander zu liegen, ja gleichsam ineinander zu greifen, die danach allerdings erneut deutlich auseinander strebten. Der Anschluss an die „Moderne" in der Kunst, die Wiedereingliederung in das internationale System der Wissenschaften, Veränderungen im Zeichen westlicher Konsumeinflüsse und Lebensstile, nicht zuletzt die Wirkungen der damals rasch die Systemgrenzen überspringenden Beatmusik und Jugendprotestkultur, der „Prager Frühling" und seine Ausstrahlung auf ganz Osteuropa, die rumänische Außen- und Innenpolitik sowie der intellektuelle Aufbruch der sogenannten „Tauwetterperiode" in der Kultur und Kulturpolitik Rumäniens – all diese Dinge schienen im damaligen Zeithorizont zunächst zusammen zu finden, einer einheitlichen Tendenz zu folgen, ehe man erkannte, dass dies keineswegs so ist. Der eine Entwicklungsstrang endete sodann – nach über zwei Jahrzehnten immer düsterer nationalkommunistischer Herrschaft – im Zusammenbruch des spätstalinistischen Ceaușescu-Regimes,[1] der andere Strang – wenn man entsprechende intellektuelle und mentale Fernwirkungen so interpretieren möchte – im demokratischen Neuanfang und letztlich in der Aufnahme Rumäniens in die

---

[1] Siehe: Gabanyi, Anneli Ute: Systemwechsel in Rumänien. Von der Revolution zur Transformation, München 1998.

Europäische Union, die bekanntlich zum 1. Januar 2007 erfolgte und heute mit einer eindrucksvollen Entwicklungsdynamik verbunden erscheint.[2] Natürlich ist es eine gewagte Deutung, solche Nachhaltigkeit anzunehmen, dennoch spricht aus meiner Sicht einiges dafür, die Tragweite eines solchen Erklärungsansatzes zumindest zu prüfen. Wenn man den Einflüssen des Jahres 1968 auf spätere politische Umbrüche und gesellschaftliche Veränderungen nachgeht, wird man sicherlich weniger direkte Wirkungen, sondern eher untergründige Vermittlungszusammenhänge wie auch nichtintendierte Effekte in den Blick nehmen müssen – also ein vielschichtiges Entwicklungsgeschehen, das dennoch eine unverkennbare Relevanz der Hoffnungen, Erwartungen, Ereignisse und Erfahrungen der späten 1960er Jahre für den demokratischen Aufbruch rund zwanzig Jahre danach erkennen lässt. Und natürlich auch für die Europäisierungsbestrebungen, mit denen dieser seit Anfang der 1990er Jahre einherging.

Die „Tauwetterperiode" und das Jahr 1968 in Rumänien

In wenigen Stichworten lässt sich die vergleichsweise günstige kulturelle, gesellschaftliche und politische Situation der zweiten Hälfte der 1960er Jahre, die im Jahr 1968 einen Höhepunkt an Öffnungen, Freizügigkeiten

---

2 Siehe: Sterbling, Anton: Rumänien und Bulgarien als neue Mitglieder der Europäischen Union, in: Spiegelungen. Zeitschrift für deutsche Kultur und Geschichte Südosteuropas, Jg. 2/56, München 2007 (S. 3-9).

und Hoffnungen erreichte, gleichsam aber auch bereits ihren Wendepunkt fand, wie folgt umreißen.

In der Kultur und Kulturpolitik zeichnete sich bereits seit der ersten Hälfte der 1960er eine vorsichtige Liberalisierung ab, wobei man etwa ab 1965 von einem zunehmend offeneren, liberaleren Kulturklima, das ganz zutreffend als „Tauwetterperiode" bezeichnet wurde,[3] sprechen kann. Bezieht man sich beispielsweise auf die Literatur – und hierbei auch und nicht zuletzt auf die rumäniendeutsche Literatur[4] – so kann man ohne jede Einschränkung von einem eindrucksvollen und nachhaltigen Einzug und Durchbruch der „Moderne" sprechen, nachdem knapp zwei Jahrzehnte lang die Dogmen und Klischees des sogenannten „sozialistischen Realismus" Literatur und Kunst beherrschten. Avantgardistische Lyrik, Surrealismus, absurdes Theater, aber auch gesellschaftskritische Literatur des Westens wurden nicht nur rezipiert, sondern bestimmten mehr und mehr auch die Schreibtechniken und Denkweisen eines Teils der jüngeren Schriftsteller.

Um das Jahr 1968 erlebten viele Theater, auch Provinzbühnen, eine erstaunliche Belebung, insbesondere durch zeitgenössische Stücke. Und in rumänischen Kinos liefen manch aufsehenerregende westliche Filme, keineswegs nur Unterhaltungsfilme, sondern beispielsweise auch Literaturverfilmungen (etwa „Der Prozeß" nach Franz

---

[3] Siehe auch: Gabanyi, Anneli Ute: Partei und Literatur in Rumänien seit 1945, München 1975.

[4] Siehe dazu eingehender: Sterbling, Anton: Zum Abschied einer Minderheit. Gedanken zum „Nachruf auf die rumäniendeutsche Literatur", in: Südosteuropa. Zeitschrift für Gegenwartsforschung, 40. Jg., München 1991 (S. 211-223).

Kafka, mit Orson Welles), gesellschaftskritische Filme eines Vittorio de Sica, Federico Fellini oder Elia Kazan oder Politkrimis (z.B. „Blow up" oder „Z"), die zumindest kurze Zeit übrigens auch rumänische Filmemacher zu gewagteren Produktionen (z.B. „Die Macht und die Wahrheit" oder „Kranke Tiere") inspirierten.

Natürlich auch und vor allem die Rock-, Pop- und Beatmusik, nicht nur der „Beatles", „Rolling Stones" usw., sondern auch eines Jimi Hendrix oder einer Janis Joplin wurden im Rumänien der 1960er Jahre von einem erheblichen Teil jüngerer Menschen mit Begeisterung aufgenommen und sicherlich teilweise durchaus auch als Ausdruck eines neuen, unkonventionellen, emanzipierten Lebensgefühls wie auch einer mehr oder weniger radikalen Protestkultur, eines weltweiten kulturellen und politischen Aufbruchs empfunden. Wahrscheinlich noch stärker als dies war die Wirkung der westlichen Konsumwelt und der damit zusammenhängenden Lebensstile, die mit der Öffnung des Fensters zum Westen durch Kunst und Massenmedien, aber auch durch den zunehmenden Strom westlicher Touristen, die damals nach Rumänien kamen, einherging.[5] Diese, teilweise idealisiert wahrgenommene westliche Konsum- und Lebenswelt übte auf breite Bevölkerungskreise, insbesondere aber auf Alterskohorten, die in den 1960er Jahren

---

[5] Siehe ausführlicher: Hütten, Susanne/Sterbling, Anton: Expressiver Konsum. Die Entwicklung von Lebensstilen in Ost- und Westeuropa, in: Blasius, Jörg/Dangschat, Jens S. (Hrsg.): Lebensstile in den Städten. Konzepte und Methoden, Opladen 1994 (S. 122-134).

prägende Phasen ihrer Sozialisation erlebten,[6] eine nachhaltige Faszination aus.

Es sei in diesem Überlegungszusammenhang auch auf die sozialstrukturellen Entwicklungsaspekte hingewiesen, dass Rumänien in den 1960er Jahre nicht nur einen beachtlichen Industrialisierungs- und Urbanisierungsschub erlebte, sondern auch eine bemerkenswerte Bildungsexpansion,[7] die den auch zunehmend geburtenstärkeren Jahrgängen der 1950er Jahre relativ günstige Bildungschancen und kulturelle Selbstentfaltungsmöglichkeiten eröffnete. Auf diesen Gesichtspunkt wird später nochmals zurückzukommen sein, denn damit finden sich aus meiner Sicht strukturelle Ursachen und Grundmotive jener nichtintendierten Wirkungen bezeichnet, die in den Jahren 1989/1990 gewichtig zum Niedergang der kommunistischen Herrschaft und demokratischen Aufbruch mit beitrugen.

Die „Tauwetterperiode" hat durchaus auch in den Wissenschaften deutliche Spuren hinterlassen. Bemerkenswert und aufschlussreich für das damalige geistige Klima erscheint zum Beispiel, dass in diesen Jahren rumänische Übersetzungen westlicher bzw. kritischer Autoren wie zum Beispiel von Roger Garaudy, Louis Althusser, Lucien Goldmann, Norbert Wiener, Georg Lukács, Her-

---

6   Zum Erklärungsansatz von Generationenlagen siehe auch: Balla, Bálint/Sparschuh, Vera, Sterbling, Anton (Hrsg.): Karl Mannheim – Leben, Werk, Wirkung und Bedeutung für die Osteuropaforschung, Hamburg 2007, insb. IV. Teil, S. 169 ff.

7   Siehe dazu auch: Sterbling, Anton: Strukturfragen und Modernisierungsprobleme südosteuropäischer Gesellschaften, Hamburg 1993.

mann István oder C. Wright Mills erscheinen konnten.[8]
Selbst in der damaligen offiziellen Fassung des „Dialektischen Materialismus"[9] lässt sich nicht nur eine kritische Auseinandersetzung mit der idealistischen deutschen Philosophie, mit den zeitgenössischen Erkenntnistheorien und Wissenschaftsphilosophien wie auch mit den „bürgerlichen Sozialwissenschaften" nachlesen. Es lassen sich auch bestimmte Adaptationsversuche grundlegender Gedanken der Systemtheorie und des Funktionalismus feststellen und nicht zuletzt eine auffällige Sympathie für den französischen Strukturalismus erkennen.

Die Entwicklung der rumänischen Soziologie[10] bildet ein besonders anschauliches Beispiel für die wissenschaftlichen und intellektuellen Öffnungen in der Zeit der „Tauwetterperiode". Nachdem die rumänische Soziologie bereits in der ersten Hälfte unseres Jahrhunderts und insbesondere in der Zwischenkriegszeit zu einer durchaus beachtlichen Entfaltung kam, haben die kommunistische Machtergreifung und der Stalinismus auch in Rumänien zur zeitweiligen Eliminierung dieser Wissenschaft aus

---

[8] Diese und andere Autoren erschienen in der Reihe: Idee Contemporane (Zeitgenössische Ideen) des Politischen Verlages (Editura Politica) in Bukarest.

[9] Dies gilt selbst noch für die Ausgabe des Jahres 1973. Siehe: Valentin, Alexandru (Koordinator): Materialismul Dialectic (Dialektischer Materialismus), Bukarest 1973, insb. S. 200 ff.

[10] Siehe dazu auch: Sterbling, Anton: Anmerkungen zur schwierigen Entwicklung und zum gegenwärtigen Stand der rumänischen Soziologie, in: Hodenius, Birgit/Schmidt, Gert (Hrsg.): Transformationsprozesse in Mittelost-Europa. Ein Zwischenbefund. Sonderheft 4 der Soziologischen Revue, München 1996 (S. 256-271).

dem universitären Fächerkanon und zu ihrer undifferenzierten Bekämpfung als „bürgerliche Ideologie" geführt. Erst Anfang der 1960er Jahre kam es zu einer zunächst vorsichtigen, dann recht vielversprechenden Erneuerung der rumänischen Soziologie, ehe diese in den 1970er und 1980er Jahren erneut weitgehenden Einschränkungen und ideologischen Zwängen unterworfen wurde. Der insbesondere in der zweiten Hälfte der 1960er erfolgte zügige Wiederaufbau der Soziologie hat in relativ kurzer Zeit zur akademischen Verankerung des Faches an mehreren rumänischen Universitäten geführt, eine beachtliche Infrastruktur zur empirischen Forschungsarbeit geschaffen, ein fachspezifisches Publikationswesen ins Leben gerufen und natürlich auch zu einigen bemerkenswerten Veröffentlichungen beigetragen.[11] Die inhaltlichen Schwerpunkte der soziologischen Forschung lagen u.a. in den Bereichen der Medienforschung, der Land- und Agrarsoziologie, der Familien- und Frauenforschung, der Bildungs- und Jugendforschung, der Arbeits- und Arbeitsplatzforschung, der Freizeitforschung, auch der Untersuchung „sozialer Probleme" sowie der später immer stärker ideologisch ausgerichteten und instrumentalisierten Forschung über ethische Wertorientierungen, Lebensvorstellungen, Politik und Ideologie.

Ein anderes Beispiel wäre die Geschichtswissenschaft, auch sie – wie die Soziologie – eine besonders sensible ideologie- und herrschaftsrelevante Wissenschaft. Auch

---

[11] Siehe: Roth, Andrei/Weber, Georg: Rumänische Soziologie unter Ceauşescu und Trends in der Gegenwart, in: Best, Heinrich/Becker, Ulrike (Hrsg.): Sozialwissenschaften im neuen Osteuropa. Social Sciences in a New Eastern Europe, Bonn-Berlin 1994 (S. 29-50).

die rumänische Geschichtswissenschaft durchlief eine Entwicklung, die von ihrer Zerschlagung als „bürgerliche Wissenschaft" über ihre weitgehende „klassentheoretische" Dogmatisierung in der Zeit des Stalinismus zu einer erneuten wissenschaftlichen Professionalisierung sowie Hinwendung und Entkrampfung nationalhistorischen Themen gegenüber in der Zeit der „Tauwetterperiode" führte, ehe sie sich – zumindest teilweise, keineswegs vollständig – dann in den späten 1970er und 1980er Jahre wieder zu einer weitgehend ideologisierten, nationalistische Mythen fördernden und produzierenden Pseudowissenschaft wandelte oder sich auf ideologisch unverdächtige Forschungsgebiete zurückzog.[12]

Die gesamten kulturellen, wissenschaftlichen und intellektuellen Entwicklungen, die knapp umrissen und exemplarisch illustriert wurden, waren natürlich – wie bereits kurz angesprochen – in einen Gesamtzusammenhang sozialstruktureller Wandlungsprozesse sowie außen- und innenpolitischer Kontextbedingungen eingebettet, auf die an dieser Stelle zumindest knapp hingewiesen werden sollte.

In den Zeitraum, der als „Tauwetterperiode" bezeichnet wurde, erfolgte eine fortschreitende Distanzierung Rumäniens von der Sowjetunion und dem Warschauer Pakt – aus dem Rumänien allerdings nicht offiziell ausgetreten

---

[12] Siehe dazu näher: Zub, Alexandru: Orizont închis. Istoriografia română sub dictatură (Geschlossener Horizont. Die rumänische Historiographie unter der Diktatur), Iași 2000; Boia, Lucian: Geschichte und Mythos. Über die Gegenwart und Vergangenheit in der rumänischen Gesellschaft, Köln-Weimar-Wien 2003; Sterbling, Anton: Stalinismus in den Köpfen, in: Orbis Linguarum, Band 27, Wroclaw/Breslau 2004 (S. 23-38).

ist – wie auch eine vorübergehend vielversprechende „Westorientierung" der rumänischen Außenpolitik. Nachdem alle sowjetischen Truppen Rumänien bereits 1958 verlassen haben, verabschiedete das Zentralkomitee der rumänischen kommunistischen Partei im Jahre 1964 eine aufsehenerregende „Unabhängigkeitsresolution",[13] in der unter anderem die Gleichberechtigung aller kommunistischen Parteien und das Recht jedes Landes auf einen eigenen sozialistischen Entwicklungsweg eingefordert wurde. Nahezu zeitgleich wurden die Beziehungen zu den USA substanziell verbessert. In der Folgezeit normalisierten und intensivierten sich die politischen Beziehungen Rumäniens auch zu einer Reihe anderer westlicher Staaten in Europa und darüber hinaus. Im Januar 1967 nahm Rumänien – als erstes Land unter den Staaten des Warschauer Paktes und gegen den ausdrücklichen Widerstand der DDR – diplomatische Beziehungen zur Bundesrepublik Deutschland auf. Dem ging voraus und folgte zeitweilig auch eine spürbare Verbesserung der allgemeinen Situation wie auch der kulturellen Entfaltungsmöglichkeiten der in Rumänien lebenden ethnischen Minderheiten,[14] nicht zuletzt der deutschen Minderheit. Rumänien brach als einziger Mitgliedstaat des

---

[13] Siehe auch: Gabanyi, Anneli Ute: Partei und Literatur in Rumänien seit 1945, München 1975, insb. 82.

[14] Zur Entwicklung der Minderheitensituation und der interethnischen Beziehungen in Rumänien siehe auch: Sterbling, Anton: On the Development of Ethnic Relations and Conflicts in Romania, in: Giordano, Christian/Greverus, Ina-Maria (Hrsg.): Ethnicity, Nationalism and Geopolitics in the Balkans (II), Sonderheft des Anthropological Journal on European Cultures, Band 4, Heft 2, Fribourg-Frankfurt a. M. 1995 (S. 37-52).

Warschauer Paktes 1967, nach dem Sechs-Tage-Krieg, übrigens auch nicht die diplomatischen Beziehungen zu Israel ab, sondern unterhielt zu diesem in der sonstigen kommunistischen Welt damals wie in der Zeit danach verfemten Staat durchgängig normale Beziehungen aufrecht.

Ansätze zu Wirtschaftsreformen, die in den 1960er Jahre nahezu in allen sozialistischen Staaten Osteuropas zu beobachten waren[15] und die in der Tschechoslowakei mit den wohl weitreichendsten Bestrebungen der gesellschaftlichen Demokratisierung, Liberalisierung und Pluralisierung einhergingen – also der als „Prager Frühling" bekannte Versuch der Herbeiführung einer freien, emanzipierten, demokratischen Gesellschaft – fand überall in Europa – und mithin auch und gerade in Rumänien – einen starken Widerhall. Rumänien strebte angesichts einer möglichen externen Intervention im Jahr 1968 nicht nur einen Freundschaft- und Beistandsvertrag mit den Reformern in Prag und der Regierung Jugoslawiens an.[16] Rumänien hat sich dann auch nicht am Einmarsch der

---

15 Siehe: Boyer, Christoph (Hrsg.): Zur Physionomie sozialistischer Wirtschaftsreformen. Die Sowjetunion, Polen, die Tschechoslowakei, Ungarn, die DDR und Jugoslawien im Vergleich, Frankfurt a. M. 2007.

16 Siehe: Hejzlar, Zdeněk: Ein Jahrzehnt der Stagnation. Ist der Reformkommunismus in Osteuropa überholt?, in: L 76, Heft 8, Köln 1978 (S. 49-61); Mlynář, Zdeněk: Die Angst vor Reformen. Der Prager Frühling und die Zukunft, in: L 76, Heft 8, Köln 1978 (S. 62-73); Šimečka, Milan: Wenn sie nicht gekommen wären ..., in: L'80. Zeitschrift für Literatur und Politik, Heft 46, Köln 1988 (S. 5-17; Karner, Stefan: Die Operation Donau, in: Frankfurter Allgemeine Zeitung, Nr. 150, 30. Juni 2008, Frankfurt a. M. 2008 (S. 10-11).

Staaten des Warschauer Paktes im August 1968 beteiligt, sondern hat diese Intervention ganz nachdrücklich verurteilt.

In jenen Augusttagen 1968, als Nicolae Ceauşescu die gewaltsame Niederschlagung des „Prager Frühling" öffentlich, emotional bewegt und massenmedienwirksam anprangerte,[17] schienen im damaligen Wahrnehmungshorizont vieler Menschen – zumindest kurzfristig – mehrere Entwicklungsstränge: nämlich eine fortschreitende Liberalisierung von Wissenschaft und Kunst, die Modernisierung, Demokratisierung und Pluralisierung der Gesellschaft, eine zunehmende Distanzierung von der Sowjetunion und gleichzeitig eine immer stärkere Westorientierung, die Beteiligung an einer weltweiten Erneuerungs- und Emanzipationsbewegung sowie die offizielle Politik Rumänien aufs engste miteinander verknüpft, einer gemeinsamen Tendenz zu folgen; doch dies erwies sich als ein Irrtum, denn die ganze Geschichte hatte noch cine andere, von den hoffnungsvollen Intellektuellen, den jugendlichen Enthusiasten und den in ihrer Kreativität gerade erst emanzipierten und entfesselten Künstlern leichtfertig übersehene Seite *innenpolitischer* Entwicklungen.

Die Festigung der Macht Nicolae Ceauşescus, der nach dem Tode Gheorghe Gheorghiu Dejs, im Jahre 1965, Erster Sekretär (später Generalsekretär) der Kommunistischen Partei und 1967 Staatsratsvorsitzender wurde, erfolgte schrittweise und konsequent, aber keineswegs ge-

---

17 Siehe auch: Ursprung, Daniel: Herrschaftslegitimation zwischen Tradition und Innovation. Repräsentation und Inszenierung von Herrschaft in der rumänischen Geschichte, Kronstadt/Braşov 2007, insb. S. 184 ff.

radlinig.[18] Sie war nicht nur mit einem erheblichen Personalaustausch auf allen Machtebenen, sondern auch mit weitreichenden und vielfach schwer durchschaubaren Veränderungen der institutionellen Machtstrukturen verbunden. Diese Prozesse, die sich über mehrere Jahre hinzogen und die nicht zuletzt mit Entmachtungsvorgängen und Machtauseinandersetzungen in nahezu allen institutionellen Bereichen einhergingen, führten nicht selten zu zeitweilig ungeklärten Macht- und Zuständigkeitsverhältnissen. Dies schaffte – gewissermaßen als unintendiertes Nebenergebnis – in vielen Bereichen vorübergehend beachtliche Handlungsspielräume für alle Akteure und vielfach auch entsprechende Illusionen. Dass es dabei letztlich keineswegs um eine Demokratisierung und Verwestlichung der rumänischen Gesellschaft gehen sollte, sondern um die Herrschaftssicherung einer immer stärker von einem bizarren Personenkult geprägten neostalinistisch-nationalkommunistische Diktatur wurde indes erst allmählich deutlich.

„Finstere Jahre" der nationalkommunistischen Spätdiktatur

Bald nach der Niederschlagung des „Prager Frühling" wurden auch in Rumänien erneut erste Anzeichen eines kulturpolitischen „Klimawechsels" erkennbar. Spätestens 1971 wurde sodann eine mit massiven Reideologisierungsbestrebungen und zunehmenden Restriktionen und

---

[18] Siehe auch: Sterbling, Anton: Zum Abschied einer Minderheit. Gedanken zum „Nachruf auf die rumäniendeutsche Literatur", in: Südosteuropa. Zeitschrift für Gegenwartsforschung, 40. Jg., München 1991 (S. 211-223), insb. S. 215 ff.

Repressionen gegenüber den Intellektuellen verbundene „Kulturrevolution" eingeleitet. Ohne dass diese Weichenstellung zunächst eine unmittelbar durchschlagende Wirkung gehabt hätte, setzte sich ihre das kreative Geistesleben paralysierende Tendenz in den folgenden Jahren doch allmählich und zunehmend, wenn auch nicht vollständig, durch.

Die Reideologisierung der Kultur und der Wissenschaften in Rumänien ab 1971 hat natürlich nicht sofort gewirkt und ist vielfach auch auf erheblichen Widerstand gestoßen. Die soziologische Lehre ist beispielsweise erst 1977 wieder eingestellt worden, bestimmte sozialwissenschaftliche Publikationen oder Übersetzungen konnten – oft zum Erstaunen der Autoren selbst – teilweise auch noch später erscheinen. Auch Schriftsteller und andere Künstler wussten durchaus, wie man die Zensur überlisten oder umgehen und mithin manch subversive Botschaft – natürlich oft nur fein dosiert und subtil verschlüsselt[19] – vermitteln konnte. Auf die Mechanismen einer zunehmenden Ideologisierung und Repression wurde nicht selten mit strategisch geschickt angelegten Formen der intellektuellen Subversion oder des geistigen Widerstandes reagiert. Diese mehr oder weniger deutlichen und nachhaltigen Auseinandersetzungen zwischen „Macht" und „Geist" zogen sich rund zwei Jahrzehnte hin. Dabei lassen sich im Rückblick durchgängig

---

[19] Siehe dazu auch: Sterbling, Anton: Von den Schwierigkeiten des Denkens ohne Verbot. Die Rolle des Intellektuellen, der intellektuelle Aufbruch und die nahezu unvermeidbaren geistigen Konfusionen in Osteuropa, in: Neue Literatur. Zeitschrift für Querverbindungen, Heft 4 (Neue Folge), Bukarest 1993 (S. 55-71).

folgende intellektuelle Grundhaltungen bzw. Typen von Intellektuellen ausmachen:

a) Intellektuelle, die den in Rumänien recht kleinen Zirkeln von Dissidenten angehörten, die in der Regel massiv verfolgt und zum Schweigen gebracht oder die zum Verlassen des Landes gezwungen wurden;

b) Intellektuelle, die in ihren Arbeits- und Wirkungsmöglichkeiten weitgehend eingeschränkt waren, die zumeist streng beobachtet, kontrolliert und überwacht wurden und die ihre Tätigkeit allenfalls in marginalen Bereichen fortführen konnten;

c) Intellektuelle, die für sich den Weg eines konsequenten Rückzugs aus der Aktualität, den Ausweg einer „Weltflucht"[20] oder inneren Emigration, wählten;

d) Intellektuelle, die sich so weit wie nötig anpassten, um ihre Tätigkeit irgendwie fortsetzen zu können, die aber zugleich so weit wie möglich in (innerer) Distanz zur kommunistischen Ideologie und zum Herrschaftssystem standen;

e) Intellektuelle, die mehr oder weniger überzeugte Nationalkommunisten wurden, die ihre vormals kritischen Funktionen aufgaben und die mithin zu willfährigen und zugleich reichlich mit Privilegien belohnten Apologeten des Systems wurden;

f) Intellektuelle, die zunächst bzw. zeitweilig überzeugte Kommunisten waren, die aber entweder in Ungnade

---

[20] Siehe auch: Sterbling, Anton: Ambivalenzen der Moderne, Anliegen der Kunst und künstlerische Weltflucht, in: Sterbling, Anton: Zumutungen der Moderne. Kultursoziologische Analysen, Hamburg 2007 (S. 91-112), insb. S. 109 ff.

fielen oder selbst in kritische Distanz zum Herrschaftssystem und dessen Ideologie traten;

g) Intellektuelle, die im Hinblick auf ihr geistiges Format
häufig eigentlich nur „Pseudointellektuelle" waren,
die als überzeugte Kommunisten oder aber als grenzenlose Opportunisten maßgeblich an der Verbreitung
der ideologischen Dogmen mitwirkten und an der
ideologischen Gleichschaltung und an der Gesinnungskontrolle und Denunziation anderer Intellektueller maßgeblich beteiligt waren.

Es handelt sich hierbei – wie sicherlich leicht erkennbar
ist – um „idealtypisch" erfasste intellektuelle Grundhaltungen, die im Laufe der Zeit durchaus eine sich verändernde Gewichtung und mithin auch ein unterschiedliches Mischverhältnis aufwiesen, zwischen denen einzelne Personen auch mitunter wechselten und die im nationalkommunistisch ausgerichteten Neostalinismus der
Ceauşescu-Diktatur[21] übrigens in ähnlicher Weise wie
bereits im Stalinismus in Erscheinung traten. Dennoch
bleibt festzuhalten, dass es nach der „Tauwetterperiode"

---

[21] Bezogen auf diesen Zeitraum spätkommunistischer Gewaltherrschaft unterscheidet Alexandru Zub bei den Historikern folgende
Grundhaltungen: radikale Ablehnung als Provokation der Machthaber; Rückzug auf einen Standpunkt des strengen Professionalismus als eine eher langfristig wirksame Widerstandsform; eine
Mischung von professioneller Arbeit mit einem gewissen politischen Engagement, das zwar nur formal verstanden wurde, aber
doch weitreichende Folgen hatte; die offene Unterstützung des
Regimes; eine direkte Beteiligung an der Konstruktion des Diskurses (der Ideologie) des kommunistischen Herrschaftssystems.
Siehe: Zub, Alexandru: Orizont închis. Istoriografia română sub
dictatură (Geschlossener Horizont. Die rumänische Historiographie unter der Diktatur), Iaşi 2000, insb. S. 77.

– bei allen Repressionen und Rückschlägen – zu keiner vollständigen Gleichschaltung des Geisteslebens mehr kommen konnte, wiewohl dies vordergründig so gewirkt haben mag.

Die politischen Verhältnisse und das offizielle Kultur- und Geistesleben in Rumänien nahmen – insbesondere seit Mitte der 1980er Jahre, als Personenkult[22] und Willkürherrschaft ihren Höhepunkt erreichten und auch eine immer stärkere internationale Isolation Rumäniens erfolgte – immer deutlicher die Züge einer neostalinistischen Diktatur an, so dass – zumindest von außen betrachtet – das Land dem in historischen Mythen schwelgenden und in starrer Selbstisolation verharrenden Albanien immer ähnlicher erschien.[23] Ein erheblicher Unterschied zu Albanien lag allerdings darin, dass der engstirnigen, nicht zuletzt von nationalistischen Verblendungen bestimmten Reideologisierungsphase in Rumänien eine doch zumindest einige Jahre andauernde „Tauwetterperiode" vorausging, die bestimmte Alters- und nicht zuletzt Intellektuellen-, Künstler- und Wissenschaftlerkohorten mehr oder weniger stark prägte und die ausgesprochen liberale und emanzipatorische und nicht zuletzt

---

[22] Siehe auch: Sterbling, Anton: Das Wesen und die Schwächen der Diktatur – nachgelesen in den Romanen von Herta Müller, in: Kron, Thomas/Schimank, Uwe (Hrsg.): Die Gesellschaft der Literatur, Opladen 2004 (S. 165-200).

[23] Zum Personenkult siehe auch: Gabanyi, Anneli Ute: The Ceauşescu Cult. Propaganda and Power Policy in Communist Romania, Bucharest 2000; Ursprung, Daniel: Herrschaftslegitimation zwischen Tradition und Innovation. Repräsentation und Inszenierung von Herrschaft in der rumänischen Geschichte, Kronstadt/Braşov 2007.

„westlich" orientierte Züge aufwies, wobei dies natürlich vielfältige Nachwirkungen hatte und untergründige Spuren hinterließ.

1968 und der demokratische Neuanfang und die Europäisierung Rumäniens

Die in der „Tauwetterperiode" geprägten Orientierungen, Erwartungen und Hoffnungen, die sich im Jahr 1968 einer Verwirklichung schon so nahe sahen, dann aber durch eine rund zwei Jahrzehnte dauernde Zeit der Diktatur verdrängt wurden, behielten natürlich eine gewisse Relevanz und wirkten sich zumindest in zwei Hinsichten auch maßgeblich auf den Niedergang der kommunistischen Herrschaft und auf den demokratischen Neuanfang aus: als treibende Motive in den politischen Herrschafts- und sozialen Interessenauseinandersetzungen sowie als fortbestehende intellektuelle Leitvorstellungen einer freien und demokratischen Gesellschaft.

Mehr noch als in anderen ost- und südosteuropäischen Gesellschaften hat die in den 1980er Jahren in Rumänien rasant fortschreitende Wirtschaftskrise immer ungünstigere Verteilungsspielräume und einen ständig sinkenden Lebensstandard auch für privilegierte und bildungsprivilegierte Bevölkerungskreise herbeigeführt.[24] Vor allem bei den Hochschulabsolventenkohorten, die ihre wissenschaftliche Sozialisation in der „Tauwetterperiode" erfuhren, ergaben sich immer massivere Erwartungsent-

---

[24] Siehe zu Folgendem auch: Sterbling, Anton: Zum Niedergang der kommunistischen Herrschaft in Südosteuropa. Eine Erklärungsskizze, in: Sterbling, Anton: Gegen die Macht der Illusionen. Zu einem Europa im Wandel, Hamburg 1994 (S. 193-214).

täuschungen, nicht nur was die zunehmende Repression, sondern auch, was die materielle Lebensbedingungen und Wohlstandserwartungen betraf. Dies führte zu Situationsdeutungen und Interessenbestrebungen, die auf eine immer größere Distanz zum politischen Herrschaftssystem hinausliefen und die zunehmend auf einen personellen, institutionellen und letztlich auch auf den politischen Wandel ausgerichtet waren. Hinzu kamen die schon angesprochenen westlichen Einflüsse, die diese bildungsprivilegierten Gruppen am ehesten erreichten und im Hinblick auf ihre Weltanschauung, ihr Denken, ihren Lebensstil und nicht zuletzt ihre Lebensqualitäts- und Konsumerwartungen häufig deutlich geprägt haben. Der Sozialisationskontext und Bildungsprozess sowie der soziale und kulturelle Erfahrungshintergrund der in den 1960er Jahren und danach akademisch ausgebildeten Personen war immer weniger dazu angetan, sie für die kommunistische Ideologie zu begeistern. Soweit bei ihnen eine Mitgliedschaft in der Kommunistischen Partei bestand, waren dafür kaum Gründe der ideologischen Überzeugung, sondern vor allem opportunistische Motive ausschlaggebend, zumal die Parteimitgliedschaft für viele Positionen und Aufstiegsprozesse eine notwendige Voraussetzung darstellte. Zugleich waren diese bildungsprivilegierten Kreise – nicht zuletzt auf Grund ihrer kulturellen Kompetenzen und Wissensvoraussetzungen – für die durch die Massenmedien vermittelten westlichen Kultureinflüsse, für subversiv wirkende Informationen, die sich aus persönlichen oder offiziellen Kontakten ergaben, für die vielfältigen Reize und Freiheiten der westlichen Konsum- und Lebenswelt – und teilweise zumindest auch für die politischen Ideen des Westens – durchaus empfänglich. Bei ihnen lassen sich – zumeist diffus und widersprüchlich in Erscheinung tretend – wichtige handlungsrelevante Umorientierungen konstatieren, die man wohl am zutreffendsten als „partielle" Verwestlichung bezeichnen kann. Diese Umorientierungen in den Grundhaltungen und Einstellungen stellen einerseits einen Bruch mit traditionalen Wertüberzeugungen dar, ebenso charakteristisch ist für sie aber natürlich auch die Unvereinbarkeit mit der kommunistischen Ideologie.

Meine These lautet also: Zu der wachsenden Massenunzufriedenheit, die mit der fortschreitenden Wirtschaftskrise zunahm, und der geringen Legitimität der kommunistischen Herrschaft kam die wachsende Unzufriedenheit und die politische Veränderungsbereitschaft immer größerer Teile der privilegierten Bevölkerung, insbesondere der Intelligenz, hinzu. Der politische Wandel ist zwar von den Massenprotesten ausgegangen, aber zugleich von privilegierten und dem Herrschaftssystem nahestehenden Personenkreisen innerhalb und außerhalb der Kommunistischen Partei, die über entsprechende politische Handlungskompetenzen und teilweise auch über beachtlichen Einfluss auf sensible Bereiche des Machtapparates verfügten, in seinem Ablauf weitgehend gesteuert worden.[25]

Die gegebene Massenunzufriedenheit und deren punktuelle politische Mobilisierbarkeit, die schwindende Legitimität des nationalkommunistischen Herrschaftssystems wie natürlich auch der Wandel in der Sowjetunion

---

[25] Siehe dazu eingehender: Gabanyi, Anneli Ute: Die unvollendete Revolution. Rumänien zwischen Diktatur und Demokratie, München-Zürich 1990.

und in anderen osteuropäischen Gesellschaften waren dabei allerdings wichtige und unabdingbare Randbedingungen.

Der Veränderungs- und Reformwille einflussreicher, dem Herrschaftssystem mehr oder weniger nahestehender privilegierter und bildungsprivilegierter Personenkreise war zunächst und vor allem an deren Eigeninteressen orientiert. Denkt man an die Alterskohorten, um die es sich dabei handelt, kann man allerdings auch konstatieren, dass diese Eigeninteressen eine nachhaltige Prägung durch die Erfahrungszusammenhänge der „Tauwetterperiode" Ende der 1960er Jahre erfahren haben.

Ging es hierbei eher um nichtintendierte Folgewirkungen sozialstruktureller, politischer und kultureller Wandlungsprozesse der 1960er Jahre, die sich 1989/1990 in vorwiegend interessengeleiteten politischen Herrschaftsauseinandersetzungen zwischen zumeist privilegierten Bevölkerungskreisen Ausdruck verschafften, so kommen die Ideen, Hoffnungen und Bestrebungen des Jahres 1968 in der Zeit des politischen Umbruchs in Rumänien natürlich noch in einer anderen, unmittelbareren Weise zum Tragen – nämlich als konsequent an Freiheitsbedürfnissen, Emanzipationsvorstellungen und demokratischen Leitwerten ausgerichtete intellektuelle Denkweisen und Grundüberzeugungen. Diese haben in der Zeit der „Tauwetterperiode" und insbesondere im denkwürdigen Jahr 1968, durch die damals folgenreichen Öffnungsprozesse im Sinne einer entschiedenen „Westorientierung", zumindest bei einzelnen Intellektuellen oder Intellektuellengruppen eine unauslöschliche Prägung erfahren. Selbst wenn solche Ideen und Überzeugungen im rumänischen Fall zeitweilig nur kleine Trägergruppen fanden, darf deren exemplarische Wirkung und nachhaltige Wirksamkeit gerade in „historischen Schlüsselsituationen" keineswegs unterschätzt werden. Ebenso wenig wie ihre Bedeutung in den Europäisierungsprozessen unterschätzt werden sollte.

Diese Vorgänge haben gegenwärtig in Rumänien, mit der Mitgliedschaft dieses Landes in der Europäischen Union, zu einem ohne Zweifel erfolgreichen und hoffnungsvollen Zwischenergebnis geführt, sie blieben allerdings lange Zeit, im Spannungsfeld pro- und antiwestlicher Grundhaltungen und Diskurse,[26] tief umstritten – und sind dies wohl teilweise auch heute noch. Daher bleiben gleichsam beide Seiten der rumänischen Erfahrungen des Jahres 1968 auch für die Zukunft relevant:

Einerseits jene Hoffnungen, die mit der Öffnung und Westorientierung verbunden waren und sind und die gegenwärtig zur demokratischen Konsolidierung und hoffentlich auch zu allmählichen breitenwirksamen Wohlstandssteigerungen führen; andererseits die Erfahrungen des Zusammenbruchs solcher weitgreifenden Hoffnungen, die nach 1968 alsbald durch eine nationalkommunistische Diktatur zerstört wurden, deren Nachwirkungen und Projektionen auch heute noch in Gestalt einer dieses Regime verklärenden Nostalgie[27] wie auch eines unver-

---

[26] Siehe auch: Sterbling, Anton: Pro- und antiwestliche Diskurse in Rumänien. Anmerkungen zur Gegenwart und zur Zwischenkriegszeit, in: Sterbling, Anton: Zumutungen der Moderne. Kultursoziologische Analysen, Hamburg 2007 (S. 133-152).

[27] Siehe: Brunnbauer, Ulf/Troebst, Stefan (Hrsg.): Zwischen Amnesie und Nostalgie. Die Erinnerung an den Kommunismus in Südosteuropa, Köln-Wien-Weimar 2007.

kennbar antiwestlich und vielfach auch extrem nationa-
listisch inspirierten Populismus sichtbar erscheinen.

Literatur

Balla, Bálint/Sparschuh, Vera, Sterbling, Anton (Hrsg.): Karl Mannheim – Leben, Werk, Wirkung und Bedeutung für die Osteuropaforschung, Hamburg 2007

Boia, Lucian: Geschichte und Mythos. Über die Gegenwart und Vergangenheit in der rumänischen Gesellschaft, Köln-Weimar-Wien
2003

Boyer, Christoph (Hrsg.): Zur Physionomie sozialistischer Wirtschaftsreformen. Die Sowjetunion, Polen, die Tschechoslowakei, Ungarn, die DDR und Jugoslawien im Vergleich, Frankfurt a. M. 2007

Brunnbauer, Ulf/Troebst, Stefan (Hrsg.): Zwischen Amnesie und
Nostalgie. Die Erinnerung an den Kommunismus in Südosteuropa,
Köln-Wien-Weimar 2007

Gabanyi, Anneli Ute: Partei und Literatur in Rumänien seit 1945,
München 1975

Gabanyi, Anneli Ute: Die unvollendete Revolution. Rumänien zwischen Diktatur und Demokratie, München-Zürich 1990

Gabanyi, Anneli Ute: Systemwechsel in Rumänien. Von der Revolution zur Transformation, München 1998

Gabanyi, Anneli Ute: The Ceauşescu Cult. Propaganda and Power
Policy in Communist Romania, Bucharest 2000

Hejzlar, Zdeněk: Ein Jahrzehnt der Stagnation. Ist der Reformkommunismus in Osteuropa überholt?, in: L 76, Heft 8, Köln 1978 (S. 49-
61)

Hütten, Susanne/Sterbling, Anton: Expressiver Konsum. Die Entwicklung von Lebensstilen in Ost- und Westeuropa, in: Blasius,
Jörg/Dangschat, Jens S. (Hrsg.): Lebensstile in den Städten. Konzepte und Methoden, Opladen 1994 (S. 122-134)

Karner, Stefan: Die Operation Donau, in: Frankfurter Allgemeine
Zeitung, Nr. 150, 30. Juni 2008, Frankfurt a. M. 2008 (S. 10-11)

Mlynář, Zdeněk: Die Angst vor Reformen. Der Prager Frühling und die Zukunft, in: L 76, Heft 8, Köln 1978 (S. 62-73)

Roth, Andrei/Weber, Georg: Rumänische Soziologie unter Ceauşescu und Trends in der Gegenwart, in: Best, Heinrich/Becker, Ulrike (Hrsg.): Sozialwissenschaften im neuen Osteuropa. Social Sciences in a New Eastern Europe, Bonn-Berlin 1994 (S. 29-50)

Šimečka, Milan: Wenn sie nicht gekommen wären ..., in: L'80. Zeitschrift für Literatur und Politik, Heft 46, Köln 1988 (S. 5-17

Sterbling, Anton: Zum Abschied einer Minderheit. Gedanken zum „Nachruf auf die rumäniendeutsche Literatur", in: Südosteuropa. Zeitschrift für Gegenwartsforschung, 40. Jg., München 1991 (S. 211-223)

Sterbling, Anton: Strukturfragen und Modernisierungsprobleme südosteuropäischer Gesellschaften, Hamburg 1993

Sterbling, Anton: Von den Schwierigkeiten des Denkens ohne Verbot. Die Rolle des Intellektuellen, der intellektuelle Aufbruch und die nahezu unvermeidbaren geistigen Konfusionen in Osteuropa, in: Neue Literatur. Zeitschrift für Querverbindungen, Heft 4 (Neue Folge), Bukarest 1993 (S. 55-71)

Sterbling, Anton: Zum Niedergang der kommunistischen Herrschaft in Südosteuropa. Eine Erklärungsskizze, in: Sterbling, Anton: Gegen die Macht der Illusionen. Zu einem Europa im Wandel, Hamburg 1994 (S. 193-214)

Sterbling, Anton: On the Development of Ethnic Relations and Conflicts in Romania, in: Giordano, Christian/Greverus, Ina-Maria (Hrsg.): Ethnicity, Nationalism and Geopolitics in the Balkans (II), Sonderheft des Anthropological Journal on European Cultures, Band 4, Heft 2, Fribourg-Frankfurt a. M. 1995 (S. 37-52)

Sterbling, Anton: Anmerkungen zur schwierigen Entwicklung und zum gegenwärtigen Stand der rumänischen Soziologie, in: Hodenius, Birgit/Schmidt, Gert (Hrsg.): Transformationsprozesse in Mittelost-Europa. Ein Zwischenbefund. Sonderheft 4 der Soziologischen Revue, München 1996 (S. 256-271)

Sterbling, Anton: Das Wesen und die Schwächen der Diktatur – nachgelesen in den Romanen von Herta Müller, in: Kron, Thomas/

Schimank, Uwe (Hrsg.): Die Gesellschaft der Literatur, Opladen 2004 (S. 165-200)

Sterbling, Anton: Zum Niedergang der kommunistischen Herrschaft in Südosteuropa. Eine Erklärungsskizze, in: Sterbling, Anton: Gegen die Macht der Illusionen. Zu einem Europa im Wandel, Hamburg 2004 (S. 193-214)

Sterbling, Anton: Stalinismus in den Köpfen, in: Orbis Linguarum, Band 27, Wroclaw/Breslau 2004 (S. 23-38)

Sterbling, Anton: Rumänien und Bulgarien als neue Mitglieder der Europäischen Union, in: Spiegelungen. Zeitschrift für deutsche Kultur und Geschichte Südosteuropas, Jg. 2/56, München 2007 (S. 3-9)

Sterbling, Anton: Pro- und antiwestliche Diskurse in Rumänien. Anmerkungen zur Gegenwart und zur Zwischenkriegszeit, in: Sterbling, Anton: Zumutungen der Moderne. Kultursoziologische Analysen, Hamburg 2007 (S. 133-152)

Sterbling, Anton: Ambivalenzen der Moderne, Anliegen der Kunst und künstlerische Weltflucht, in: Sterbling, Anton: Zumutungen der Moderne. Kultursoziologische Analysen, Hamburg 2007 (S. 91-112)

Ursprung, Daniel: Herrschaftslegitimation zwischen Tradition und Innovation. Repräsentation und Inszenierung von Herrschaft in der rumänischen Geschichte, Kronstadt/Braşov 2007

Valentin, Alexandru (Koordinator): Materialismul Dialectic (Dialektischer Materialismus), Bukarest 1973

Zub, Alexandru: Orizont închis. Istoriografia română sub dictatură (Geschlossener Horizont. Die rumänische Historiographie unter der Diktatur), Iaşi 2000

Ambivalenzen der Moderne, Anliegen der Kunst und künstlerische Weltflucht

Der europäische Aufbruch in die Moderne und die Bewegungen der Gegenmoderne[1] gaben dem davon bestimmten historischen Zeitalter, das trotz gegenteiliger Behauptungen noch keineswegs der Postmoderne gewichen ist,[2] ein spannungsgeladenes und ambivalentes Gepräge. Dies zeigt sich nicht zuletzt in den widersprüchlichen Tendenzen der Kunst, in der sich in den letzten beiden

---

[1] Wie Ulrich Beck feststellt, bedeutet die von ihm als „einfache" Modernisierung bezeichnete Entwicklung in den letzten beiden Jahrhunderten gleichzeitig Aufbruch in die Moderne und Erscheinen einer Gegenmoderne. Diese Gegenmoderne ist nach Beck erstens ebenfalls „ein Projekt und Produkt der Moderne (begründungspflichtig usw.), zweitens widerspricht sie dieser, drittens begrenzt sie diese strukturbildend, und viertens wird sie aufgrund ihres offenen Widerspruchs zur Moderne durch weitergehende Modernisierung gefährdet und gewinnt fünftens ihre strukturbildende Stabilität nur durch besondere (gegenmoderne) Legitimationsmodi." Ob die gegenmodernen Strukturelemente durch weitere „reflexive" Modernisierung tatsächlich verschwinden werden, ist natürlich eine offene Frage, die ich eher negativ beantworten würde. Beck, Ulrich: Das Zeitalter der Nebenfolgen und die Politisierung der Moderne, in: Beck, Ulrich/Giddens, Anthony/Lash, Scott: Reflexive Modernisierung. Eine Kontroverse, Frankfurt a. M. 1996 (S. 19-112), vgl. S. 58 f.

[2] Anders als es aus der Perspektive avancierter Intellektueller erscheinen mag, ist die Postmoderne noch nicht zur bestimmenden „Signatur" der Gegenwart geworden. Zur Postmoderne-Diskussion siehe: Lyotard, Jean-Francois: La condition postmoderne, Paris 1979; Welsch, Wolfgang (Hrsg.): Wege aus der Moderne. Schlüsseltexte der Postmoderne-Diskussion, Weinheim 1988.

Jahrhunderten moderne Avantgarde und antimodernistische Strömungen mitunter schroff begegneten oder – wie etwa in der deutschen Romantik[3] – eigentümlich vermischten.

Künstlerische Weltflucht im Kontext der Moderne bringt deren Ambivalenzen[4] und Widersprüche in besonderer Weise zum Ausdruck. Das komplizierte Verhältnis, um das es dabei geht, wird dann unmittelbar sichtbar, wenn sich „evasionistische" künstlerische Grundhaltungen einerseits und die Forderungen oder Zumutungen gesellschaftlicher Fortschrittsideologien andererseits zu einem offenkundigen Gegensatz steigern, und es den Anschein hat, als ob Moderne und Gegenmoderne heillos durch-

---

[3]   Natürlich war die von dem Bestreben der „Wiederverzauberung der Welt" geprägte deutsche Romantik kulturkritische Reaktion auf den Rationalismus, die Aufklärung, den aufkommenden Industrialismus und die Vorzeichen der Moderne schlechthin. Weiß, Johannes: Wiederverzauberung der Welt? Bemerkungen zur Wiederkehr der Romantik in der gegenwärtigen Kulturkritik, in: Neidhardt, Friedhelm/Lepsius, M. Rainer/Weiß, Johannes (Hrsg.): Kultur und Gesellschaft, Kölner Zeitschrift für Soziologie und Sozialpsychologie, Sonderheft 27, Opladen 1986 (S. 286-301). Denkt man indes beispielsweise an das Werk Ludwig Tiecks oder E.T.A. Hoffmanns so lassen sich darin schreibtechnische Elemente und Formen der Wirklichkeitsperzeption finden, die die Moderne des 20. Jahrhunderts in vielen Hinsichten vorweggenommen haben. Kolf, Bernd: Ludwig Tieck in seiner Zeit, in: Ludwig Tieck, Cluj-Napoca 1975 (S. 265-285), insb. S. 271 und S. 276 f. Heißenbüttel, Helmut: Zur Tradition der Moderne. Aufsätze und Anmerkungen 1964-1971, Neuwied-Berlin 1972, insb. S. 7 ff.

[4]   Steffen, Hans (Hrsg.): Aspekte der Modernität, Göttingen 1965; Bauman, Zygmunt: Moderne und Ambivalenz. Das Ende der Eindeutigkeit, Hamburg 1992.

einandergeraten seien oder zumindest ihre Eindeutigkeit verloren hätten. Dies sei kurz exemplarisch angedeutet. Dem Kunstverständnis Bertolt Brechts entsprach zumindest zeitweilig die eindeutige Festlegung auf die klassentheoretisch begriffene Sache des gesellschaftlichen Fortschritts. In diesem Sinne schrieb er in den 1930er Jahren unter anderem: „Auch die Kunst muß in dieser Zeit der Entscheidungen sich entscheiden. Sie kann sich zum Instrument einiger weniger machen, die für die vielen die Schicksalsgötter spielen und einen Glauben verlangen, der vor allem blind zu sein hat, und sie kann sich auf die Seite der vielen stellen und ihr Schicksal in ihre eigenen Hände legen. Sie kann die Menschen den Rauschzuständen, Illusionen und Wundern ausliefern, und sie kann den Menschen die Welt ausliefern. Sie kann die Unwissenheit vergrößern, und sie kann das Wissen vergrößern. Sie kann an die Gewalten appellieren, die ihre Kraft beim Zerstören beweisen, und an die Gewalten, die ihre Kraft beim Helfen beweisen."[5] Wie eindeutig diese Konfessionen und Forderungen im Orientierungsfeld von „gesellschaftlichem Fortschritt" und „Reaktion" oder im Koordinatensystem von „Moderne" und „Gegenmoderne" sich auch selbst verorten mögen, wir wissen heute nur allzu gut, solche klare Entscheidung hat keineswegs nur zur Überwindung der (faschistischen) Barbarei gedient, sondern (kommunistische) Barbarei auf der anderen Seite auch tatkräftig unterstützt. Wir können heute wohl ohne große Zweifel konstatieren, dass Brecht mit solcher Forderung nach eindeutiger Entscheidung für die Sache des

---

5 Brecht, Bertolt: Schriften zur Literatur und Kunst 1. Gesammelte Werke 18, Frankfurt a. M. 1967, vgl. S. 218.

Fortschritts und der Parteilichkeit der Kunst die Dinge nicht nur grob vereinfacht hat, sondern sich selbst gleichsam – wie listig er dabei auch taktierte – auf die Seite des Irrtums und des stalinistischen Unrechts schlug.

Unter Bezugnahme auf Brechts „Fünf Schwierigkeiten beim Schreiben der Wahrheit" stellte Adorno nicht nur fest: „Die politischen Chancen, die er als unmittelbar gegenwärtig oder bevorstehend ansah und an denen er alles maß, existieren nicht mehr. Der politische Bereich, der ihm Wahrheit zu verbürgen schien, der Ostbereich, ist unterdessen gründlich mit Ideologischem verfilzt." Adorno schrieb darüber hinaus: „Der Künstler hat wenig Anlaß, der Welt gegenüber optimistisch zu sein, wie der Weltzustand einen solchen Optimismus rechtfertigt. Wendet man die Bosheit Brechts gegen ihn selbst, so steckt ein Stück Konformismus gerade darin, daß er sich über den Pessimismus lustig macht. Mit den negativen werden die kritischen Aspekte schon so zugehängt wie in der offiziellen Ideologie des sowjetischen Machtbereichs."[6]

Heute dürften die Feststellung, die der aus der Emigration nach Russland zurückgekehrte Schriftsteller Jurij Mamlejew traf: „Die gesellschaftliche Bedeutung der russischen Klassik wurde durch die Theoretiker des Sozialistischen Realismus pervertiert. Sie machten die Literatur zu einem Instrument sozialer Menschenveränderung, das Kunstwerk sah sich also in den Dienst politischer Ideen gestellt", kaum größeren Widerspruch finden. Das auch

---

6   Adorno, Theodor W.: Über einige Schwierigkeiten des Komponierens heute, in: Steffen, Hans (Hrsg.): Aspekte der Modernität, Göttingen 1965 (S. 129-149), vgl. S. 130 f.

von Brecht vielfach geforderte Engagement der Kunst im Sinne ganz bestimmter, als progressiv geltender politischer Ideen und Ziele hat – letztlich an die Dogmen des Sozialistischen Realismus[7] gebunden – zu einer antimodernistischen und antihumanen Instrumentalisierung der Kunst geführt, wie sie in der Kulturgeschichte wohl kaum vergleichbar erscheint. Kann man daraus aber schon weittragende, auf das Gegenteil hinauslaufende Rückschlüsse ziehen? Das heißt, muss „große Kunst" tatsächlich immer entschiedene Absage an das „Profane" innerweltlicher Alltäglichkeit, Absage an unmittelbares soziales und politisches Engagement bedeuten, wie Mamlejew meint, bei dem es in diesem Sinne heißt: „Dieser Meinung liegt zugrunde, daß große Literatur aus dem Gefühl des Widerstands zur Realität entsteht. (...) Die Welt ist im tiefsten Sinne des Wortes dermaßen unbefriedigend, daß sich der Mensch gegen diese Welt auflehnt und ihr eine Gegenwirklichkeit entgegenhält, d.h. seine Sicht der Dinge, seine eigene Wirklichkeit."[8] Ist Wirklichkeitsnegation und Weltflucht, ist radikale Subjektivität angesichts der durch die Moderne hervorgebrachten pro-

---

[7] Zu den dogmatischen Auswüchsen des „Sozialistischen Realismus" und dessen problematischen Auswirkungen auf die literaturhistorische Betrachtungsweise siehe auch: Motzan, Peter: Die deutschen Regionalliteraturen in Rumänien (1918-1944). Forschungswege und Forschungsergebnisse der Nachkriegszeit, in: Motzan, Peter/Sienerth, Stefan (Hrsg.): Die deutschen Regionalliteraturen in Rumänien (1918-1944). Positionsbestimmungen, Forschungswege, Fallstudien, München 1997 (S. 33-67).

[8] Mamlejew, Jurij: Wider das Profane. Jurij Mamlejew im Gespräch, in: Neue Literatur. Zeitschrift für Querverbindungen (Neue Folge), Heft 2, Bukarest 1996 (S. 81-86), vgl. S. 81 und S. 83.

fanen und weitgehend entzauberten Realität, tatsächlich die einzig wahre Möglichkeit großer Kunst?

Zum Vorhaben

In meinen Überlegungen zu diesem weitgespannten und komplexen Problemkreis, die sich lediglich auf wenige Gesichtspunkte und knappe Ausführungen beschränken werden, soll es um folgende Dinge gehen: Zunächst erscheint es geraten, den Begriff der Moderne selbst etwas genauer zu bestimmen. Dabei möchte ich insbesondere Wert darauf legen, dass das Verhältnis der Moderne zur Tradition und Gegenmoderne nicht verschüttet, sondern offengelegt wird, und dass die damit zusammenhängenden Widersprüche und Inkonsequenzen ausdrücklich angesprochen werden.

In einem zweiten Gedankenschritt soll es um eine Annäherung an den Begriff der Kunst gehen, wobei keine essentialistische Bestimmung des Kunstbegriffs angestrebt wird, sondern ein kulturell und historisch weit gefasstes Verständnis von Kunst umrissen werden soll. Wichtig erscheint in diesem Zusammenhang nicht zuletzt, auf die gemeinsamen Wurzeln von Kunst und Religion hinzuweisen, zumal – so betrachtet – Weltabwendung und Weltflucht als ganz ursprüngliche Grundmotive des künstlerischen Schaffens aufzufassen sind.

Mit einigen Überlegungen zur Ablehnung und Verfolgen künstlerischer Weltflucht in ideologisch geschlossenen, totalitären oder autoritären Herrschaftssystemen[9] und

---

[9]   Steiner, George: Sprache und Schweigen. Essays über Sprache, Literatur und das Unmenschliche, Frankfurt a. M. 1969.

zum Nonkonformismus des Künstlers und den Chancen seines intellektuellen und öffentlichen Einflusses sollen die Ausführungen abgeschlossen werden. Hierbei sind nicht zuletzt gewisse paradoxe Effekte anzusprechen, die das soziale und politische Engagement des Künstlers und die Wirkungen seiner Kunst unter modernen Verhältnissen kennzeichnen.

Stichworte zum Verständnis der Moderne

Vorbereitet durch die materiellen und geistigen Entwicklungen der vorausgegangenen Jahrhunderte, insbesondere durch die Entfaltung der bürgerlichen Stadtkultur, die Renaissance, die protestantische Kulturrevolution und den Durchbruch der modernen Naturwissenschaften, wurde der Aufbruch in die Moderne unmittelbar durch die Gedanken der Aufklärung, durch den mit der englischen industriellen Revolution beginnenden Industrialismus und durch die von der Französischen Revolution eingeleiteten *Fundamentaldemokratisierung* der abendländischen Gesellschaften geprägt.[10] Die Moderne ist insofern ein tiefgreifendes und umfassendes, in der materiellen wie in der geistigen Kultur, im sozialen, wirtschaftlichen und politischen Leben wie in der Kunst markant in Erscheinung tretendes Phänomen, das gleichwohl nicht

---

[10] Bendix, Reinhard: Modernisierung und soziale Ungleichheit, in: Fischer, Wolfram (Hrsg.): Wirtschafts- und sozialgeschichtliche Probleme der frühen Industrialisierung, Berlin 1968 (S. 179-246); Bendix, Reinhard: Freiheit und historisches Schicksal. Heidelberger Max Weber-Vorlesungen, Frankfurt a. M. 1982; Mannheim, Karl: Mensch und Gesellschaft im Zeitalter des Umbaus, Bad Homburg-Berlin-Zürich 1967.

alle sozialen Lebensverhältnisse und Handlungsbereiche erfasste und revolutionierte, sondern ganz offenkundig auf die Persistenz der Tradition traf – und auch antimoderne Gegenbewegungen auslöste.[11] Bei genauerer Betrachtung ist die Überlagerung und Umformung traditionaler Wertbestände, Institutionen und sozialer Strukturelemente selbst in den fortgeschrittensten Gesellschaften ein bis heute unabgeschlossener Vorgang. Mehr noch gilt dies für ost- und südosteuropäische oder eine Vielzahl außereuropäischer Gesellschaften.[12] Dennoch stellt der Durchbruch der Moderne ein grundlegend neues und zugleich universalhistorisch folgenreiches Moment der abendländischen und globalen Entwicklungen dar.

Mit dem Schritt in die Moderne hat der langfristig voranschreitende Prozess der Intellektualisierung und der okzidentalen Rationalisierung eine neue Qualität gewonnen, die nicht weniger als – in den Worten Max Webers

---

[11] Immer wieder ist nachdrücklich auf die Persistenz der Traditionalität und das Phänomen der partiellen Modernisierung hingewiesen worden. Rüschemeyer, Dietrich: Partielle Modernisierung, in: Zapf, Wolfgang (Hrsg.): Theorien des sozialen Wandels, Köln-Berlin ³1971 (S. 382-396); Giordano, Christian/Hettlage, Robert (Hrsg.): Bauerngesellschaften im Industriezeitalter. Zur Rekonstruktion ländlicher Lebensformen, Berlin 1989; Sterbling, Anton: Widersprüchliche Moderne und die Widerspenstigkeit der Traditionalität, Hamburg 1997.

[12] Zu Ost- und Südosteuropa: Sterbling, Anton: Strukturfragen und Modernisierungsprobleme südosteuropäischer Gesellschaften, Hamburg 1993; Sterbling, Anton: Kontinuität und Wandel in Rumänien und Südosteuropa. Historisch-soziologische Analysen, München 1997; Sterbling, Anton: Intellektuelle, Eliten, Institutionenwandel. Untersuchungen zu Rumänien und Südosteuropa, Hamburg 2001.

ausgedrückt – die „Entzauberung der Welt" bedeutet. Wie Weber indes nachdrücklich betont, heißt dies aber „nicht eine zunehmende allgemeine Kenntnis der Lebensbedingungen, unter denen man steht. Sondern sie bedeutet etwas anderes: das Wissen davon oder den Glauben daran: daß man, wenn man nur wollte, jederzeit erfahren könnte, das es also prinzipiell keine geheimnisvollen unberechenbaren Mächte gebe, die da hineinspielen, daß man vielmehr alle Dinge – im Prinzip – durch Berechnen beherrschen könne."[13] Das Wissen oder der Glaube an die prinzipielle Erkennbarkeit und rationale Beherrschung der Dinge und das damit verbundene radikale Veränderungspotenzial der Moderne stellen eine *Möglichkeit* des intellektuellen Verhältnisses zur Welt dar, das allerdings keine erschöpfende Antwort auf letzte Sinnfragen des Lebens ermöglicht. Ganz im Gegenteil: mehr als in vormodernen Kulturen lässt die Frage nach dem Sinn des Lebens und insbesondere die Unausweichlichkeit des Todes den modernen, den aufgeklärten Kulturmenschen ratlos. Und angesichts solcher, mehr oder weniger bewusster Ratlosigkeit – die gewissermaßen als zwangsläufiges Nebenprodukt der Steigerung der Eigenproblematik und Eigenrationalität einzelner Wert- und Handlungssphären entsteht[14] – muss die Moderne stets inkonsequent bleiben, muss sie ihren Gegentendenzen,

---

[13] Weber, Max: Wissenschaft als Beruf, in: Weber, Max: Gesammelte Aufsätze zur Wissenschaftslehre, Tübingen ⁷1988 (S. 582-613), vgl. S. 594.

[14] Schluchter, Wolfgang: Religion und Lebensführung, Frankfurt a. M. 1988 (2 Bde); Schluchter, Wolfgang: Unversöhnte Moderne, Frankfurt a. M. 1996.

die sich nicht zuletzt in der Kunst Ausdruck verschaffen, Raum geben und Zugeständnisse machen.

Natürlich zeigt sich die Reflexion der Moderne im Hinblick auf diese notwendige Inkonsequenz nicht durchgängig aufgeschlossen, keineswegs mit sich versöhnt und auch nicht immer tolerant. Das sich nicht Abfinden können mit den Inkonsequenzen der Moderne hat indes viele unterschiedliche Ausprägungen. Soweit es die Kunst betrifft, so reagiert diese auf die durch die Moderne hervorgebrachten oder zumindest sichtbar gewordenen Inkonsequenzen und Widersprüche gelegentlich radikal, aber eigentlich nicht intolerant. Die Kunst ist in ihrem Verhältnis zur Moderne nicht nur vielfältig gespalten, sondern sie erhebt einen emphatischen Erlösungsanspruch auch nur noch selten, und wenn, dann zumeist subjektiv gewendet. Wenn die Kunst radikal auf die Rettung des Ganzen setzt, dann bleibt sie sich, bei aller Eigenbedeutung, die sie sich beimisst, in der Regel den Grenzen ihrer Geltung bewusst.

Neben und anders als die Kunst sind es vor allem moderne Ideologien, die Elemente rationaler Weltdeutung mit Interessen und letzten Wertideen in umfassenden Überzeugungssystemen in Einklang zu bringen suchen.[15] In den Totalitätsansprüchen solcher Ideologien, die nicht zuletzt als unterschiedlich geartete Überwindungsversuche der Inkonsequenzen der Moderne zu entziffern sind, findet aber gleichsam das genaue Gegenteil des Inten-

---

[15] Zum Begriff der Ideologie: Albert, Hans/Topitsch, Ernst (Hrsg.): Werturteilsstreit, Darmstadt ²1979; Boudon, Raymond: Ideologie. Geschichte und Kritik eines Begriffs, Reinbek bei Hamburg 1988; Sterbling, Anton: Gegen die Macht der Illusionen. Zu einem Europa im Wandel, Hamburg 1994, insb. S. 58 ff.

dierten seinen sinnfälligsten Ausdruck: die unüberwind-
lichen Widersprüche und Brüche der Moderne. Etwas
überpointiert kann man sagen: die trotz scheinbarer Ge-
schlossenheit unvermeidlichen Aporien moderner Ideologien bringt nicht zuletzt die Heterogenität und innere
Widersprüchlichkeit der Moderne und ihre Unmöglich-
keit, eine geschlossene, einheitliche Gestalt wiederzufin-
den, zum Ausdruck.

Die geschichtsmächtigen Ideologien des 19. und 20. Jahrhunderts – meines Erachtens spricht vieles dafür, den
Begriff der Ideologie deutlich von dem der Religion ab-
zusetzen und eng an den Kontext der Moderne zu bin-
den[16] – sind selbst Ausdruck veränderter gesellschaftlicher Grundhaltungen und Produkte intellektueller Rationalisierung im Erfahrungshorizont der Neuzeit. Wenn
Karl Jaspers befindet: „Der Mensch ist das Wesen, das
nicht nur ist, sondern weiß, daß es ist. Selbstbewußt er-
forscht er seine Welt und verwandelt sie planend. Er ist
hindurchgebrochen durch das Naturgeschehen, das nur
die ungewußte Wiederholung des unwandelbar gleichen
bleibt; er ist das Wesen, das nicht schon als Dasein restlos
erkennbar ist, sondern frei noch entscheidet, was es ist:
der Mensch ist Geist, die Situation des eigentlichen Menschen seine geistige Situation."[17] – so gewinnt diese Aussage im Kontext der Moderne und nicht zuletzt unter
dem Eindruck der „Entzauberung der Welt" und ange-

---

[16] Fürstenberg, Friedrich: Ein analytisches Modell zur soziologi-
schen Theorie des 19. Jahrhunderts, in: Rüegg, Walter/Neuloh,
Otto (Hrsg.): Zur soziologischen Theorie und Analyse des 19.
Jahrhunderts, Göttingen 1971 (S. 22-33).

[17] Jaspers, Karl: Die geistige Situation der Zeit, Berlin-Leipzig 1931,
vgl. S. 6.

sichts moderner Ideologien eine neue Relevanz. Denn der Mensch ist zu einem Punkt der Selbsterkenntnis avanciert, der ihn seine Macht und zugleich seine Ohnmacht, seine Gestaltungsfreiheit und seine Abhängigkeit von den selbstgeschaffenen, historisch gewordenen Verhältnissen sachlich und illusionsfrei erkennen lässt – zumindest soweit er das will, könnte man dem im Sinne Webers hinzufügen. Ideologien stellen sich als ein wichtiges Medium dar, „planend" und lenkend in die Ordnung des *kollektiven* Daseins und den Fortgang der Geschichte durch die Beeinflussung der geistigen Situation und die Gestaltung der politischen Verhältnisse einzugreifen. Ebenso wichtig – das heißt politisch relevant und geschichtsmächtig – wie Ideologien mitunter sind, ebenso unzulänglich stellen sie sich indes – wie schon gesagt – als umfassende Realitätsdeutung und Steuerungsmedium des kollektiven Handelns in modernen Gesellschaften dar, zumal die in ihrem Sinne erfolgten Eingriffe in das gesellschaftliche Geschehen keineswegs immer zur Zielverwirklichung führen und zumeist auch mit einer Vielzahl nichtintendierter – aber systematisch ausgeblendeter – Nebeneffekte verbunden sind. Dies wird nicht zuletzt durch die ihnen vorgelagerte oder nachgeordnete kritische Reflexion im Rahmen der sozialwissenschaftlichen Erkenntnistätigkeit deutlich – oder sollte zumindest durch deren ideologiekritische Aufklärung deutlich werden.

Die „Entzauberung der Welt" und die intellektuelle Daseinsreflexion bedeuten im Hinblick auf die „gesellschaftsbezogenen Grundhaltungen" und die Erkenntnis des Gesellschaftlichen,[18] dass sich drei Fragen oder Grundprobleme nachdrücklich in den Vordergrund schieben: die schon von Thomas Hobbes aufgeworfene Frage der Grundlagen und Möglichkeit sozialer Ordnung, die Frage nach den Gründen und der Rechtfertigung sozialer Ungleichheit, die ebenso grundsätzlich wie entschieden von Jean Jacques Rousseau und dann von Karl Marx gestellt und in einem bestimmten Sinne beantwortet wurde, und die Einsicht in die tiefgreifende Veränderung und Veränderbarkeit der sozialen Verhältnisse, die Jahrhunderte lang als beständige und gleichsam unhinterfragbare Tatsachen einer ewigen, gottgewollten Ordnung galten.[19]

Die intellektuelle Erfahrung und geistige Verarbeitung eines tiefgreifenden sozialen Wandels und einer damit einhergehenden „moralischen Krise" an der Schwelle vom 18. zum 19. Jahrhundert hat nicht nur zu einem neuen historischen Bewusstsein permanenter sozialer Veränderungen und Umwälzungsmöglichkeiten und gleichsam auch zur Entstehung der modernen Soziologie geführt, sondern dieser Erfahrungshintergrund hat die Grundmotive der Moderne und der modernen Weltper-

---

[18] Fürstenberg, Friedrich: Ein analytisches Modell zur soziologischen Theorie des 19. Jahrhunderts, in: Rüegg, Walter/Neuloh, Otto (Hrsg.): Zur soziologischen Theorie und Analyse des 19. Jahrhunderts, Göttingen 1971 (S. 22-33); Rüegg, Walter/Neuloh, Otto (Hrsg.): Zur soziologischen Theorie und Analyse des 19. Jahrhunderts, Göttingen 1971.

[19] Jonas, Friedrich: Geschichte der Soziologie, Opladen ²1981 (2. Bde); Sterbling, Anton: Modernisierung und soziologisches Denken. Analysen und Betrachtungen, Hamburg 1991, insb. S. 15 ff.

zeption überhaupt geprägt.[20] Die Moderne – deren Affinität zum Phänomen der Mode keineswegs nur oberflächlich ist – drückt nicht zuletzt ein neues Zeit- und Gegenwartsverständnis aus, in dem die Gegenwart als flüchtige Durchgangsstelle zwischen notwendiger und unvermeidbarer Vergänglichkeit und weitgehend offener, aber gewissermaßen auch gestaltbarer Zukunft begriffen wird.

Die Reaktionen auf die „Entzauberung der Welt" und den Schock der Moderne waren vielfältig und ihrer Tendenz nach überaus widersprüchlich. War dem Konservativismus ein ideologisch rationalisiertes Bestreben der Wiederherstellung älterer traditionaler Verhaltensmuster und Institutionen eigen,[21] und drückte sich in der Romantik die rückwärtsgewandte Sehnsucht der „Wiederverzauberung der Welt" aus, so setzten andere Ideologien – nicht zuletzt die marxistische – bei der Vorstellung der sozialtechnologischen oder rationalen Gestaltbarkeit der zukünftigen sozialen Verhältnisse an, um einen Ausweg aus der Unberechenbarkeit und Krise der Moderne aufzuzeigen. Aus diesem überzogenen Anspruch der politischen Gestaltbarkeit der sozialen Verhältnisse und der zukünftigen menschlichen Geschichte, in der sich die Tendenz der rationalen Beherrschung und

---

[20] Benjamin, Walter: Über den Begriff der Geschichte, in: Adorno, Theodor W./Benjamin, Walter: Integration und Desintegration, Hannover 1976 (S. 33-46); Habermas, Jürgen: Der philosophische Diskurs der Moderne. Zwölf Vorlesungen, Frankfurt a. M. ²1985.

[21] Mannheim, Karl: Das konservative Denken. Soziologische Beiträge zum Werden des politisch-historischen Denkens in Deutschland, in: Archiv für Sozialwissenschaft und Sozialpolitik, Band 57, Tübingen 1927 (S. 68-142 und S. 470-495).

Entzauberung der Welt gleichsam radikalisiert, leitet sich übrigens auch die repressive Unversöhnlichkeit zwischen marxistischer Ideologie und künstlerischer Weltflucht ab, worauf noch einzugehen sein wird.[22]

Zum Verständnis und den Anliegen der Kunst

Den unzähligen Versuchen, das *Wesen* der Kunst zu ergründen und auf den Begriff zu bringen, soll hier kein weiterer hinzugefügt werden. Die Erschließung eines essentialistischen oder emphatischen Kunstbegriffes wird hier nicht nur deshalb unterlassen, weil die erfahrungswissenschaftliche Sozialisation und die positivistisch disziplinierte Sichtweise uns heute nach geradezu verbietet, nach so etwas wie dem *Wesen der Dinge* zu fragen. Auch Gründe des Argumentationsaufwandes sprechen für ein bescheideneres Vorgehen. In unserem Überlegungszusammenhang dürfte es durchaus genügen, einige Stichworte aufzugreifen, die heute in der Kennzeichnung und Abgrenzung des künstlerischen Arbeitens und Schaffens geläufig sind.

Zum einen wird vertreten – und diesem Standpunkt können wir uns durchaus anschließen –, dass eine enge Korrespondenz zwischen Kunst und „Können" besteht. Kunst hieße demnach vor allem *Perfektion* oder *Virtuosität der Ausführung*, auf welchen künstlerischen Schaffensakt oder auf welches Kunstprodukt man diese Qualifizierung auch immer beziehen mag. Von Perfektion oder

---

22 Kleinschmidt, Sebastian: Ideenherrschaft als geistige Konstellation. Zwang und Selbstzwang literarischer Loyalität in sozialistischen Diktaturen, in: Neue Literatur. Zeitschrift für Querverbindungen (Neue Folge), Heft 2, Bukarest 1996 (S. 37-46).

Virtuosität oder Meisterhaftigkeit der Ausführung lässt sich indes nur sprechen, wenn ein spezifischer Sinnzusammenhang gegeben ist, der das künstlerische Tun als solches eindeutig identifizierbar macht, und wenn darüber hinaus ein mehr oder weniger verbindliches symbolisches Ausdrucks- oder Regelsystem feststeht, dem Bewertungskriterien oder Ideale der Kunstproduktion inhärent sind. Kunst als „Können" zu beurteilen, ist demnach nur möglich, wenn man den „symbolischen Code", das geltende Ausdruckssystem der Kunst, das von Kunstgattung zu Kunstgattung, von Stilepoche zu Stilepoche und von Kultur zu Kultur deutlich variiert, kennt, akzeptiert und bis zu einem gewissen Grade beherrscht. Kunst ist aber – und dies gilt gerade in der Moderne ganz besonders – nicht nur Können im Sinne kodifizierter Prinzipien, Regeln und Maßstäbe, sondern auch Können im Sinne innovativer Leistungen, bis hin zu solchen Innovationen, die tragende Prinzipien der bis dahin geltenden Regelsysteme oder symbolischen Codes selbst revolutionieren und umstürzen.

In der heute gängigen soziologischen Terminologie könnte man Kunst auch als ein in hohem Maße „selbstreferenziell" konstituiertes und gesteuertes System begreifen,[23] dem unter den Bedingungen der Moderne starke innovative Tendenzen eigen sind. Dies verweist gleichsam auf ein zweites gängiges Attribut der Kunst.

Neben Können wird mit Kunst noch eine weiteres Merkmal assoziiert: nämlich „künstlich" im Sinne von artifiziell, konstruiert, erfunden, gemacht. Schon bei Gottfried

---

[23] Luhmann, Niklas: Soziologische Aufklärung 5. Konstruktivistische Perspektiven, Opladen 1993.

Benn heißt es, dass ein Gedicht „gemacht" werde, und noch viel ausdrücklicher ist die „Machart" des Kunstwerks von Walter Benjamin oder von Helmut Heißenbüttel, Heinrich Vormweg oder Dieter Wellershoff bedacht und in den Vordergrund der Kunstkritik gerückt worden.[24] Neben Selbstreferenzialität ist also konstruktivistische Selbstreflexivität ein wichtiger Aspekt moderner Kunstproduktion.[25]

Der Konstruktivismus, der artifizielle Charakter des Kunstproduktes ist natürlich nicht auf die moderne Kunst beschränkt. Selbst dann und dort, wo „Natürlichkeit" oder „Realismus" als bestimmende ästhetische Prinzipien oder kritische Bewertungsmaßstäbe gelten,[26]

---

[24] „Es gibt keine Wirklichkeit", heißt es auch bei Benn, „es gibt das menschliche Bewußtsein, das unaufhörlich aus seinem Schöpfungsbesitz Welten bildet, umbildet, erarbeitet, erleidet, geistig prägt". Benn, Gottfried: Autobiographische und vermischte Schriften, Band 4, vgl. S. 68. Hier zitiert nach: Konstantinovic, Zoran: Phänomenologie und Literaturwissenschaft. Skizzen zu einer wissenschaftstheoretischen Begründung, München 1973, vgl. S. 168. Siehe auch: Benjamin, Walter: Das Kunstwerk im Zeitalter seiner technischen Reproduzierbarkeit. Drei Studien zur Kunstsoziologie, Frankfurt a. M. [7]1973; Heißenbüttel, Helmut: Zur Tradition der Moderne. Aufsätze und Anmerkungen 1964-1971, Neuwied-Berlin 1972; Vormweg, Heinrich: Eine andere Lesart. Essays zur neuen Literatur, Neuwied-Berlin 1972; Vormweg, Heinrich: Das Elend der Aufklärung. Über ein Dilemma in Deutschland, Darmstadt-Neuwied 1984; Wellershoff, Dieter: Literatur und Veränderung. Versuche zu einer Metakritik der Literatur, Köln-Berlin 1969.

[25] Gerhards, Jürgen (Hrsg.): Soziologie der Kunst. Produzenten, Vermittler und Rezipienten, Opladen 1997.

[26] Zmegac, Viktor (Hrsg.): Marxistische Literaturkritik, Frankfurt a. M. [2]1972; Positionsbestimmungen. Zur Geschichte marxistischer

wie dies in bestimmten Kunstepochen oder Kulturen durchaus der Fall war, drückt die Forderung nach „natürlicher" oder „realistischer Darstellungsweise" doch gleichsam implizit die Einsicht in das „Nichtidentische", in den künstlichen, den konstruierten, den fiktiven Charakter des Kunstwerkes aus. Die Erfindung und Künstlichkeit, die ästhetische Autonomie des Kunstwerkes steht auch dann außer Zweifel, wenn diesem noch am ehesten zugeschrieben wird, dem Wahrhaftigen, dem Authentischen oder Wahren Ausdruck verschaffen zu können.[27]

Die Kennzeichnung der Kunst als Künstliches, Ideelles, Imaginäres und doch gleichsam auch als Wahrhaftiges, Einzigartiges, Eigentliches meint aber wohl noch etwas anderes, transportiert noch die Erinnerung oder Ahnung an etwas anderes mit. Dieses Andere ist der Anspruch der „Aura",[28] des Nichtprofanen, den das Kunstwerk erhebt, und den es gleichsam mit den „religiösen Din-

---

Theorie von Literatur und Kultur am Ausgang des 19. und Beginn des 20. Jahrhunderts, Leipzig 1977; Lukács, Georg: Kunst und objektive Wahrheit. Essays zur Literaturtheorie und -geschichte, Leipzig 1977; Lukács, Georg: Schriften zur Literatursoziologie, Frankfurt a. M.-Berlin-Wien 1977.

[27] Adorno, Theodor W.: Soziologische Schriften 1, Frankfurt a. M. 1979; Lash, Scott: Reflexivität und ihre Doppelungen: Struktur, Ästhetik und Gemeinschaft, in: Beck, Ulrich/Giddens, Anthony/Lash, Scott: Reflexive Modernisierung. Eine Kontroverse, Frankfurt a. M. 1996 (S. 195-286).

[28] Benjamin, Walter: Das Kunstwerk im Zeitalter seiner technischen Reproduzierbarkeit. Drei Studien zur Kunstsoziologie, Frankfurt a. M. ⁷1973.

gen" teilt.[29] Den Anspruch des Nichtprofanen erhebt die Kunst gleich der Religion vermutlich, weil sie mit dieser nicht nur gemeinsame Ursprünge hat, sondern auch eine lange Zeit eng verbundene Entwicklungsgeschichte aufweist. Kunst war nicht nur ursprünglich integraler Bestandteil religiöser Rituale oder Ausdrucksform religiöser Glaubensvorstellungen und Glaubensüberzeugungen, sondern religiöse Glaubensinhalte blieben lange Zeit darüber hinaus exklusives oder zumindest beherrschendes Thema künstlerischer Entäußerung. Durch den religiösen Zweck oder Sinnbezug hob sich die Kunst gleich der Religion vom Profanen ab, dadurch erwarb das Kunstwerk zunächst einen Teil seiner Aura. Wohl erst später traten Einmaligkeit, Originalität oder Meisterhaftigkeit des Könnens als konstitutive Momente der Aura hinzu.

Im Zuge der Rationalisierung religiöser Weltbilder verschränkte sich die Differenzierung zwischen Heiligem und Profanem vielfach mit der Kluft zwischen Weltlichem und Außerweltlichem.[30] Mit der fortbestehenden Bindung an das Nichtprofane trug die Kunst, wie nicht zuletzt die Entwicklungen im christlichen Kulturkreis

---

29 Durkheim, Emile: De la définition des phénomes religieux, in: L'année sociologique, Band 2, Paris 1899 (S. 1-28) ; Durkheim, Emile: Die elementaren Formen des religiösen Lebens, Frankfurt a. M. 1981.

30 Weber, Max: Gesammelte Aufsätze zur Religionssoziologie I, Tübingen ⁹1988, insb. S. 536 ff; Durkheim, Emile: Die elementaren Formen des religiösen Lebens, Frankfurt a. M. 1981, insb. S. 556 ff; Dumont, Louis: Individualismus. Zur Ideologie der Moderne, Frankfurt a. M.-New York 1991; Schluchter, Wolfgang: Religion und Lebensführung, Frankfurt a. M. 1988 (2 Bde).

zeigen, damit gleichsam auch das Grundmotiv der Rea-
litätsnegation, der Weltabwendung, des jenseits der gegebenen Wirklichkeit angesiedelten Ideals, der Weltflucht, in sich.

Um auf diesem Überlegungsweg aber zu keiner falschen
Einseitigkeit zu gelangen: Natürlich war Kunst zugleich
– wie übrigens auch jede Spielart des religiösen Denkens
– Auseinandersetzung mit innerweltlicher Wirklichkeit,
spezifische Verarbeitungsform realer Lebenserfahrun-
gen.[31] Der Abdruck, die Spur ästhetisch transponierter
gesellschaftlicher Erfahrungen lässt sich ebenso im symbolischen Universum religiöser Glaubensvorstellungen
wie in der Imaginations- und Darstellungsweise der
Kunst aufspüren. Und doch ist Religion und Kunst ihrem
Anspruch und ihrer Seinsweise nach bis heute vom Profanen deutlich geschieden, wenngleich es gegenwärtig
sicherlich Tendenzen gibt, diese Differenz bis zur Un-
kenntlichkeit einzuebnen. Aber beispielsweise am Widerspruch zwischen der künstlerischen Programmatik eines
Joseph Beuys oder Andy Warhol und der Geltungs- und
Wirkungsweise ihrer Arbeiten lässt sich gut studieren
und erkennen, dass es offensichtlich einen kritischen
Punkt in der Profanisierung des Kunstwerkes gibt,[32] wie
schwierig dieser im Zeitalter der technischen Reproduzierbarkeit des Kunstwerkes und der Kommerzialisie-

---

[31] Siehe in diesem Sinne: Hauser, Arnold: Soziologie der Kunst,
Darmstadt ²1978.

[32] Siehe auch: Heißenbüttel, Helmut: Zur Tradition der Moderne.
Aufsätze und Anmerkungen 1964-1971, Neuwied-Berlin 1972,
insb. S. 329 ff.

rung der Gebrauchsästhetik auch zu bestimmen sein mag.

Der kritische Scheidepunkt resultiert aus dem unaufhebbar Nichtidentischen zwischen künstlerischer und sozialer Wirklichkeit, auch wenn das Künstlerische immer gewöhnlicher und ausstrahlungsloser und das soziale Leben immer künstlicher, selbstinszenierter und spielerischer werden mag. Auf dem signifikanten Unterschied zwischen profaner sozialer Wirklichkeit und der besonderen Sphäre der Kunst zu beharren, heißt nicht nur, den künstlichen Charakter des Kunstwerkes als konstitutives Moment desselben zu betonen. Es bedeutet auch, die Möglichkeit einer grundlegenden Opposition zwischen Kunst und sozialer Realität zu behaupten – eine Opposition, die sich auch und nicht zuletzt im immer wiederkehrenden Grundmotiv künstlerischer Weltflucht Ausdruck verschafft.

Es wäre an dieser Stelle durchaus möglich und vielleicht auch angebracht, die universale Kunstgeschichte nach spezifischen Ausdrucksformen und Einzelmotiven künstlerischer Weltflucht zu durchmustern. Allein, man müsste unter diesem Gesichtspunkt nahezu die ganze Kunstgeschichte zur Darstellung bringen, trifft der kunsthistorische Blick doch fasst allzeitig und überall auf die künstlerische Evokation oder Bannung des Magischen, auf religiöse Allegorik, auf Naturmystik, auf weltenthobenen Idealismus, Spiritualismus, hermetische Esoterik, auf Phantastik, Fiktionen, Utopien – von der frühen und der nichtabendländischen Kunst bis zur Romantik,[33] zum

---

[33] Wohl zutreffend ist die Romantik als Gegenbewegung zur rationalen „Entzauberung" der Welt interpretiert worden. Weiß, Jo-

Expressionismus oder Dadaismus.[34] Der Dadaismus stellt insofern einen aufschlussreichen Grenzfall und eine ganz besondere Art der künstlerischen Weltflucht oder Wirklichkeitsverfremdung dar, als seine ästhetische Ausdrucksweise ganz unmittelbar an das gegebene Material der Alltagsrealität ansetzt, deren profane Normalität aber durch extrem verfremdete Formprinzipien, bis hin zum radikalen Prinzip struktureller Willkür, gesprengt wird. Dass Weltverfremdung und Weltflucht zu den Grundmotiven, zu den Grundimpulsen des künstlerischen Schaffens zählen, liegt auf der Hand und muss hier wohl nicht näher illustriert werden.

Nach den bisherigen Ausführungen schieb sich indes ein anderes Problem in den Vordergrund: das Problem des Bezugssystems künstlerischer Weltflucht. Die Frage, die sich dabei aufdrängt, lautet: inwiefern gibt es überhaupt eine als Gegenstück zur Artifizialität der Kunst zu begreifende natürliche oder reale „Welt", eine als normal oder profan empfundene soziale Realität? Diese Frage ist insofern alles andere als trivial, als unser normales Weltverständnis und unsere soziale Realität selbst, wie wir als Soziologen nur allzugut wissen, weitgehend über kulturell fixierte Sinnstrukturen konstituiert, erfasst und erfah-

---

hannes: Wiederverzauberung der Welt? Bemerkungen zur Wiederkehr der Romantik in der gegenwärtigen Kulturkritik, in: Neidhardt, Friedhelm/Lepsius, M. Rainer/Weiß, Johannes (Hrsg.): Kultur und Gesellschaft, Kölner Zeitschrift für Soziologie und Sozialpsychologie, Sonderheft 27, Opladen 1986 (S. 286-301).

[34] Durzak, Manfred (Hrsg.): Die deutsche Literatur der Gegenwart. Aspekte und Tendenzen, Stuttgart 1971.

ren wird.[35] Inwiefern – so lautet zugespitzt die Frage – besteht zwischen der Kulturalität der „Welt" und der sozialen Wirklichkeit im besonderen und dem artifiziellen Charakter der Kunst – bei allen interpretativ erfassbaren Strukturähnlichkeiten und sinnhaften Vermittlungsbeziehungen, die zu berücksichtigen sind – doch zumindest ein gradueller Unterschied, eine Nichtidentität?

Diese weitläufige Frage kann hier nur äußerst knapp beantworten werden: Die Nichtidentität gründet in der Ausdifferenzierung eigener Wertsphären und Rationalitätskriterien, eigener semantischer Codes,[36] eigener Weltbezüge und Geltungsansprüche der Ausdrucks- und Überzeugungssysteme der Kunst und anderer kulturell relevanter Überzeugungssysteme, die letztlich weder konvergent noch aufeinander reduzierbar sind. Ohne alle theoretischen Prämissen und Implikationen gleich mit übernehmen und an dieser Stelle explizieren zu müssen, kann man dies wohl schnell in Anlehnung an Jürgen Habermas' Unterscheidung verschiedener „Argumentationstypen" darlegen.[37]

---

[35] Giddens, Anthony: Interpretative Soziologie. Eine kritische Einführung, Frankfurt a. M.-New York 1984; Mead, George H.: Gesammelte Aufsätze, Frankfurt a. M. 1987 (2 Bde); Schütz, Alfred: Der sinnhafte Aufbau der sozialen Welt. Eine Einleitung in die verstehende Soziologie, Frankfurt a. M. 1974; Schütz, Alfred/ Luckmann, Thomas: Strukturen der Lebenswelt, Frankfurt a. M. 1979; Luckmann, Thomas: Wissen und Gesellschaft. Ausgewählte Aufsätze 1981-2002, Konstanz 2002.

[36] Siehe: Lepsius, M. Rainer: Interessen, Ideen und Institutionen, Opladen 1990; Luhmann, Niklas: Die Kunst der Gesellschaft, Frankfurt a. M. 1995.

[37] Habermas, Jürgen: Theorie des kommunikativen Handelns. Band 1: Handlungsrationalität und gesellschaftliche Rationalisierung,

Was die „Formen der Argumentation" betrifft, unterscheidet Habermas bekanntlich zwischen: „theoretischem Diskurs", „praktischem Diskurs", „ästhetischer Kritik", „therapeutischer Kritik" und „explikativem Diskurs". Beim theoretischen Diskurs handelt es sich um „kognitiv-instrumentelle" Äußerungen, wobei sich die „Geltungsansprüche" auf die „Wahrheit von Propositionen" bzw. die „Wirksamkeit teleologischer Handlungen" beziehen. Beim praktischen Diskurs handelt es sich um „moralisch-praktische" Äußerungen, deren Geltungsansprüche in der „Richtigkeit von Handlungsnormen" fundiert sind. Die ästhetische Kritik stellt „evaluative" Äußerungen unter Rückgriff auf den Geltungsanspruch der „Angemessenheit von Wertstandards" dar, die therapeutische Kritik bezieht sich auf „expressive" Äußerungen unter Berücksichtigung der „Wahrhaftigkeit von Expressionen" und der explikative Diskurs beruht schließlich auf dem Geltungsanspruch der „Verständlichkeit bzw. Wohlgeformtheit symbolischer Konstrukte". Unabhängig davon, ob mit diesen Argumentationstypen alle kommunikativen Äußerungsformen, die für die Kulturalität der Lebenswelt konstitutiv oder relevant sind, systematisch erfasst werden oder nicht, und ob sich die jeweils angenommenen Geltungsansprüche zutreffend bezeichnet finden, wird durch diese Überlegungen doch unmittelbar einsichtig, dass es sich um unterschiedliche symbolische Ausdrucks- und Überzeugungssysteme handelt, die

---

Frankfurt a. M. 1981, insb. S. 25 ff, vgl. S. 45; Lash, Scott: Reflexivität und ihre Doppelungen: Struktur, Ästhetik und Gemeinschaft, in: Beck, Ulrich/Giddens, Anthony/Lash, Scott: Reflexive Modernisierung. Eine Kontroverse, Frankfurt a. M. 1996 (S. 195-286).

nicht zuletzt ihrer verschiedenen Weltbezüge und Geltungsansprüche wegen – und darauf kommt es uns hier lediglich an – nicht aufeinander zurückführbar sind. Um es nochmals etwas anders auf den Punkt zu bringen: die theoretische Erkenntnistätigkeit im Kontext moderner Erfahrungswissenschaften, das praktische Handeln, das politische Kommunikations- und Entscheidungsprozesse und auch den intellektuellen Meinungsstreit einschließt, und der Bereich der Kunst stellen eigene Wertsphären, eigene Überzeugungssysteme mit spezifischen Weltbezügen und Geltungsansprüchen, dar, die im Verhältnis zueinander zwar offen und über viele Sinnbezüge miteinander vermittelt, letztlich aber doch *nicht* aufeinander zurückführbar sind.[38]

Im Anschluss an diese knappen Hinweise zu den Hintergründen des Nichtidentischen von Kunst und anderen kulturell relevanten Ausdrucks-, Deutungs- und Überzeugungssystemen lässt sich des Weiteren sagen, dass für die Moderne charakteristisch erscheint, dass sie die Ausdifferenzierung teilsystemspezifischer Semantiken mit autonomen Geltungsansprüchen besiegelt – und dass sie sich gleichsam der Widersprüche und Inkonsequenzen, die aus der Autonomie einzelner Wertsphären resultieren, als existentielles Grundproblem und permanente Herausforderung bewusst wird, obgleich oder gerade weil es die instrumentelle Rationalität in der Moderne zu einer gewissen Vorrangstellung gebracht hat. Mit anderen Worten: die Moderne ist nicht nur „Entzauberung der Welt" durch die Dominanz eines neuen Ra-

---

[38] Sterbling, Anton: Gegen die Macht der Illusionen. Zu einem Europa im Wandel, Hamburg 1994, insb. S. 29 ff.

tionalitätstypus, sondern auch permanente Auseinandersetzung mit den Folgen dieser „Entzauberung", wobei die Kunst ein besonderes Austragungsfeld dieser Auseinandersetzungen darstellt.

Künstlerische Weltflucht und ihre politische Ablehnung

Vor diesem Hintergrund ist nun auch das Phänomen künstlerischer Weltflucht im Kontext der Moderne zu betrachten und zu beurteilen. Künstlerische Weltflucht bringt, allgemein gesehen, die tiefen Widersprüche und notwendigen Inkonsequenzen der Moderne, das in ihr fortbestehende und durch sie gesteigerte Bewusstsein der Eigenwertigkeit einzelner Sphären, das unaufhebbar Nichtidentische, zum Ausdruck. Im Besonderen ist künstlerische Weltflucht kategorische Ablehnung des Dominanzanspruchs eines die moderne „entzauberte" Welt beherrschenden instrumentellen oder technologischen Rationalitätstypus. Der geistige Widerspruch, der sich in künstlerischer Weltflucht Ausdruck verschafft, ist insofern nicht nur Abwendung von den Selbstverständlichkeiten der profanen Alltagswirklichkeit, sondern auch und insbesondere Ablehnung der in das moderne soziale Leben eindringenden und dieses weitgehend beherrschenden Zweckrationalität, einschließlich der für den sozialen Fortschritt in Anspruch genommenen sozialtechnologischen Rationalität.

Nach dem bisher Ausgeführten dürfte nun auch unmittelbar verständlich werden, warum die kommunistische Kulturpolitik und Herrschaftspraxis künstlerische Weltflucht ablehnte, wobei entsprechende Kunst nicht nur verhindert und untersagt, sondern mit dem „Evasionismusvorwurf" bedachte Künstler auch stigmatisiert, ins Abseits gedrängt und verfolgt wurden.[39] Die marxistisch inspirierte kommunistische Ideologie stellt eine eigene Heilslehre dar, durch die die Widersprüche und Inkonsequenzen der Moderne einer neuen Einheit unterworfen werden. Wie jede Ideologie leistet auch die kommunistische Ideologie die Auflösung der Widersprüche, wie ihre Aporien zeigen, allerdings nur scheinbar, nicht tatsächlich.[40] Als Medium politischer Mobilisierung und Steuerung mit dem weitgehenden Anspruch der rationalen Beherrschung und der sozialtechnologischen Gestaltung der menschlichen Verhältnisse im Sinne des gesellschaftlichen Fortschritts, degradiert diese Ideologie die Kunst zu einem bloßen Instrument der Erziehung des „neuen",

---

[39] Die Verfolgung von Schriftstellern in den kommunistisch beherrschten Gesellschaften war ein weit verbreitetes und vielfach dargestelltes Phänomen. Am Beispiel der Literatur der Deutschen Minderheit in Rumänien findet sich dies näher behandelt in: Motzan, Peter/Sienerth, Stefan (Hrsg.): Worte als Gefahr und Gefährdung. Fünf deutsche Schriftsteller vor Gericht. Zusammenhänge und Hintergründe, Selbstzeugnisse und Dokumente, München 1993; Solms, Wilhelm (Hrsg.): Nachruf auf die rumäniendeutsche Literatur, Marburg 1990; Sterbling, Anton: Zum Abschied einer Minderheit. Gedanken zum „Nachruf auf die rumäniendeutsche Literatur", in: Südosteuropa. Zeitschrift für Gegenwartsforschung, 40. Jg., München 1991 (S. 211-223); Sterbling, Anton: Das Wesen und die Schwächen der Diktatur – nachgelesen in den Romanen von Herta Müller, in: Kron, Thomas/Schimank, Uwe (Hrsg.): Die Gesellschaft der Literatur, Opladen 2004 (S. 165-200).

[40] Ignatov, Assen: Aporien der marxistischen Ideologielehre. Zur Kritik der Auffassung der Kultur als „Ideologie in letzter Instanz", München 1984.

zu den angestrebten Gesellschaftsverhältnissen passenden Menschen.[41] Durch diese Instrumentalisierung wird Kunst auf die Funktion der Darstellung und Idealisierung bestimmter Modelle und Vorbilder, auf die der kollektive Sozialisierungs- und Erziehungsprozess abstellt, reduziert. Dies führt notwendig zu einer Einschränkung oder Eliminierung der eigenen Geltungsansprüche und Rationalitätskriterien, der eigenen Ausdrucksmittel und Wertsphäre der Kunst. Mit solcher Funktionalisierung und Eliminierung des Nichtidentischen verschwindet aber nicht nur die Eigenheit, sondern gleichsam auch die Kunst selbst.[42] Andererseits, wo die Kunst – und sei es nur in wohldosierter, metaphorischer verschlüsselter, subtiler und anspielungsreicher Form[43] – dem Nichtidentischen Ausdruck verschafft, hat sie zugleich eine subversive, ideologiekritische und aus dem Weltverständnis der Mächtigen auch herrschaftsdestabilisierende Wirkung. Dies gilt umso mehr, wenn Kunst den innerweltlichen

---

[41] Hacker, Jens: Der Ostblock. Entstehung, Entwicklung und Struktur 1939-1980, Baden-Baden 1983.

[42] Kleinschmidt, Sebastian: Ideenherrschaft als geistige Konstellation. Zwang und Selbstzwang literarischer Loyalität in sozialistischen Diktaturen, in: Neue Literatur. Zeitschrift für Querverbindungen (Neue Folge), Heft 2, Bukarest 1996 (S. 37-46).

[43] Sterbling, Anton: Von den Schwierigkeiten des Denkens ohne Verbot. Die Rolle des Intellektuellen, der intellektuelle Aufbruch und die nahezu unvermeidbaren Konfusionen in Osteuropa, in: Neue Literatur. Zeitschrift für Querverbindungen, Heft 4 (Neue Folge), Bukarest 1993 (S. 55-71), insb. S. 65 ff; „Sich auf die verschiednen Pfade geistiger Tätigkeit und der Imagination begeben" Stefan Sienerth im Gespräch mit Anton Sterbling, in: Spiegelungen. Zeitschrift für deutsche Kultur und Geschichte Südosteuropas, 55. Jg., Heft 1, München 2006 (S. 47-58).

ideologischen Zielsetzungen sich entziehende, weltflüchtige Tendenzen aufweist, das heißt Vorstellungen einer anderen, einer „Gegenwirklichkeit" entwirft. Hierbei entfaltet Kunst nicht nur ein starkes ideologiekritisches Potential, sondern bringt gleichsam auch die ideologisch verdeckten, unaufhebbaren Widersprüche und Inkonsequenzen der Moderne zum Vorschein.

Paradoxe Wirkungen der Kunst im Kontext der Moderne

In einem solchen ideologisch restringierten Kontext wird vordergründig gegenmoderne, weltflüchtige Kunst zu einem prägnanten Ausdruck der Moderne selbst. Hier kann Kunst zudem einen maßgeblichen intellektuellen Einfluss erlangen, während paradoxerweise dort, wo sich moderne Kunst völlig uneingeschränkt nach eigenen Prinzipien entfalten kann, ihre intellektuelle Wirkungsmacht häufig blass und einflusslos bleibt.[44] Zugespitzt kann man diese Paradoxie auch noch etwas anders formulieren: als Gegenmoderne verdächtigt, kann künstlerische Weltflucht unter bestimmten historischen Bedingungen der Moderne selbst einen bezeichnenden Ausdruck verschaffen, avanciertester avantgardistischer Kunst gelingt dies indes keineswegs immer.

Die adäquate Haltung zur Moderne ist weder die affirmative oder kritische Feststellung ihres endgültigen Triumphes, noch die Konstatierung ihres Verschwindens durch den Übergang in eine willkürliche Postmoderne,

---

[44] Sterbling, Anton: Gegen die Macht der Illusionen. Zu einem Europa im Wandel, Hamburg 1994.

sondern die intensive Auseinandersetzung mit ihren Widersprüchen, Inkonsequenzen und Ambivalenzen.[45] Die Auseinandersetzung mit der Tatsache, dass die Moderne zugleich Moderne und Gegenmoderne wie auch fortbestehende Traditionalität ist, sollte im Zentrum unserer Aufmerksamkeit stehen. Zu dieser Einsicht verhilft uns die Kunst, nicht zuletzt in der Gestalt künstlerischer Weltflucht.

Literatur

Adorno, Theodor W.: Über einige Schwierigkeiten des Komponierens heute, in: Steffen, Hans (Hrsg.): Aspekte der Modernität, Göttingen 1965 (S. 129-149)

Adorno, Theodor W.: Soziologische Schriften 1, Frankfurt a. M. 1979

Albert, Hans/Topitsch, Ernst (Hrsg.): Werturteilsstreit, Darmstadt [2]1979

Bauman, Zygmunt: Moderne und Ambivalenz. Das Ende der Eindeutigkeit, Hamburg 1992

Beck, Ulrich: Das Zeitalter der Nebenfolgen und die Politisierung der Moderne, in: Beck, Ulrich/Giddens, Anthony/Lash, Scott: Reflexive Modernisierung. Eine Kontroverse, Frankfurt a. M. 1996 (S. 19-112)

Bendix, Reinhard: Modernisierung und soziale Ungleichheit, in: Fischer, Wolfram (Hrsg.): Wirtschafts- und sozialgeschichtliche Probleme der frühen Industrialisierung, Berlin 1968 (S. 179-246)

Bendix, Reinhard: Freiheit und historisches Schicksal. Heidelberger Max Weber-Vorlesungen, Frankfurt a. M. 1982

Benjamin, Walter: Das Kunstwerk im Zeitalter seiner technischen Reproduzierbarkeit. Drei Studien zur Kunstsoziologie, Frankfurt a. M. [7]1973

---

[45] Bauman, Zygmunt: Moderne und Ambivalenz. Das Ende der Eindeutigkeit, Hamburg 1992.

Benjamin, Walter: Über den Begriff der Geschichte, in: Adorno, Theodor W./Benjamin, Walter: Integration und Desintegration, Hannover 1976 (S. 33-46)

Boudon, Raymond: Ideologie. Geschichte und Kritik eines Begriffs, Reinbek bei Hamburg 1988

Brecht, Bertolt: Schriften zur Literatur und Kunst 1. Gesammelte Werke 18, Frankfurt a. M. 1967

Dumont, Louis: Individualismus. Zur Ideologie der Moderne, Frankfurt a. M.-New York 1991

Durkheim, Emile: De la définition des phénomes religieux, in: L'année sociologique, Band 2, Paris 1899 (S. 1-28)

Durkheim, Emile: Die elementaren Formen des religiösen Lebens, Frankfurt a. M. 1981

Durzak, Manfred (Hrsg.): Die deutsche Literatur der Gegenwart. Aspekte und Tendenzen, Stuttgart 1971

Fürstenberg, Friedrich: Ein analytisches Modell zur soziologischen Theorie des 19. Jahrhunderts, in: Rüegg, Walter/Neuloh, Otto (Hrsg.): Zur soziologischen Theorie und Analyse des 19. Jahrhunderts, Göttingen 1971 (S. 22-33)

Gerhards, Jürgen (Hrsg.): Soziologie der Kunst. Produzenten, Vermittler und Rezipienten, Opladen 1997

Giddens, Anthony: Interpretative Soziologie. Eine kritische Einführung, Frankfurt a. M.-New York 1984

Giordano, Christian/Hettlage, Robert (Hrsg.): Bauerngesellschaften im Industriezeitalter. Zur Rekonstruktion ländlicher Lebensformen, Berlin 1989

Habermas, Jürgen: Theorie des kommunikativen Handelns. Band 1: Handlungsrationalität und gesellschaftliche Rationalisierung, Frankfurt a. M. 1981

Habermas, Jürgen: Der philosophische Diskurs der Moderne. Zwölf Vorlesungen, Frankfurt a. M. ²1985

Hacker, Jens: Der Ostblock. Entstehung, Entwicklung und Struktur 1939-1980, Baden-Baden 1983

Hauser, Arnold: Soziologie der Kunst, Darmstadt ²1978

Heißenbüttel, Helmut: Zur Tradition der Moderne. Aufsätze und Anmerkungen 1964-1971, Neuwied-Berlin 1972

Ignatov, Assen: Aporien der marxistischen Ideologielehre. Zur Kritik der Auffassung der Kultur als „Ideologie in letzter Instanz", München 1984

Jaspers, Karl: Die geistige Situation der Zeit, Berlin-Leipzig 1931

Jonas, Friedrich: Geschichte der Soziologie, Opladen ²1981 (2. Bde)

Kleinschmidt, Sebastian: Ideenherrschaft als geistige Konstellation. Zwang und Selbstzwang literarischer Loyalität in sozialistischen Diktaturen, in: Neue Literatur. Zeitschrift für Querverbindungen (Neue Folge), Heft 2, Bukarest 1996 (S. 37-46)

Kolf, Bernd: Ludwig Tieck in seiner Zeit, in: Ludwig Tieck, Cluj-Napoca 1975 (S. 265-285)

Konstantinovic, Zoran: Phänomenologie und Literaturwissenschaft. Skizzen zu einer wissenschaftstheoretischen Begründung, München 1973

Lash, Scott: Reflexivität und ihre Doppelungen: Struktur, Ästhetik und Gemeinschaft, in: Beck, Ulrich/Giddens, Anthony/Lash, Scott: Reflexive Modernisierung. Eine Kontroverse, Frankfurt a. M. 1996 (S. 195-286)

Lepsius, M. Rainer: Interessen, Ideen und Institutionen, Opladen 1990

Luckmann, Thomas: Wissen und Gesellschaft. Ausgewählte Aufsätze 1981-2002, Konstanz 2002

Luhmann, Niklas: Soziologische Aufklärung 5. Konstruktivistische Perspektiven, Opladen 1993

Luhmann, Niklas: Die Kunst der Gesellschaft, Frankfurt a. M. 1995

Lukács, Georg: Kunst und objektive Wahrheit. Essays zur Literaturtheorie und -geschichte, Leipzig 1977

Lukács, Georg: Schriften zur Literatursoziologie, Frankfurt a. M.-Berlin-Wien 1977

Lyotard, Jean-Francois: La condition postmoderne, Paris 1979

Mamlejew, Jurij: Wider das Profane. Jurij Mamlejew im Gespräch, in: Neue Literatur. Zeitschrift für Querverbindungen (Neue Folge), Heft 2, Bukarest 1996 (S. 81-86)

Mannheim, Karl: Das konservative Denken. Soziologische Beiträge zum Werden des politisch-historischen Denkens in Deutschland, in: Archiv für Sozialwissenschaft und Sozialpolitik, Band 57, Tübingen 1927 (S. 68-142 und S. 470-495)

Mannheim, Karl: Mensch und Gesellschaft im Zeitalter des Umbaus, Bad Homburg-Berlin-Zürich 1967

Mead, George H.: Gesammelte Aufsätze, Frankfurt a. M. 1987 (2 Bde)

Motzan, Peter: Die deutschen Regionalliteraturen in Rumänien (1918-1944). Forschungswege und Forschungsergebnisse der Nachkriegszeit, in: Motzan, Peter/Sienerth, Stefan (Hrsg.): Die deutschen Regionalliteraturen in Rumänien (1918-1944). Positionsbestimmungen, Forschungswege, Fallstudien, München 1997 (S. 33-67)

Motzan, Peter/Sienerth, Stefan (Hrsg.): Worte als Gefahr und Gefährdung. Fünf deutsche Schriftsteller vor Gericht. Zusammenhänge und Hintergründe, Selbstzeugnisse und Dokumente, München 1993

Positionsbestimmungen. Zur Geschichte marxistischer Theorie von Literatur und Kultur am Ausgang des 19. und Beginn des 20. Jahrhunderts, Leipzig 1977

Rüegg, Walter/Neuloh, Otto (Hrsg.): Zur soziologischen Theorie und Analyse des 19. Jahrhunderts, Göttingen 1971

Rüschemeyer, Dietrich: Partielle Modernisierung, in: Zapf, Wolfgang (Hrsg.): Theorien des sozialen Wandels, Köln-Berlin ³1971 (S. 382-396)

Schluchter, Wolfgang: Religion und Lebensführung, Frankfurt a. M. 1988 (2 Bde)

Schluchter, Wolfgang: Unversöhnte Moderne, Frankfurt a. M. 1996

Schütz, Alfred: Der sinnhafte Aufbau der sozialen Welt. Eine Einleitung in die verstehende Soziologie, Frankfurt a. M. 1974;

Schütz, Alfred/Luckmann, Thomas: Strukturen der Lebenswelt, Frankfurt a. M. 1979

„Sich auf die verschiednen Pfade geistiger Tätigkeit und der Imagination begeben" Stefan Sienerth im Gespräch mit Anton Sterbling, in: Spiegelungen. Zeitschrift für deutsche Kultur und Geschichte Südosteuropas, 55. Jg., Heft 1, München 2006 (S. 47-58)

Solms, Wilhelm (Hrsg.): Nachruf auf die rumäniendeutsche Literatur, Marburg 1990

Steffen, Hans (Hrsg.): Aspekte der Modernität, Göttingen 1965

Steiner, George: Sprache und Schweigen. Essays über Sprache, Literatur und das Unmenschliche, Frankfurt a. M. 1969

Sterbling, Anton: Zum Abschied einer Minderheit. Gedanken zum „Nachruf auf die rumäniendeutsche Literatur", in: Südosteuropa. Zeitschrift für Gegenwartsforschung, 40. Jg., München 1991 (S. 211-223)

Sterbling, Anton: Modernisierung und soziologisches Denken. Analysen und Betrachtungen, Hamburg 1991

Sterbling, Anton: Strukturfragen und Modernisierungsprobleme südosteuropäischer Gesellschaften, Hamburg 1993

Sterbling, Anton: Von den Schwierigkeiten des Denkens ohne Verbot. Die Rolle des Intellektuellen, der intellektuelle Aufbruch und die nahezu unvermeidbaren Konfusionen in Osteuropa, in: Neue Literatur. Zeitschrift für Querverbindungen, Heft 4 (Neue Folge), Bukarest 1993 (S. 55-71)

Sterbling, Anton: Gegen die Macht der Illusionen. Zu einem Europa im Wandel, Hamburg 1994

Sterbling, Anton: Kontinuität und Wandel in Rumänien und Südosteuropa. Historisch-soziologische Analysen, München 1997

Sterbling, Anton: Widersprüchliche Moderne und die Widerspenstigkeit der Traditionalität, Hamburg 1997

Sterbling, Anton: Intellektuelle, Eliten, Institutionenwandel. Untersuchungen zu Rumänien und Südosteuropa, Hamburg 2001

Sterbling, Anton: Das Wesen und die Schwächen der Diktatur – nachgelesen in den Romanen von Herta Müller, in: Kron, Thomas/ Schimank, Uwe (Hrsg.): Die Gesellschaft der Literatur, Opladen 2004 (S. 165-200)

Vormweg, Heinrich: Eine andere Lesart. Essays zur neuen Literatur, Neuwied-Berlin 1972

Vormweg, Heinrich: Das Elend der Aufklärung. Über ein Dilemma in Deutschland, Darmstadt-Neuwied 1984

Weber, Max: Wissenschaft als Beruf, in: Weber, Max: Gesammelte Aufsätze zur Wissenschaftslehre, Tübingen ⁷1988 (S. 582-613)

Weber, Max: Gesammelte Aufsätze zur Religionssoziologie I, Tübingen ⁹1988

Weiß, Johannes: Wiederverzauberung der Welt? Bemerkungen zur Wiederkehr der Romantik in der gegenwärtigen Kulturkritik, in: Neidhardt, Friedhelm/Lepsius, M. Rainer/Weiß, Johannes (Hrsg.): Kultur und Gesellschaft, Kölner Zeitschrift für Soziologie und Sozialpsychologie, Sonderheft 27, Opladen 1986 (S. 286-301)

Wellershoff, Dieter: Literatur und Veränderung. Versuche zu einer Metakritik der Literatur, Köln-Berlin 1969

Welsch, Wolfgang (Hrsg.): Wege aus der Moderne. Schlüsseltexte der Postmoderne-Diskussion, Weinheim 1988

Zmegac, Viktor (Hrsg.): Marxistische Literaturkritik, Frankfurt a. M. ²1972

Kulturmächte im Widerstreit? Zum Verhältnis von Kultur, Religion und Wissenschaft

Wenn es auf wenigen Seiten überaus komplizierte Verhältnisse, wie die zwischen Kultur, Religion und Wissenschaft zu erfassen und im gegenwärtigen Zeit- und Problemhorizont zu kennzeichnen gilt, so ist dies sicherlich ein verwegenes Unterfangen über dessen Ergebnisse und deren Bestand durchaus Zweifel zu hegen sind. Um die Anregung solcher Zweifel wird es mir denn auch, nicht nur nebenbei, gehen. Die wichtigste Intention meines Vorhabens liegt darin, zum Nachdenken zu provozieren und Widerspruch herauszufordern, keineswegs Endgültiges zu behaupten oder dogmatisch zu untermauern. Um meine Überlegungen besonders anfechtbar – und damit hoffentlich zugleich diskussionswürdig – zu machen, formuliere ich sie in Form von Thesen.

Erste These: Kultur ist ein ebenso grundlegender wie unterschiedlich aufgefasster Begriff. Herder – dessen Kulturverständnis gegenwärtig ebenso heftigen wie größtenteils unwissenden und mithin unberechtigten Vorwürfen ausgesetzt ist – meinte bereits: „Nichts ist unbestimmter als dieses Wort, und nichts ist trügerischer als die Anwendung desselben auf ganze Völker und Zeiten".[1] Bei Jacob Burckhardt, der „Kultur" neben „Staat" und „Religion" als eine der drei weltgeschichtlichen „Potenzen" betrachtete, heißt es: „Kultur nennen wir die

---

[1] Siehe: Herder, Johann Gottfried: Ideen zur Philosophie der Geschichte der Menschheit, Bodenheim 1995, vgl. S. 39.

ganze Summe derjenigen Entwicklungen des Geistes, welche spontan geschehen und keine universale oder Zwangsgeltung in Anspruch nehmen."[2] Auch von Hans Blumenberg wird eine ähnlich angelegte und zumindest auf den ersten Blick recht offen bleibende Definition von Kultur vorgeschlagen, an die wir uns zunächst halten können. Danach besteht Kultur „in der Auffindung und Anlage, der Beschreibung und Empfehlung, der Aufwertung und Prämiierung der Umwege." Dem wird erläuternd hinzugefügt: „Daher hat die Kultur einerseits den Anschein mangelnder Rationalität; ... Die Umwege sind es aber, die der Kultur die Funktion der Humanisierung des Lebens geben. Die vermeintliche „Lebenskunst" der kürzesten Wege ist in der Konsequenz ihrer Ausschlüsse Barbarei".[3]

Zweite These: Die verschiedenen Kulturen als eigene „Umwege" und gleichsam als Abweichungen von nur einem einzigen denkbaren Pfad höchster Rationalität oder Zweckdienlichkeit, aber auch eines einzigen Heilsweges, sind ebenso vielfältig, wie sie – wie übrigens ebenfalls Herder schon ausdrücklich hervorhob – grundsätzlich *gleichwertig* sind. Als „Barbareiverschonungssystem" hat die so aufgefasste Kultur natürlich auch Nachteile. Nach Blumenberg bestehen diese darin, „daß jeder Weg als Umweg das Resultat einer „Meinung" oder der Affinität zu einer solchen ist. Die Unversöhnlichkeit des Pluralismus der Weltansichten ist ein Risiko, aber ein zu-

---

2   Siehe: Burckhardt, Jacob: Weltgeschichtliche Betrachtungen. Über geschichtliches Studium, Berlin-Darmstadt-Wien o.J., vgl. S. 80.

3   Siehe: Blumenberg, Hans: Die Sorge geht über den Fluß, Frankfurt a. M. 1987, vgl. S. 139.

reichend begründetes."[4] Den Kulturen als Umwegen entsprechen also gleichsam auch und notwendigerweise verschiedene Weltansichten und dahinter lagernde Wertüberzeugungen.

Dritte These: Damit tut sich zugleich ein Spannungsverhältnis zur Religion auf, wiewohl Religion und Kultur nicht nur in ihrer Genese,[5] sondern auch als „Umwege", die nahezu das Gegenteil einer vom Prinzip der Zweckrationalität und Berechenbarkeit durchwalteten Welt bilden, zugleich eng verbunden erscheinen. Denn Religion ist letztlich Glauben und Festhalten an bestimmten Gewissheiten, ist Glauben an eine wie auch immer offenbarte, im Kern unbezweifelbare Wahrheit, die auch und nicht zuletzt als maßgeblicher Orientierungspunkt des ‚Weges' (im Denken und Wollen, in der moralischen Haltung und in der Lebensführung) gilt. Daher ist Religion nicht nur Ausdruck von Kultur, sondern oft auch – durch ihre Starrheit und ihre Glaubensfixierung – das Gegenstück dazu. Burckhardt kennzeichnet dieses Spannungsverhältnis, diesen Gegensatz, indem er im Hinblick auf die Kultur festhält: „Sie wirkt unaufhörlich modifizierend und zersetzend auf die beiden stabilen Lebenseinrichtungen" – gemeint sind „Staat" und „Religion" – „ein, – ausgenommen insofern dieselben sie völlig dienst-

---

4 Siehe: Blumenberg, Hans: Die Sorge geht über den Fluß, Frankfurt a. M. 1987, vgl. S. 140.

5 Siehe auch: Schäfers, Bernhard/Stagl, Justin (Hrsg.): Kultur und Religion, Institutionen und Charisma im Zivilisationsprozess. Festschrift für Wolfgang Lipp, Konstanz 2005; Sterbling, Anton: Zur Kulturbedeutung der Religion in der deutschen Gegenwartsgesellschaft, in: Sterbling, Anton: Zumutungen der Moderne. Kultursoziologische Analysen, Hamburg 2007 (S. 75-90).

bar gemacht und zu ihren Zwecken eingegrenzt haben."[6] Religion – wie übrigens auch Kultur – erfüllen nur dann die „Funktion der Humanisierung des Lebens", wenn der *andere* Glaube und damit die *andere* Weltansicht und ihre Konsequenzen darin Berechtigung, Anerkennung, Legitimität oder zumindest Toleranz und Verschonung finden.[7] Im religiösen Glauben in seinen fundamentalistischen Ausprägungsformen ist dies aber keineswegs der Fall. Für diesen gilt vielmehr häufig das Gegenteil, bis hin zur physischen Vernichtung des Andersgläubigen oder Andersdenkenden, der Menschen mit einer anderen Weltansicht, schon allein dieses Grundes wegen.

Vierte These: Religion und Wissenschaft erfüllen in je eigener Art die Aufgabe der Realitätsdeutung, der Welterklärung.[8] Ihr gemeinsamer Bezugspunkt liegt dabei wohl nach wie vor in der kardinalen Bedeutung der Idee der

---

6   Siehe: Burckhardt, Jacob: Weltgeschichtliche Betrachtungen. Über geschichtliches Studium, Berlin-Darmstadt-Wien o.J., vgl. S. 80.

7   Übrigens sind auch weltliche, d.h. staatliche Ordnungsstrukturen darin, wie und inwiefern sie andere, von ihren normativen Vorgaben mehr oder weniger weit abweichende moralische Einstellungen und insbesondere deren Handlungskonsequenzen akzeptieren, ohne Ausnahme und verständlicher Weise restriktiv. Auch bei Kulturen sind – ähnlich wie bei Religionen – Unterschiede im Hinblick auf ihre Offenheit und Akzeptanz des Fremden zu erkennen. Dennoch setzt dies die in Anlehnung an Jacob Burckhardt und Hans Blumenberg vorgeschlagene Definition nicht außer Kraft. Siehe dazu auch: Holenstein, Elmar: Kulturphilosophische Perspektiven. Schulbeispiel Schweiz, Europäische Identität auf dem Prüfstand, Globale Verständigungsmöglichkeiten, Frankfurt a. M. 1998.

8   Siehe dazu auch: Deutscher Hochschulverband (Hrsg.): Forschung & Lehre, Heft 11, Bonn 2006, insb. S. 622-629.

Wahrheit. Der jahrhundertelange Kampf zwischen Religion und Wissenschaft[9] und deren wechselseitiges Verhältnis hat sich in der abendländischen Kultur allerdings insofern entspannt, als es spätestens im 20. Jahrhundert immer deutlicher wurde – und daran hat die Wissenschaftsphilosophie wohl einen erheblichen Anteil – dass es ihnen um *verschiedene Bezüge zur Wahrheit* und *unterschiedliche Erkenntniswege* geht. Für die Wissenschaft gilt die „Suche nach Wahrheit"[10] zwar weiterhin vielfach als ‚regulative Idee', aber zugleich herrscht ein *konsequenter Fallibilismus* und *Skeptizismus*[11] im Hinblick auf die Einlösung dieses Anliegens im Sinne einer vollständigen Erkenntnismöglichkeit der Wirklichkeit – und sei es auch nur auf einem begrenzten Gebiet einzelner Erfahrungswissenschaften – vor. Neben der Idee eines auf Verständigung und Konsensfindung beruhenden, und damit stets an Regeln und Konventionen gebundenen und daher allemal aufkündbaren Wahrheitsbegriffs, wie er zum Beispiel von Jürgen Habermas vertreten wird,[12] bleibt in der zeitgenössischen Wissenschaft allenfalls die Vorstel-

---

[9] Siehe: Tenbruck, Friedrich H.: Die Religion im Maelstrom der Reflexion, in: Bergmann, Jörg R./Hahn, Alois/Luckmann, Thomas (Hrsg.): Religion und Kultur, Kölner Zeitschrift für Soziologie und Sozialpsychologie, Sonderheft 33, Opladen 1993 (S. 31-76).

[10] Siehe: Luhmann, Niklas: Die Wissenschaft der Gesellschaft, Frankfurt a. M. 1990.

[11] Robert K. Merton spricht von „organisiertem Skeptizismus" als einer der wissenschaftlichen Grundnorm. Siehe: Merton, Robert K.: Social Theory and Social Structure, Glencoe Ill. ⁴1957.

[12] Siehe: Habermas, Jürgen: Technik und Wissenschaft als Ideologie, Frankfurt a. M. 1968; Habermas, Jürgen: Wahrheit und Rechtfertigung. Philosophische Aufsätze, Frankfurt a. M. 1999.

lung oder regulative Idee einer immer besseren ‚Annährung an die Wahrheit'[13] auf dem Wege des kumulativen
Erkenntnisfortschritts vertretbar, soweit die Auffassung
des kumulativen Erkenntnisfortschritts nicht selbst, wie
etwa bei Thomas S. Kuhn,[14] aufgegeben wird. Viele
religiöse Glaubensüberzeugungen halten indes an einem
absolut verstandenen Begriff der Wahrheit und an dem
Weg der Offenbarung als deren Entäußerung oder auch
als Zugangsmöglichkeit dazu fest.[15] Etwas zugespitzt,
aber sicherlich nicht unzutreffend, lässt sich konstatieren:
Wissenschaft und Religion operieren gegenwärtig mit
verschiedenen Wahrheitsideen oder weisen zumindest
unterschiedlich akzentuierte Wahrheitsansprüche auf.[16]

---

[13] So die Auffassung des Kritischen Rationalismus. Siehe: Popper,
Karl R.: Logik der Forschung, Tübingen [6]1976; Topitsch, Ernst
(Hrsg.): Logik der Sozialwissenschaften, Königstein/Ts. [11]1984;
Albert, Hans: Theorie und Realität. Ausgewählte Aufsätze zur
Wissenschaftslehre der Sozialwissenschaften, Tübingen [2]1972.

[14] Siehe dazu: Kuhn, Thomas S.: Die Struktur wissenschaftlicher Re-
volutionen, Frankfurt a. M. [2]1978; Feyerabend, Paul: Wider den
Methodenzwang. Skizze einer anarchistischen Erkenntnistheorie,
Frankfurt a. M. 1976.

[15] An Offenbarung anschließende Glaubensgewissheit – ohne Prüfung und ohne Zweifel – erscheint als ein in hohem Maße *selbstreferenziell geschlossener* Zusammenhang und bildet also solcher eine
paradoxe Möglichkeit, den universalistischen Geltungsanspruch
von Wahrheit mit einem partikularistisch oder exklusiv bestimmten Zugangsweg zu dieser nicht nur kompatibel, sondern vielfach
sogar zwingend erscheinen zu lassen. Darin liegt aus erfahrungs-
wissenschaftlicher – nicht aus religiöser – Sicht gleichsam eine
doppelte Selbstimmunisierung des Wahrheitsbegriffes, der daher
mit dem wissenschaftlichen *inkommensurabel* wird.

[16] Und dies hat natürlich auch Folgen für das Verhältnis der Wissenschaftler oder derer, „die sich an die Vernunft gebunden ha-

Sie prätendieren wohl nicht mehr die gleiche oder zumindest ähnlich weitreichende Wahrheitsgeltung, wie das nicht selten für die Wissenschaft des 19. Jahrhunderts und teilweise auch die des 20. Jahrhunderts noch festzustellen ist, wollte diese ihren Erkenntnisanliegen nach häufig doch nicht weniger, als die Religion in ihrem umfassenden und absoluten Wahrheitsanspruch ablösen. In diesem Zusammenhang ist beispielsweise auf Auguste Comte, wie natürlich auch auf den Marxismus, insbesondere in seiner zur Ideologie mutierten Gestalt, der in

---

ben, zum religiösen Glauben.", wie Ralf Dahrendorf sehr schön am Beispiel von Karl R. Popper, Raymond Aron und Isaiah Berlin aufzeigt. Hierzu heißt es: „Sie äußern sich selten und ungern dazu. Mit Max Webers Worten könnte man sagen, sie sind alle «religiös absolut unmusikalisch». Sie sind dies jedoch in einer charakteristischen und vielleicht eher unerwarteten Weise." Zur Haltung Poppers wird festgestellt: „Mit anderen Worten, der religiöse Glaube ist etwas Privates, Persönliches, jenseits aller rationalen Argumentation, etwas das sich der Welt der Vernunft entzieht, über das man nicht zu reden braucht." Was Raymond Aron betrifft, wird festgehalten: „Mit anderen Worten, solange die Religion sich in weltliche Dinge nicht einmischt, sondern transzendent bleibt, ist sie akzeptabel – für andere. Aron kann sie tolerieren, sogar achten, aber für sich selber braucht er sie nicht." Auch bei Isaiah Berlin „wird eine ganz ähnliche Haltung" festgestellt. „Er teilte den Popperschen Glauben an die Vernunft, war aber wie Popper und Aron überzeugt, dass die Vernunft nicht alles ist. Was indes jenseits der durch Vernunft bewältigbaren Welt geschieht, entzieht sich dieser völlig; es gehört in eine Sphäre des erlaubten Irrationalismus." Siehe dazu: Dahrendorf, Ralf: Versuchungen der Unfreiheit. Die Intellektuellen in Zeiten der Prüfung, München 2006, vgl. S. 74 ff.

der Wahrheitsfrage ähnliche dogmatische Züge wie das religiöse Denken annahm, zu verweisen.[17]

Fünfte These: Konsequent zu Ende gedacht bedeutet Wissenschaft die Institutionalisierung des Zweifels bei gleichzeitiger Produktion von gehaltvollen, das heißt empirisch widerlegbaren allgemeinen Vermutungen oder Behauptungen – man kann diese auch Theorien nennen – über Ausschnitte und insbesondere ausschnitthafte Zusammenhänge der Wirklichkeit, wobei solche Behauptungen grundsätzlich als mögliche Irrtümer zu verdächtigen und, wenn es geht, empirisch beweiskräftig als solche aufzudecken sind.[18] Dem Wissenschaftler geht es

---

[17] Siehe zum Beispiel: Comte, Auguste: Rede über den Geist des Positivismus, Hamburg ³1979. In diesem Sinne hält Bálint Balla zur „Misere der Soziologie" trefflich fest: „Das ist die *unbewältigte Folge* davon, daß sich die frühen Erwartungen, *die fortschrittsbezogene Universalwissenschaft* zu sein, als trügerisch erwiesen hatte." Siehe: Balla, Bálint: Knappheit als Ursprung sozialen Handelns, Hamburg 2005, vgl. S. 129. Siehe zu dem Gesamtzusammenhang auch Topitsch, Ernst: Sozialphilosophie zwischen Ideologie und Wissenschaft, Neuwied-Berlin ²1966; Popper, Karl R.: Das Elend des Historizismus, Tübingen ⁴1974; Sterbling, Anton: Rationalität und Wissenschaft. Allgemeine und aktuelle Überlegungen zur Werturteilsproblematik, in: Sterbling, Anton: Gegen die Macht der Illusionen. Zu einem Europa im Wandel, Hamburg 1994 (S. 29-81).

[18] Siehe eingehender: Popper, Karl R.: Logik der Forschung, Tübingen ⁶1976; Topitsch, Ernst (Hrsg.): Logik der Sozialwissenschaften, Königstein/Ts. ¹¹1984; Albert, Hans: Theorie und Realität. Ausgewählte Aufsätze zur Wissenschaftslehre der Sozialwissenschaften, Tübingen ²1972; Spinner, Helmut F.: Ist Wissen analogiefähig?, in: Schweizer, Rainer J./Burkert, Herbert/Gasser, Urs (Hrsg.): Festschrift für Jean Nicolas Druey zum 65. Geburtstag, Zürich 2002 (S. 947-969).

nicht um die Gewissheit, sondern um den Irrtum und um dessen Eingrenzung durch Widerlegungsversuche. Der Wissenschaftler möchte, anders als der Künstler, der bleibende Werte zu schaffen anstrebt, durch den Fortschritt des wissenschaftlichen Erkenntnisprozesses eigentlich widerlegt und mithin überholt werden. Max Weber stellte in diesem Sinne programmatisch fest: „jede wissenschaftliche »Erfüllung« bedeutet neue »Fragen« und will »überboten« werden und veralten."[19] Der Wissenschaftler versteht sich gleichzeitig als Produzent und Widerleger möglichst erkenntnisfördernder Irrtümer, die als zeitweilig bewährte Theorien und gültige wissenschaftliche Erkenntnisse natürlich auch – weit über den Kreis der wissenschaftlichen Erkenntnistätigkeit hinaus – wirksam und folgenreich sein können.

Sechste These: Wissenschaft hat in diesem Sinne die moderne Welt und insbesondere die industrielle und postindustrielle Zivilisation[20] nicht nur weitgehend mitgeformt, sondern auch unser gegenwärtiges Weltverständnis erheblich mitgeprägt. Dennoch erscheint es zweifelhaft, ob der ‚Geist der Wissenschaft' – trotz weltweit rasant steigender Hochschulabsolventenzahlen oder der ‚Verwissenschaftlichung' der Berufe – in der heutigen Welt eine größere Kulturbedeutung als noch im 19. oder in der ersten Hälfte des 20. Jahrhunderts erreicht, selbst wenn die Gesellschaft des 21. Jahrhunderts – mit einigen

---

[19] Siehe: Weber, Max: Wissenschaft als Beruf, in: Weber, Max: Gesammelte Aufsätze zur Wissenschaftslehre, Tübingen [7]1988 (S. 582-613), vgl. S. 592.

[20] Siehe auch: Bell, Daniel: Die nachindustrielle Gesellschaft, Frankfurt a. M.-New York [2]1976.

guten Gründen – als „Informations- oder Wissensgesellschaft" apostrophiert wird.[21]

Siebente These: Bedeutet wissenschaftliche Erkenntnis tatsächlich „Entzauberung der Welt",[22] so ist ihr diese Wirkung gegenüber dem Einfluss anderer Kulturmächte allerdings nur begrenzt gelungen, wiewohl zugleich heute mehr denn je gilt, „Der Wissenschaftler nimmt keine Rücksicht auf die Trennung zwischen dem Heiligen und dem Profanen, zwischen dem, was unkritischen Respekt verlangt, und dem, was objektiv analysiert werden darf."[23] Nicht zuletzt die Einsicht in die Begrenztheit ihrer Reichweite und Wirkungsmacht und ihr in diesem Sinne neu definierter Geltungs- und Wahrheitsanspruch

---

[21] Siehe dazu: Toffler, Alvin: Machtbeben. Powershift. Wissen, Wohlstand und Macht im 21. Jahrhundert, Düsseldorf-Wien-New York ²1991; Bühl, Walter L.: Wissenschaft und Technologie. An der Schwelle zur Informationsgesellschaft, Göttingen, 1995; Spinner, Helmut F.: Die Architektur der Informationsgesellschaft. Entwurf eines wissensorientierten Gesamtkonzepts, Bodenheim 1998.

[22] Auch Max Weber hat dies durchaus so gesehen und nachdrücklich betont, „Entzauberung der Welt" heißt aber „nicht eine zunehmende allgemeine Kenntnis der Lebensbedingungen, unter denen man steht. Sondern sie bedeutet etwas anderes: das Wissen davon oder den Glauben daran: daß man, wenn man nur wollte, jederzeit erfahren könnte, daß es also prinzipiell keine geheimnisvollen unberechenbaren Mächte gebe, die da hineinspielen, daß man vielmehr alle Dinge – im Prinzip – durch Berechnen beherrschen könne." Siehe: Weber, Max: Wissenschaft als Beruf, in: Weber, Max: Gesammelte Aufsätze zur Wissenschaftslehre, Tübingen ⁷1988 (S. 582-613), vgl. S. 594.

[23] Siehe: Merton, Robert K.: Entwicklung und Wandel von Forschungsinteressen. Aufsätze zur Wissenschaftssoziologie, Frankfurt a. M. 1985, vgl. S. 99.

befriedete weitgehend das Verhältnis der Wissenschaft zur Religion und zu anderen Kulturmächten – nicht zuletzt der Kunst[24] –, und stärkte zugleich das Prinzip der kritischen Selbstreflexion und des Selbstzweifels in der wissenschaftlichen Erkenntnispraxis.

Achte These: Trotz aller Fortschritte der methodischen und empirischen Kontrolle ihrer partiellen Ergebnisse und aller technologischen Erfolge in der Verwertung wissenschaftlicher Erkenntnisse bleibt für die wissenschaftliche Rationalität die Leitvorstellung der notorischen Irrtumsanfälligkeit des menschlichen Denkens, einschließlich der wissenschaftlichen Erkenntnis, und der demnach notwendig darauf eingestellten und reagierenden Kritik von zentraler Bedeutung. Um es bildhaft zum Ausdruck zu bringen, die meisten, ihre Erkenntnistätigkeit reflektierenden Wissenschaftler glauben nicht mehr, dass ihr Wissen auf *sicherem Boden* (der Wahrheit) steht oder je auf sicherem Boden stehen wird, sondern sie meinen allenfalls, über sich in ihren Umrissen laufend verändernde *Inseln* empirisch einigermaßen kontrollierten und kritisch gesicherten Wissens in einem *Meer des Nichtwissens* zu verfügen.[25] Gerade deshalb erscheinen die auch auf das wissenschaftliche Denken übergreifenden Prinzipien der

---

[24] Siehe auch: Böhme, Hartmut: Fetischismus und Kultur. Eine andere Theorie der Moderne, Reinbek bei Hamburg ²2006; Sterbling, Anton: Ambivalenzen der Moderne, Anliegen der Kunst und künstlerische Weltflucht, in: Sterbling, Anton: Zumutungen der Moderne. Kultursoziologische Analysen, Hamburg 2007 (S. 91-114).

[25] Siehe dazu auch: Popper, Karl R.: Logik der Sozialwissenschaften, in: Adorno, Theodor W. u.a.: Der Positivismusstreit in der deutschen Soziologie, Darmstadt-Neuwied ³1974 (S. 103-123).

postmodernen Dekomposition wie auch des radikalen Konstruktivismus als Auswege aber – trotz des Anscheins alternativloser Konsequenz – äußerst fragwürdig.[26] Denn nur wenn das Prinzip des Zweifels und der Kritik für die Wissenschaft zwar bestimmend, aber zugleich an methodisch-rationale Wege der Erkenntnisgewinnung gebunden und an der Leitidee der Suche nach Wahrheit orientiert bleibt, kann Wissenschaft als jene eigenständige und folgenreiche Kulturmacht erfolgreich fortbestehen,[27] in der wir sie in der abendländischen Entwicklung nicht zuletzt als gestaltender und gesellschaftliche Fortschritte begründender Faktor – allerdings auch mit destruktiven Nebenwirkungen einhergehend – kennen.

Neunte These: Wenngleich die Aussage trivial erscheinen mag, dass Kultur, Religion und Wissenschaft nicht in eins zu setzen sind, bedeutet dies noch keineswegs, dass die komplizierten Spannungs- und Verschränkungsverhältnisse, mit denen wir es hierbei zu tun haben, als hinreichend aufgeklärt angenommen werden können. Bei der Aufforderung, diese Beziehungen erneut näher auszuleuchten und zu analysieren, sollte nicht nur an die Herausforderung der heutigen Welt durch verschiedene

---

26 Zum „postmodernen Denken" siehe: Lyotard, Jean-Francois: La condition postmoderne, Paris 1979; Welsch, Wolfgang (Hrsg.): Wege aus der Moderne. Schlüsseltexte der Postmoderne-Diskussion, Weinheim 1988; Kiss, Endre (Hrsg.): Postmoderne und/oder Rationalität, Székesfehérvár 2005.

27 Siehe: Sterbling, Anton: Informationszeitalter und Wissensgesellschaft. Zum Wandel der Wissensgrundlagen der Moderne, in: Hamburger Beiträge zur Erziehungs- und Sozialwissenschaft 4/2002, Hamburg 2002 (S. 1-37).

Formen des Fundamentalismus, nicht zuletzt des zum Terrorismus neigenden islamistischen Fundamentalismus,[28] gedacht werden, die sich an das verhängnisvolle „Zeitalter der großen Ideologien" des 20. Jahrhunderts[29] anschließt. Es gilt auch die Wertgrundlagen und die institutionelle Basis zu erkennen und zu sichern, die in pluralistischen Gesellschaften ein immer wieder neu austariertes, aber doch relativ vernünftig geordnetes Verhältnis zwischen den einzelnen Kulturmächten herbeiführen

---

[28] Siehe auch: Huntington, Samuel P.: Kampf der Kulturen. Die Neugestaltung der Weltpolitik im 21. Jahrhundert. München 1997; Oesterdieckhoff, Georg W.: Chancen und Risiken internationaler Zusammenarbeit angesichts der Herausforderungen des islamischen Fundamentalismus, in: Hillmann, Karl-Heinz/Oesterdieckhoff, Georg W. (Hrsg.): Die Verbesserung des menschlichen Zusammenlebens. Eine Herausforderung für die Soziologie, Opladen 2003 (S. 163-189); Schäfers, Bernhard: Kultur und Zivilisation. Historische und aktuelle Kontroversen, in: Schäfers, Bernhard/Stagl, Justin (Hrsg.): Kultur und Religion, Institutionen und Charisma im Zivilisationsprozess. Festschrift für Wolfgang Lipp, Konstanz 2005 (101-121), insb. S. 114 ff.

[29] Siehe dazu: Aron, Raymond: Opium für Intellektuelle oder die Sucht nach Weltanschauung, Köln-Berlin 1957; Schelsky, Helmut: Die Arbeit tun die anderen. Klassenkampf und Priesterherrschaft der Intellektuellen, Opladen ²1975; Balla, Bálint: Kaderverwaltung. Versuch zur Idealtypisierung der ‚Bürokratie' sowjetisch-volksdemokratischen Typs, Stuttgart 1972; Balla, Bálint: Mitteleuropa aus der Sicht des ungarischen Dauerdilemmas „zwischen Ost und West", in: Ungarn-Jahrbuch. Zeitschrift für die Kunde Ungarns und verwandte Gebiete, Band 18, Jahrgang 1990, München 1991 (S. 237-251); Dahrendorf, Ralf: Versuchungen der Unfreiheit. Die Intellektuellen in Zeiten der Prüfung, München 2006.

und deren einigermaßen befriedetes und zugleich produktives Zusammenwirken ermöglichen.[30]

Zehnte These: Aus der eigenen Geschichte wissen wir, dass es keineswegs nur für verblendete oder überforderte Menschen mitunter einfacher und daher wünschenswert erscheint, das komplizierte Mit- und Gegeneinander verschiedener Realitätsbereiche und ihrer spezifischen Wertsphären und Rationalitätsprinzipien gegen die Homogenisierung und die Gleichschaltungen eines totalitären Systems mit einer bestimmenden Ideologie einzutauschen.[31] Gleichzeitig wissen wir aber auch, dass der Preis für das Individuum, soweit dies erfolgt, sehr hoch sein kann. Dabei geht es keineswegs nur um Wohlstandsverluste oder Einschränkungen der Bewegungs- und Handlungsfreiheit, keineswegs nur um Willkür, Repression und Bedrohungen, die für die Aufrechterhaltung totalitärer Systeme wohl unverzichtbar sind, sondern um weitaus mehr – um die Vernebelung und Einebnung des Denkens mit seinen Höhen und Tiefen, um den Verlust

---

[30] In diesem Sinne meint auch Peter Graf Kielmansegg: „Das europäische Muster der auf wechselseitige Selbstbeschränkung zweier letzter Instanzen" – er meint Kirche und Staat – „ist nicht religionsneutral entwickelt worden. Es ist das Ergebnis einer sehr spezifischen Geschichte, hervorgegangen aus dem Wechselspiel einer bestimmten politischen Tradition mit einer bestimmten Religion. Dass der nach Europa einwandernde Islam sich auf diese Geschichte einlassen wird, ist jedenfalls keine Selbstverständlichkeit. Europa wird sich entschieden zu sich selbst bekennen müssen, wenn es Europa bleiben will." Siehe: Kielmansegg, Peter Graf: Vorbild Europa, in: Frankfurter Allgemeine Zeitung, Nr. 111, vom 14. Mai 2007, Frankfurt a. M. 2007 (S. 7).

[31] Siehe: Lepsius, M. Rainer: Demokratie in Deutschland. Soziologisch-historische Konstellationsanalysen, Göttingen 1993.

an selbstbestimmten moralischen Glaubens- und Handlungsfreiheiten, um den Verlust einer geistig selbsterarbeiteten und selbsthergestellten Haltung zur Welt.[32]

Elfte These: Natürlich ist eine solche, auf uneingeschränkten Erkenntnismöglichkeiten und selbständigen Werturteilen, auf kritisch reflektierten Überzeugen aufbauende Haltung zur Welt, spannungsreich und für das Individuum nicht einfach zu ertragen.[33] Weder die wissenschaftliche Erkenntnis, noch die religiöse Glaubensüberzeugung und noch weniger die Vielfalt der Kulturen bieten uns – jede für sich genommen – eine für alle Lebensfragen gültige Entscheidungsgrundlage mit eindeutigen und kohärenten Kriterien, die alle anderen überzeugend außer Kraft setzen würden. Angesichts ihrer spezifischen Ausdifferenzierung und ihres komplizierten Zusammenwirkens können und sollten wir uns auch nicht zu einer *Auflösung aller Fragen* in *eine Richtung* gezwungen sehen. Insofern haben wir in funktional differenzierten, „offenen Gesellschaften" tatsächlich viele Alternativen, das heißt fast alles ständig selbst in der Hand und sind daher auch immer wieder zu eigenen Entscheidungen herausgefordert.[34] Doch bleibt auch in diesem Betrachtungs- und Er-

---

[32] Siehe: Sterbling, Anton: Das Wesen und die Schwächen der Diktatur. Nachgelesen in den Romanen von Herta Müller, in: Kron, Thomas/Schimank, Uwe (Hrsg.): Die Gesellschaft der Literatur, Opladen 2004 (S. 165-200).

[33] Siehe auch: Steiner, George: „Warum Denken traurig macht". Zehn (mögliche) Gründe, Frankfurt a. M. 2006.

[34] Siehe: Popitz, Heinrich: Autoritätsbedürfnisse. Der Wandel der sozialen Subjektivität, in: Kölner Zeitschrift für Soziologie und Sozialpsychologie, 39. Jg., Opladen 1987 (S. 633-647); Beck, Ul-

fahrungshorizont die grundsätzliche Frage: Wollen wir mündig sein und alle Verantwortung selbst übernehmen oder wollen wir Fremdbestimmung akzeptieren und damit einen Teil oder im Grenzfall alle Verantwortung auf andere Personen oder „Schicksalsmächte" übertragen?

Zwölfte These: Das Recht und die Chance eines jeden Menschen, sich zumindest in dieser Grundfrage frei zu entscheiden, wäre sehr wichtig und im Sinne elementarer Menschenrechte eigentlich unabdingbar, ist aber – wie jeder Sozialwissenschaftler weiß[35] – eine „ewige Utopie". Daher möchte ich, nach so vielen Thesen, die sich doch vielfach nur in unabweisbare weiterführende Fragestellungen verwandelten, zwei abschließende Fragen aufwerfen und von meiner Seite aus unbeantwortet lassen, aber umso mehr als Anregung zu weitergehenden, sicherlich nicht einfachen, Diskussionen verstehen: Lohnt es sich, für die Utopie der uneingeschränkten Selbstentscheidungsmöglichkeit des Menschen über seine Mündigkeit, die natürlich die freiwillige Wahl der „selbstverschuldeten Unmündigkeit"[36] einschließen würde, zu

---

rich/Giddens, Anthony/Lash, Scott: Reflexive Modernisierung. Eine Kontroverse, Frankfurt a. M. 1996.

[35] Nicht nur prekäre Lebensbedingungen oder restriktive Macht- und Herrschaftsverhältnisse hindern auch heute noch einen großen Teil der Menschheit daran, diese Chance zu erkennen und wahrzunehmen, sondern die „Seinsverbundenheit" des Denkens überhaupt wirkt hier vielfach einschränkend. Siehe: Mannheim, Karl: Ideologie und Utopie, Frankfurt a. M. ⁵1969. Siehe auch: Berlin, Isaiah: Freiheit. Vier Versuche, Frankfurt a. M. 1995.

[36] Dies wäre natürlich bereits eine gewisse Rücknahme der weitreichenden Erwartungen, wie sie sich im Hinblick auf die Mündig-

kämpfen? Wenn ja, in welcher Weise, mit welchen Mitteln und bis zu welchen Grenzen?

Literatur

Albert, Hans: Theorie und Realität. Ausgewählte Aufsätze zur Wissenschaftslehre der Sozialwissenschaften, Tübingen [2]1972

Aron, Raymond: Opium für Intellektuelle oder die Sucht nach Weltanschauung, Köln-Berlin 1957

Balla, Bálint: Kaderverwaltung. Versuch zur Idealtypisierung der ,Bürokratie' sowjetisch-volksdemokratischen Typs, Stuttgart 1972

Balla, Bálint: Mitteleuropa aus der Sicht des ungarischen Dauerdilemmas „zwischen Ost und West", in: Ungarn-Jahrbuch. Zeitschrift für die Kunde Ungarns und verwandte Gebiete, Band 18, Jahrgang 1990, München 1991 (S. 237-251)

Balla, Bálint: Knappheit als Ursprung sozialen Handelns, Hamburg 2005

Beck, Ulrich/Giddens, Anthony/Lash, Scott: Reflexive Modernisierung. Eine Kontroverse, Frankfurt a. M. 1996

Bell, Daniel: Die nachindustrielle Gesellschaft, Frankfurt a. M.-New York [2]1976

Berlin, Isaiah: Freiheit. Vier Versuche, Frankfurt a. M. 1995

Blumenberg, Hans: Die Sorge geht über den Fluß, Frankfurt a. M. 1987

Böhme, Hartmut: Fetischismus und Kultur. Eine andere Theorie der Moderne, Reinbek bei Hamburg [2]2006

Bühl, Walter L.: Wissenschaft und Technologie. An der Schwelle zur Informationsgesellschaft, Göttingen, 1995

Burckhardt, Jacob: Weltgeschichtliche Betrachtungen. Über geschichtliches Studium, Berlin-Darmstadt-Wien o.J.

---

keit des Menschen im Geiste der Aufklärung formuliert finden. Siehe: Kant, Immanuel: Beantwortung der Frage: Was ist Aufklärung?, in Kant, Immanuel: Werke in zehn Bänden, Band 9, Darmstadt [4]1981 (S. 53-61).

Comte, Auguste: Rede über den Geist des Positivismus, Hamburg [3]1979

Dahrendorf, Ralf: Versuchungen der Unfreiheit. Die Intellektuellen in Zeiten der Prüfung, München 2006

Deutscher Hochschulverband (Hrsg.): Forschung & Lehre, Heft 11, Bonn 2006

Feyerabend, Paul: Wider den Methodenzwang. Skizze einer anarchistischen Erkenntnistheorie, Frankfurt a. M. 1976

Habermas, Jürgen: Technik und Wissenschaft als Ideologie, Frankfurt a. M. 1968

Habermas, Jürgen: Wahrheit und Rechtfertigung. Philosophische Aufsätze, Frankfurt a. M. 1999

Herder, Johann Gottfried: Ideen zur Philosophie der Geschichte der Menschheit, Bodenheim 1995

Holenstein, Elmar: Kulturphilosophische Perspektiven. Schulbeispiel Schweiz, Europäische Identität auf dem Prüfstand, Globale Verständigungsmöglichkeiten, Frankfurt a. M. 1998

Huntington, Samuel P.: Kampf der Kulturen. Die Neugestaltung der Weltpolitik im 21. Jahrhundert. München 1997

Kant, Immanuel: Beantwortung der Frage: Was ist Aufklärung?, in Kant, Immanuel: Werke in zehn Bänden, Band 9, Darmstadt [4]1981 (S. 53-61)

Kielmansegg, Peter Graf: Vorbild Europa, in: Frankfurter Allgemeine Zeitung, Nr. 111, vom 14. Mai 2007, Frankfurt a. M. 2007 (S. 7)

Kiss, Endre (Hrsg.): Postmoderne und/oder Rationalität, Székesfehérvár 2005

Kuhn, Thomas S.: Die Struktur wissenschaftlicher Revolutionen, Frankfurt a. M. [2]1978

Lepsius, M. Rainer: Gesellschaftsanalyse und Sinngebungszwang, in: Lepsius, M. Rainer: Interessen, Ideen und Institutionen, Opladen 1990 (S. 286-298) (zuerst 1973)

Lepsius, M. Rainer: Demokratie in Deutschland. Soziologisch-historische Konstellationsanalysen, Göttingen 1993

Luhmann, Niklas: Die Wissenschaft der Gesellschaft, Frankfurt a. M. 1990

Lyotard, Jean-Francois: La condition postmoderne, Paris 1979

Mannheim, Karl: Ideologie und Utopie, Frankfurt a. M. [5]1969

Merton, Robert K.: Social Theory and Social Structure, Glencoe Ill. [4]1957

Merton, Robert K.: Entwicklung und Wandel von Forschungsinteressen. Aufsätze zur Wissenschaftssoziologie, Frankfurt a. M. 1985

Oesterdieckhoff, Georg W.: Chancen und Risiken internationaler Zusammenarbeit angesichts der Herausforderungen des islamischen Fundamentalismus, in: Hillmann, Karl-Heinz/Oesterdieckhoff, Georg W. (Hrsg.): Die Verbesserung des menschlichen Zusammenlebens. Eine Herausforderung für die Soziologie, Opladen 2003 (S. 163-189)

Popitz, Heinrich: Autoritätsbedürfnisse. Der Wandel der sozialen Subjektivität, in: Kölner Zeitschrift für Soziologie und Sozialpsychologie, 39. Jg., Opladen 1987 (S. 633-647)

Popper, Karl R.: Logik der Sozialwissenschaften, in: Adorno, Theodor W. u.a.: Der Positivismusstreit in der deutschen Soziologie, Darmstadt-Neuwied [3]1974 (S. 103-123)

Popper, Karl R.: Logik der Forschung, Tübingen [6]1976

Popper, Karl R.: Das Elend des Historizismus, Tübingen [4]1974

Schäfers, Bernhard: Kultur und Zivilisation. Historische und aktuelle Kontroversen, in: Schäfers, Bernhard/Stagl, Justin (Hrsg.): Kultur und Religion, Institutionen und Charisma im Zivilisationsprozess. Festschrift für Wolfgang Lipp, Konstanz 2005 (101-121)

Schäfers, Bernhard/Stagl, Justin (Hrsg.): Kultur und Religion, Institutionen und Charisma im Zivilisationsprozess. Festschrift für Wolfgang Lipp, Konstanz 2005

Schelsky, Helmut: Die Arbeit tun die anderen. Klassenkampf und Priesterherrschaft der Intellektuellen, Opladen [2]1975

Spinner, Helmut F.: Die Architektur der Informationsgesellschaft. Entwurf eines wissensorientierten Gesamtkonzepts, Bodenheim 1998

Spinner, Helmut F.: Ist Wissen analogiefähig?, in: Schweizer, Rainer J./Burkert, Herbert/Gasser, Urs (Hrsg.): Festschrift für Jean Nicolas Druey zum 65. Geburtstag, Zürich 2002 (S. 947-969)

Steiner, George: „Warum Denken traurig macht". Zehn (mögliche) Gründe, Frankfurt a. M. 2006

Sterbling, Anton: Rationalität und Wissenschaft. Allgemeine und aktuelle Überlegungen zur Werturteilsproblematik, in: Sterbling, Anton: Gegen die Macht der Illusionen. Zu einem Europa im Wandel, Hamburg 1994 (S. 29-81)

Sterbling, Anton: Informationszeitalter und Wissensgesellschaft. Zum Wandel der Wissensgrundlagen der Moderne, in: Hamburger Beiträge zur Erziehungs- und Sozialwissenschaft 4/2002, Hamburg 2002 (S. 1-37)

Sterbling, Anton: Das Wesen und die Schwächen der Diktatur – nachgelesen in den Romanen von Herta Müller, in: Kron, Thomas/Schimank, Uwe (Hrsg.): Die Gesellschaft der Literatur, Opladen 2004 (S. 165-200)

Sterbling, Anton: Zur Kulturbedeutung der Religion in der deutschen Gegenwartsgesellschaft, in: Sterbling, Anton: Zumutungen der Moderne. Kultursoziologische Analysen, Hamburg 2007 (S. 75-90)

Sterbling, Anton: Ambivalenzen der Moderne, Anliegen der Kunst und künstlerische Weltflucht, in: Sterbling, Anton: Zumutungen der Moderne. Kultursoziologische Analysen, Hamburg 2007 (S. 91-114)

Sterbling, Anton: Stalinismus in den Köpfen – zur kommunistischen Gewaltherrschaft in Rumänien, in: Zeitschrift für Siebenbürgische Landeskunde, 30. (101.) Jg., Heft 1, Köln-Weimar-Wien 2007 (S. 78-88)

Tenbruck, Friedrich H.: Die Religion im Maelstrom der Reflexion, in: Bergmann, Jörg R./Hahn, Alois/Luckmann, Thomas (Hrsg.): Religion und Kultur, Kölner Zeitschrift für Soziologie und Sozialpsychologie, Sonderheft 33, Opladen 1993 (S. 31-76)

Toffler, Alvin: Machtbeben. Powershift. Wissen, Wohlstand und Macht im 21. Jahrhundert, Düsseldorf-Wien-New York [2]1991

Topitsch, Ernst: Sozialphilosophie zwischen Ideologie und Wissenschaft, Neuwied-Berlin [2]1966

Topitsch, Ernst (Hrsg.): Logik der Sozialwissenschaften, Königstein/Ts. [11]1984

Weber, Max: Wissenschaft als Beruf, in: Weber, Max: Gesammelte Aufsätze zur Wissenschaftslehre, Tübingen [7]1988 (S. 582-613)

Weber, Max: Gesammelte Aufsätze zur Wissenschaftslehre, Tübingen [7]1988

Weber, Max: Gesammelte politische Schriften, Tübingen [5]1988

Welsch, Wolfgang (Hrsg.): Wege aus der Moderne. Schlüsseltexte der Postmoderne-Diskussion, Weinheim 1988

„Sich auf die verschiednen Pfade geistiger Tätigkeit und der Imagination begeben"
Stefan Sienerth im Gespräch mit Anton Sterbling

Frage: Herr Professor Sterbling, in einem Erinnerungs-
bruchstück, *Flucht als Provokation* betitelt, das Sie 1995 als
Referat auf einer Tagung in Tübingen zum Themenkreis
Flucht aus dem kommunistischen Rumänien präsentierten, behaupteten Sie, Wissenschaftler neigten im Unterschied zu den Schriftstellern, die es schon in ihrer Jugend
dazu dränge, die „eigene, subjektiv erlebte oder entwor-
fene Wirklichkeit" zu gestalten, erst „gegen Ende ihres-
Berufs- und Lebensweges (...) mit autobiographischen
Reflexionen oder Konfessionen (...) an die Öffentlichkeit
zu treten", wenn der „große Wissensdrang erschöpft" sei
und der „Ertrag der wissenschaftlichen Erkenntnistätigkeit merklich nachzulassen" beginne. In Ihrem Falle kann
davon freilich noch nicht die Rede sein, Sie sind nach wie
vor wissenschaftlich ungemein produktiv, dennoch
schieben Sie offenbar seit vielen Jahren das eine oder andere literarische Projekt vor sich hin, in dem Sie der „subjektiven Reflexions- und Betrachtungsperspektive", der
„emotionalen Tiefendimension" des Selbsterlebten und –
erfahrenen mehr Raum widmen möchten, als Sie es bisher in ihren wissenschaftlichen Schriften tun konnten.
Antwort: Zunächst möchte ich mich für die Gelegenheit
zu diesem Gespräch herzlich bedanken. Da ich – wie Sie
richtig konstatieren – seit vielen Jahren hauptsächlich als
Sozialwissenschaftler tätig bin, geschieht es eigentlich

recht selten, dass man sich näher für meine Person interessiert. In der Wissenschaft stehen die Ergebnisse des wissenschaftlichen Erkenntnisprozesses im Mittelpunkt, nicht der Wissenschaftler oder seine Biographie, wiewohl gerade in meinem Falle manche Schwerpunkte der Forschungsarbeit, nicht zuletzt die Beschäftigung mit Ost- und Südosteuropa oder mit Migrations- und Minderheitenproblemen, aber auch das Interesse an der Sozialgestalt der Intellektuellen oder an Fragen der Modernisierung und selbst die nachhaltige Beschäftigung mit wissenschaftstheoretischen und sozialtheoretischen Fragen einen ohne Zweifel biographisch mitbestimmten Erfahrungshintergrund aufweisen. Mit diesem Gespräch befinde ich mich also in einer ungewohnten Rolle und muss daher aufpassen, nicht allzu geschwätzig zu werden. Aber zu Ihrer Frage zurück: Natürlich ist es nicht auszuschließen, dass ich mich einmal wieder intensiver der literarischen oder künstlerischen Tätigkeit zuwende. Aber nicht, weil mein Interesse an sozialwissenschaftlichen Erkenntnisfragen abnimmt, sondern hauptsächlich, weil meine Frustration im gegenwärtigen deutschen Hochschul- und Wissenschaftsbetrieb immer weiter steigt. Mit diesem Gefühl bin ich natürlich nicht allein. Ich kenne kaum einen deutschen Professor – und ich kenne derer ja viele – der die Dinge heute nicht ähnlich wahrnehmen würde. Die deutsche Hochschule wird gegenwärtig in einem beschleunigten Tempo und geradezu mutwillig zerstört, und selbst die profundesten Argumente, die gegen diese Destruktion wesentlicher Grundlagen unserer abendländischen Kultur und Rationalität ins Feld geführt werden, bleiben ungehört. Viele Kollegen befürchten mithin wie ich, dass es wahrscheinlich zu spät sein wird, bis man den Irrweg der Zerstörung erkennt, auf dem man sich befindet, und wieder gegensteuert. Solche „Institutionenkämpfe", wie wir sie derzeit um die deutsche Hochschule und die Wissenschaften erleben, hält der Einzelne nur begrenzt durch. Man resigniert irgendwann eben, wenn die Einsicht überhand nimmt, dass die Weichen wahrscheinlich für längere Zeit in die falsche Richtung gestellt sind. Dann erfolgt der Rückzug auf den Kernbereich der Pflichtaufgaben, für die man eigentlich auch nur bezahlt wird, und hält sich im Engagement für darüber hinausgehende Belange zurück. Und was ist dann naheliegender, als sich der „künstlerischen Weltflucht" zuzuwenden oder eben den Kampf mit künstlerischen Mitteln fortzusetzen, also entweder in Melancholie die Tragik des Intellektuellen im 20. und 21. Jahrhundert zu beschreiben oder mit beißender Ironie seine Widersacher – auch in den eigenen Reihen – vor das Urteil unbestechlicher Leser zu stellen? Also, wenn mal eine größere literarische Arbeit in den nächsten Jahren von mir entstehen sollte, dann könnte es eine solche sein. Anschauungsmaterial habe ich dazu mehr als genug gesammelt. Ich will diesbezüglich aber keine verbindlichen Versprechen abgeben, denn gelungene literarische Arbeiten entstehen nur – und da sehe ich einen großen Unterschied zur Wissenschaft, die hauptsächlich aus Fleißarbeit besteht – wenn sie sich gleichsam von selbst schreiben.

Frage: Am Anfang Ihrer schriftstellerischen Laufbahn galt Ihr Interesse zunächst der Literatur. Sie gehörten Ende der 1960er-Jahre einer Gruppe junger rumäniendeutscher Autoren an – sie nannte sich 1972 „Aktionsgruppe Banat" und wurde drei Jahre danach von den kommunistischen Behörden aufgelöst –, deren Mitglieder, wie Sie in der Einführung zu Ihrem Buch über *Intellektuelle, Eliten, Institutionenwandel* in Südosteuropa (2001) schreiben, von einem „kritischen, nicht zuletzt regimekritischen intellektuellen Standpunkt aus" ihre Texte verfassten.

Antwort: Nun ist über die „Aktionsgruppe Banat" schon viel geschrieben worden – auch was ihren regimekritischen oder zumindest zweifellos provokativen Charakter betrifft –, manches zutreffend, manches weniger zutreffend, manches grob entstellt. Ich will das hier nicht ausbreiten, sondern nur feststellen, dass mir die Zugehörigkeit zu dieser Gruppe, zu diesem Freundeskreis, sehr viel bedeutete und auch heute noch bedeutet. Ich sehe mich mit allen damals Dazugehörenden weiterhin geistig eng verbunden. Dies stelle ich immer wieder fest, wenn ich lese, was die Einzelnen im Laufe der Zeit geschrieben haben oder heute schreiben, selbst wenn dies auf den ersten Blick mitunter in sehr unterschiedliche Richtungen tendiert. Daher bedauere ich es auch nach wie vor, dass es in Deutschland zu keinem gemeinsamen Treffen mehr gekommen ist – und wahrscheinlich auch nicht mehr kommen wird. Und zwar nicht nur, weil einer der Bedeutendsten aus unserer Mitte, Rolf Bossert, schon lange tot ist...

Die „Aktionsgruppe Banat" – natürlich nicht nur sie, sondern auch die älteren damals dem im Aufbruch befindlichen rumäniendeutschen Literaturbetrieb Angehörenden, etwa Gerhardt Csejka, Anemone Latzina, Peter Motzan, Bernd Kolf und viele andere, die ich hier gar nicht alle aufzählen kann – haben einen wichtigen Anteil an meiner intellektuellen Formierung, eigentlich überhaupt daran, dass ich mich bis heute *auch* als Intellektueller, nicht nur als Wissenschaftler oder Schriftsteller, verstehe. Zwischen diesen Rollen gibt es – so hat mich die soziologische Reflexion darüber immer deutlicher erkennen lassen – wichtige Unterschiede, die tunlichst zu beachten sind. In meinem wissenschaftlichen Denken stark durch Max Weber geprägt, versuche ich selbst– so gut es geht – die wissenschaftliche Tätigkeit und die intellektuelle Stellungnahme, die häufig nicht nur ein kritisches Verhältnis zum Gegebenen bedeutet, sondern zugleich *praktische (moralische, politische) Bewertungen* enthält, auseinander zu halten. Übrigens, auch die Rollen des Wissenschaftlers und Literaten sind in meinem Verständnis und Selbstverständnis nur lose miteinander verbunden, wie bereits angedeutet wurde. Zugleich haben diese geistigen Tätigkeiten selbstverständlich viele Berührungspunkte und Gemeinsamkeiten – und ergänzen sich. Dieses Ergänzungsverhältnis ist allerdings nicht zwingend. Weder vom Wissenschaftler noch vom Künstler wird gefordert, dass er auch als Intellektueller kritisch oder öffentlichwirksam deutend und bewertend am Weltgeschehen Anteil nimmt und sich damit zusätzlich exponiert und nicht selten gefährdet. In diesem Sinne war meine *intellektuelle Sozialisation* innerhalb und durch die „Aktionsgruppe" wohl unentrinnbar nachhaltig.

Frage: Im Unterschied zu Ihren Freunden, deren Protest sich auf der literarischen Ebene vollzog, dort aber größtenteils auch verharrte, sind Sie bereits als 17-jähriger einen Schritt weitergegangen und haben mit Ihrem gezielt geplanten Versuch, das kommunistische Rumänien illegal zu verlassen, die Behörden, Ihre Lehrer und Kollegen, aber auch rumäniendeutsche Literaten bewusst herausfordern wollen. Darüber haben Sie gelegentlich berichtet, kaum aber über Ihre Inhaftierung und die unmittelbare Zeit danach.

Antwort: Tatsächlich habe ich nur ungern und selten über diese ebenso schwierige wie lehrreiche Episode meines Lebens gesprochen und diese Erlebnisse lieber unter „Latenzschutz" gestellt, wie man mit dem bekannten Soziologen Niklas Luhmann sagen könnte. Warum solcher „Latenzschutz" von Menschen entwickelt wird, also warum über bestimmte Dinge *nicht* kommuniziert wird, obwohl man darüber sprechen könnte, habe ich übrigens kürzlich an zwei anderen Beispielen näher analysiert: Am Exempel der Verdrängung des Vertreibungsgeschehens in der ehemaligen DDR und am Beispiel der Schwierigkeiten der Aussiedler aus Rumänien, über die Schmiergeldzahlungen in der Zeit der kommunistischen Spätdiktatur zu sprechen. Um es verkürzt zu sagen: Es sind oft tiefe innere Verletzungen, die schweigsam machen, und es ist wohl auch die Angst, als Opfer nochmals zum Opfer zu werden, die Menschen davon abhalten, über ihre Opfererfahrungen leichtfertig oder überhaupt zu sprechen. Zugleich wissen wir, dass das Verdrängen der Dinge nicht immer die beste Lösung ist und vielfach den Tätern zu Gute kommt, die mit einem solchen Verhalten ihrer Opfer nicht selten zynisch rechnen.

Nun aber von der allgemeinen Reflexion, in die ich mich nicht erneut flüchten will, zu Ihrer konkreten Frage zurück. Nach längerem Zögern bin ich bereit, gleichsam als Ergänzung zu diesem Gespräch, den von Ihnen erwähnten Vortragstext über meine Flucht (sollten Sie damit einverstanden sein) zur Veröffentlichung frei zu geben. Zu den Erlebnissen an der Grenze und im Gefängnis wird in absehbarer Zeit vielleicht etwas folgen. An dieser Stelle nur zwei kleine Anmerkungen: Dadurch, dass man bei meiner Festnahme an der Grenze einige meiner Gedichte bei mir fand und wahrscheinlich weil die im Einsatz befindlichen Grenzer unter dem Befehl eines Unteroffiziers mit Abitur standen, blieb ich von den üblichen Misshandlungen weitgehend verschont. Manchmal gibt es sie also doch ganz unerwartet, die „Macht der Poesie", könnte man dazu durchaus befinden. Ähnliche Erfahrungen machte ich übrigens auch im Gefängnis, unter den Häftlingen, die vielfach auch wegen Fluchtversuchen, aber durchaus auch wegen mehr oder weniger schlimmen kriminellen Delikten (von Taschendiebstahl bis Raubmord) inhaftiert waren – nämlich die Erfahrung, dass Wissen und Intelligenz, das „kulturelles Kapital", gerade in außergewöhnlichen Lebenslagen überaus wichtige Handlungsressourcen von entscheidendem Vorteil sind. Im sozialen Mikrokosmos des Gefängnisses habe ich viel über menschliches Verhalten und soziale Prozesse – nicht zuletzt über soziale Konflikte und ihre Regelung, über strategisches Verhalten, über soziale Autorität und Prozesse der Machtbildung, über die Gefahren, aber auch über die Besiegbarkeit von Aggression und Dummheit und vieles mehr – gelernt. Übrigens auch über Menschenwürde und Anstand. Diese Erlebnis- und Erfahrungszusammenhänge kommen mir in meiner Arbeit als Sozialwissenschaftler sehr zu Gute. Sie bilden – mit vielen anderen Erfahrungen, die ich machen konnte oder zu denen ich gezwungen war – ein unschätzbares Korrektiv meines theoretischen Denkens. Insbesondere die vielfältigen traditionalen Einschläge des sozialen Lebens, denen ich in Rumänien vielgestaltig begegnete, sowie das immer wieder erlebte komplizierte Spannungs- und Verschränkungsverhältnis moderner und traditionaler Wertvorstellungen, Handlungsmuster und Strukturelemente sind ein wesentlicher Erfahrungshintergrund meines wissenschaftlichen Denkens, meines Weltverständnisses überhaupt. Diese Erfahrungen bringen mich auch in ein kritisches Verhältnis zu heute weit verbreiteten Konzepten wie dem der „Postmoderne", der „reflexiven Modernisierung" oder der „Globalisierung".

Frage: Bereits als Schüler an einem banatschwäbischen Gymnasium entdeckten Sie die zeitgenössische deutsche Literatur, deren Schreibweisen Sie sich aneigneten und nach deren Mustern Sie Ihre ersten Texte, die u. a. auch in der Bukarester deutschsprachigen Zeitschrift „Neue Literatur" erschienen, anfertigten. Sie wären – lassen Sie mich diese Vermutung aussprechen – wie der überwiegende Teil Ihrer Banater Schriftstellerfreunde wohl länger bei der Literatur verblieben und auch Ihre Biografie wäre möglicherweise anders verlaufen, hätten Sie nicht bereits 1975 das Land verlassen. Waren es nur berufliche Gründe, die Sie veranlasst haben, sich von der Literatur ab- und der Soziologie zuzuwenden?

Antwort: Sie stellen mir hier eine sehr schwierige Frage, über die ich – offen gesagt – noch nicht gründlich genug nachgedacht habe. Ich kann darauf also nur tentativ antworten. Natürlich habe ich in Deutschland zunächst weiterhin literarische Texte geschrieben; nach zwei Veröffentlichungen in der bekannten Literaturzeitschrift „Akzente" und der Berliner Literaturzeitschrift „Litfass" im Jahre 1976 dann viele Jahre allerdings nur noch für die Schublade. Warum? Es war sicherlich nicht einfach, als recht junger Mensch, der in Rumänien ein paar Texte veröffentlicht hat, Zugang zum komplizierten Literaturbetrieb der Bundesrepublik Deutschland zu bekommen. Insofern habe ich große Achtung vor Ernest Wichner, dem dies in einer ähnlichen Situation besser als mir gelang, und natürlich vor den in den 1980er Jahren uns in die Bundesrepublik Deutschland nachfolgenden Mitgliedern der „Aktionsgruppe Banat" wie Richard Wagner, Johann Lippet oder William Totok. In meinem Falle gab es aber noch andere Faktoren, die meiner weiteren Orientierung und Entwicklung eine etwas andere Richtung wiesen. Neben den herausfordernden Problemen des Lebensalltags, die jeder Aussiedler wohl ähnlich erlebte, absorbierte das bereits im Herbst 1975 aufgenommene Studium der Soziologie, Sozialpsychologie, Volkswirtschaftslehre und Wissenschaftstheorie schnell so weitgehend meine Interessen, dass die Beschäftigung mit der Literatur allmählich zur Nebensache wurde. Vor allem die damalige Einsicht, wie wenig ich eigentlich aus den immensen Wissensbeständen dieser Wissenschaften überblicken kann, und das Bedürfnis, möglichst rasch mehr und mehr als andere Studenten zu wissen, hat mich zu einer immer intensiveren Beschäftigung mit diesen Wissenschaften angetrieben. Dabei traf ich an der Universität Mannheim auf eine sehr günstige Konstellation hervorragender Hochschullehrer wie die Professoren Hans Albert, Wolfgang Zapf und Rainer M. Lepsius, aber auch auf jüngere Sozialwissenschaftler (Karl Ulrich Mayer, Walter Müller, Helmut F. Spinner u.a.), die später ebenfalls zu bekannten deutschen Soziologen wurden, so dass die Studiensituation sehr interessant, offen und anregend war und erfolgreich verlief. Sehr günstig für mich erwies sich, dass ich Professor Lepsius rasch auffiel, der mir eine

Stelle als studentische Hilfskraft an seinem Lehrstuhl an-
bot. Dies ermöglichte mir nicht nur, mich an den Beruf
des Wissenschaftlers gleichsam in einem Lehrlingsver-
hältnis anzunähern, sondern lenkte auch mein Interesse
auf das Werk Max Webers und die in dessen Denktradition stehende Soziologie, in deren Mittelpunkt die abendländische Sonderentwicklung (Rationalisierung) und ihre
universalgeschichtlichen Auswirkungen und Folgeprob-
leme oder – mit anderen Worten – die vielfältigen Fragen
der Modernisierung stehen.

Frage: Besonders ein Aufsatz des Soziologen Rainer M.
Lepsius *Kritik als Beruf. Zur Soziologie der Intellektuellen*
hatte wohl mit zu dem Entschluss beigetragen, hinfort
den Themenkreisen der Soziologie verschärft Ihre Aufmerksamkeit zu widmen. Seit damals hat Sie die Frage
nach der Rolle der Intellektuellen im europäischen Modernisierungsprozess, mit der Sie sich auch in Ihrer Dissertation befassten, eigentlich nie losgelassen. Sie haben
darüber eine Reihe von Büchern und Studien verfasst
bzw. herausgegeben und sind nicht zuletzt der Frage
nachgegangen, welche Rolle intellektuellen Eliten in den
Transformationsprozessen in Südosteuropa, speziell in
Rumänien, gerade auch gegenwärtig, zukommt.

Antwort: Der Aufsatz „Kritik als Beruf" war für mich tatsächlich sehr aufschlussreich – für das bessere Verständnis vieler zeitgenössischer Probleme, aber auch zur Klä-
rung des eigenen Selbstverständnisses. Mit der Frage der
Intellektuellen – und etwas allgemeiner der Eliten – dürfte sicherlich ein Schlüsselaspekt der Analyse und Erklärung unterschiedlicher gesellschaftlicher Lagen und Ent-
wicklungswege in Europa angesprochen sein. Der weit-
läufigen und faszinierenden Perspektive der historisch

und international vergleichenden Betrachtung gesellschaftlicher Entwicklungen und Modernisierungsprozes-
se unter maßgeblicher Berücksichtigung der gegebenen
Elitenkonfigurationen und der von Eliten und nicht zuletzt von Intellektuellen mitgeprägten institutionellen
Ordnungen bin ich vielfach gefolgt, zunächst eher grund-
lagentheoretisch in meiner 1987 angenommenen Dissertation über „Eliten im Modernisierungsprozess" und
dann historisch konkreter in meiner 1993 vorgelegten
Habilitation über „Strukturfragen und Modernisierungsprobleme südosteuropäischer Gesellschaften", aber auch
in anderen wissenschaftlichen Untersuchungen. Das Fall-
beispiel Rumänien stand für mich häufiger im Mittelpunkt des Interesses, aber auch mit anderen ost- und
südosteuropäischen Gesellschaften habe ich mich – nicht
selten vergleichend – beschäftigt.

Entscheidend für meine wissenschaftliche Entwicklung
in den letzten zwanzig Jahren war vermutlich, dass die in
der Denktradition Max Webers stehende historische Modernisierungsforschung durch den Niedergang der kommunistischen Herrschaft im östlichen Teil Europas und
die gleichzeitig in Gang gekommenen Modernisierungs-
prozesse große Aktualität und Relevanz erlangte. Spätestens seit Ende der 1980er Jahre verlaufen meine wissenschaftlichen Aktivitäten, ja verläuft beinahe mein ganzes
Leben, eigentlich weitgehend „fremdbestimmt" – gleichsam im Takt der Forschungs-, Vortrags- und Publika-
tionsaufträge, die mich ständig in großer Zahl erreichen,
wobei ich höchst selten etwas abgelehnt habe. So sind
dann bisher 36 eigene oder herausgegebene Bücher, weit
über 300 wissenschaftliche Veröffentlichungen, über 225
wissenschaftliche Vorträge, etwa 20 Forschungsberichte

usw. zusammengekommen. Auch die von Prof. Dr. Dr. h.c. Bálint Balla und mir im Krämer Verlag Hamburg herausgegebene Schriftenreihe „Beiträge zur Osteuropaforschung" umfasst mittlerweile 12 Bände.

Frage: Ihre soziologischen Untersuchungen zeichnen sich immer auch durch kenntnisreiche Exkurse in die politische, Sozial- und Kulturgeschichte, besonders in jene Südosteuropas, aus. Zu Ihren sehr breit gestreuten Forschungsinteressen gehört nicht zuletzt auch die Geschichte der deutschen Soziologie, wobei Sie speziell deren Einflüssen in den südosteuropäischen Ländern nachgegangen sind.

Antwort: Die Forschungsfragen zu Südosteuropa, die mich hauptsächlich beschäftigen, können ohne historische und kulturhistorische Tiefenperspektive kaum angemessen behandelt werden. Dies hängt auch und nicht zuletzt damit zusammen, dass die „Geschichte", dass die historischen Mythen, in der Öffentlichkeit und im Bewusstsein der Menschen in Südosteuropa weitaus nachhaltiger und wirkungsmächtiger in Erscheinung treten, als dies in den westlichen Gesellschaften heute der Fall sein dürfte. Diese Allgegenwärtigkeit der „Geschichte" ist natürlich nicht ganz unproblematisch, wie wir spätestens seit dem Krieg im ehemaligen Jugoslawien wissen, die Geschichtsblindheit erscheint allerdings ebenso fragwürdig und gefährlich. Denn auch für die Geschichte gilt, dass sie – und insbesondere ihre dunklen Seiten – nicht verdrängt werden darf, sondern kritisch aufgearbeitet werden sollte. Ob daraus immer nützliche Lehren entstehen, bleibt allerdings zu hinterfragen, denn auch beim kritischen Umgang mit der Geschichte bestehen vielfach Gefahren der politischen Funktionalisierung oder der ideologischen Instrumentalisierung. Gerade deshalb aber sind strukturell-funktionale wie auch ideologiekritische soziologische Analysen entsprechender Zusammenhänge von vermutlich unverzichtbarer Bedeutung.

Was die Beschäftigung mit der Geschichte des soziologischen Denkens betrifft, so liegt deren Notwendigkeit in der Wissensstruktur der Soziologie selbst begründet. Anders als in vielen anderen zeitgenössischen Wissenschaften, deren Vorläufer und Begründer allenfalls noch in den Fußnoten der Lehrbücher vorkommen, sind die Werke der „Klassiker" der Soziologie, wie das von Ferdinand Tönnies, von Georg Simmel und insbesondere von Max Weber, weiterhin von unverzichtbarer Bedeutung, sowohl in erkenntnisleitender theoretischer wie auch in historisch-materialer Hinsicht. Auch die Beschäftigung mit anderen wichtigen Vertretern der Soziologie im 20. Jahrhundert, wie z.B. mit Pitirim A. Sorokin oder mit Karl Mannheim, zu deren Leben, Werk, Wirkung und Bedeutung für die Osteuropaforschung von uns internationale Tagungen durchgeführt wurden oder noch bevorstehen, bestätigen diesen Befund nachdrücklich.

Frage: Sie waren nach dem Studium der Sozialwissenschaften an der Universität Mannheim über anderthalb Jahrzehnte (1982–1998) an der Universität der Bundeswehr in Hamburg tätig, haben Vertretungsprofessuren in Heidelberg und Bonn innegehabt und sind seit 1997 Professor an der Fachhochschule für Polizei Sachsen in Rothenburg/OL tätig. Im Vordergrund Ihres Lehr- und Forschungsauftrags standen und stehen wohl andere als südosteuropäische Themen.

Antwort: Ihre Vermutung ist wohl gleichermaßen zutreffend wie erklärungsbedürftig: ost- und südosteuropabezogene Themen haben in meiner Lehre – wenn überhaupt – eher eine nachrangige Rolle gespielt, da die Studienpläne der Hochschulen, an denen ich tätig war und derzeit tätig bin, stets anderen Gebieten der Soziologie Priorität einräumten bzw. einräumen. Dies ist zum Teil verständlich, da man die Lehrinhalte natürlich an den angestrebten Studienabschlüssen und späteren beruflichen Verwendungen der Absolventen, soweit man diese kennt, ausrichten sollte. Ich finde es übrigens durchaus interessant und befriedigend und betrachte es zugleich als eine veritable berufliche Herausforderung, soziologisches Grundlagenwissen oder Wissen aus einzelnen soziologischen Spezialgebieten so aufzubereiten und zu vermitteln, dass es z.B. einem Offizier der Bundeswehr oder einer Polizeibeamtin in ihren Situationsanalysen und in ihren Entscheidungshandlungen, aber auch in ihren Berufsauffassungen und ihren Weltverständnissen eine rationale Wissensbasis bietet und zur Entwicklung der Reflexionskompetenz beiträgt. Das Bedenkliche ist gegenwärtig allerdings – vielleicht sehe ich die Dinge aber auch nur etwas zu empfindlich –, dass man gründliches wissenschaftliches Wissen und Denken an deutschen Hochschulen – keineswegs nur an Bedarfshochschulen, aber hier besonders auffällig – eigentlich für weitgehend verzichtbar hält und nur noch „mehr Praxisbezogenheit" und „Praxisnähe" fordert. Aus meiner Sicht sollte man dann konsequenterweise gleich ganz auf die Hochschulausbildung verzichten und direkt in der beruflichen Praxis (wie bei Lehrlingen) ausbilden. Die hybriden Formen der Hochschulausbildung, die sich mehr und mehr ausbreiten und die immer häufiger statt auf Wissenschaften auf „Micky Maus"-Fächern beruhen, wobei etwas als Hochschulstudium bezeichnet wird, das mit einem wissenschaftlich fundierten Studium nur mehr wenig zu tun hat, laufen aus meiner Sicht auf Täuschungen der Öffentlichkeit (der Steuerzahler), Selbsttäuschungen der Studierenden und zugleich auf einen Betrug an ihnen und eine permanente Frustrationsquelle der Hochschullehrer, soweit diese selbst überhaupt noch Wissenschaftler sind, hinaus.

Einen anderen Aspekt, der bei Ihrer Frage noch erwähnenswert erscheint, kann ich auf der Grundlage einer empirischen Untersuchung, die ich dazu vor wenigen Jahren durchführte, darlegen. In der Bundesrepublik Deutschland gibt es bisher an keiner Universität oder Hochschule ein systematisch verankertes soziologisches Lehrangebot zu Südosteuropa. Das heißt natürlich auch keine entsprechenden Studienmöglichkeiten oder Abschlüsse. Insofern liegt, was meine Südosteuropaspezialisierung betrifft, nicht nur eine gewisse Fehlallokation hinsichtlich der Anforderungen meiner derzeitigen Lehrtätigkeit, sondern auch eine spezifische Qualifikation vor, für die es im ganzen deutschen Hochschulsystem eigentlich keinen nennenswerten Bedarf zu geben scheint. Daher erwies sich für mich letztlich auch als durchaus vorteilhaft, dass meine wissenschaftliche Qualifikation und meine Erkenntnisinteressen disziplinär und thematisch relativ breit angelegt sind, denn die Spezialisierung auf Südosteuropa wäre ansonsten – für einen Soziologen – wohl zur beruflichen Sackgasse geworden.

Frage: Auf Grund Ihrer Erfahrungen im nationalkommunistischen Rumänien hat es eine Weile gedauert, bis Sie

Ihre inneren Widerstände überwinden und das Land besuchen konnten, in dem Sie einen prägenden Teil Ihres Lebens verbracht haben. Seit 1995, als Sie erstmalig an einer wissenschaftlichen Tagung teilnahmen, haben sich Ihre Kontakte zu rumänischen wie allgemein zu südosteuropäischen Soziologen zunehmend intensiviert.

Antwort: Dies stimmt und ist für mich sehr wichtig – und hat mich auch überraschend in zwei herausfordernde Ämter, das des Vorsitzenden des Wissenschaftlichen Beirates der Südosteuropa-Gesellschaft und das des Sprechers der Sektion Ost- und Ostmitteleuropa-Soziologie der Deutschen Gesellschaft für Soziologie, gebracht. In beiden Ämtern versuche ich sowohl die Kontakte zu den ost- und südosteuropäischen Kollegen möglichst intensiv und partnerschaftlich auszugestalten wie auch Nachwuchswissenschaftlern zu helfen, trotz der oft entmutigenden beruflichen Aussichten auf den intrinsischen Wert der eigenen Arbeit, der sich eben nicht nur in der Bezahlung bemisst, zu achten. Diesen Standpunkt kategorisch zu vertreten, fällt mir angesichts des bisher zum Niedergang des deutschen Hochschul- und Wissenschaftsbetriebs Gesagten natürlich nicht immer einfach. Überhaupt ist es in solchen Zeiten, die ja auch Zeiten immer größerer Finanzierungsschwierigkeiten von wissenschaftlichen Vorhaben, Tagungen und Publikationen sind, nicht leicht, solche Ämter mit einem für mich unverzichtbaren intellektuellen Anstand, mit genügend Selbstachtung und zugleich mit einigem vorzeigbarem Erfolg auszuüben. Diese Herausforderungen und Probleme haben mir in der letzten Zeit durchaus schlaflose Nächte bereitet. Daher denke ich, dass es mir in absehbarer Zeit auch zusteht, mich aus diesen verantwortlichen

Aufgaben schrittweise etwas mehr, aber keineswegs ganz, zurückzuziehen – und mich vielleicht endlich mal wieder stärker der Literatur, der Kunst oder auch nur dem normalen alltäglichen Leben zuzuwenden.

Frage: Sie haben sich als Soziologe immer auch mit Fragen der Kunst und Literatur auseinandergesetzt – u.a. mit der „künstlerischen Weltflucht" in der Moderne – und bereits 1975 in einem in der „Neuen Literatur" (Heft 7, S. 39-45) erschienen, programmatisch zu verstehenden Essay zu den literarischen Anliegen der „Aktionsgruppe Banat", Literatur als „eigene form der erkenntnis", eher als „beschreibung des bewußtseins von realität als realitätsbeschreibung schlechthin" definiert. Doch auch der soziologischen Erkenntnisfähigkeit und -leistung scheinen Sie nicht sonderlich zu vertrauen. In einem Essay über die Romane von Herta Müller, behaupten Sie, die „soziologische Beschäftigung mit dem Wesen kommunistischer Diktaturen" habe „kaum jene Intensität und Eindringlichkeit wie die zeitgenössische Literatur, etwa von Herta Müller, erreicht."

Antwort: Die literarische, die künstlerische wie auch die wissenschaftliche Annährung an die Wirklichkeit und die entsprechenden Erkenntnisweisen und Verarbeitungsformen des Wirklichen sind durchaus ergiebig, leistungsfähig und mitunter faszinierend. Auf Beides – Kunst und Wissenschaft – kann weder in einem erfüllten Leben noch in einer beständigen und sich zugleich erneuernden Kultur als wichtige Sinnzentren verzichtet werden. Sie sind aber – nicht nur ihrer notwendigen „Selbstreferenzialität", ihrer Selbstbezüglichkeit, wegen – durchaus begrenzt, ebenso wie das menschliche Denken und Wissen überhaupt stets täuschungs- und irrtumsanfällig ist. Dies gilt es zu erkennen und anzuerkennen, wobei es in diesem Prozess mitunter hilfreich erscheint, sich auf verschiedene Pfade geistiger Tätigkeit und Imagination zu begeben und trotz aller Unterbrechungen, Irritationen und Störungen „im Nebel" beharrlich weiterzugehen. Selbst wenn dieser Nebel sich nur stellenweise immer wieder einmal etwas lichtet, gibt es für den Menschen doch kaum etwas Erbaulicheres, als solche seltene Momente des etwas helleren Daseins zu erleben.

Die Fragen stellte Stefan Sienerth[1]

---

[1] Prof. Dr. Stefan Sienerth ist der Direktor des Instituts für deutsche Kultur und Geschichte Südosteuropas, das an die Ludwig-Maximilians-Universität in München angegliedert ist. Das Gespräch wurde im Heft 1 der Zeitschrift: „Spiegelungen. Zeitschrift für deutsche Kultur und Geschichte Südosteuropas", Anfang des Jahres 2006 publiziert. Die Zeitschrift „Spiegelungen" setzt mit anderem Format und etwas anderen Akzentsetzungen die Publikationstätigkeit der zwischen 1952 bis 2005 erschienenen Zeitschrift „Südostdeutsche Vierteljahresblätter" fort.

Drucknachweise

Einige Anmerkungen zur „Aktionsgruppe Banat", in: Anton Sterbling: Suchpfade und Wegspuren. Über Identität und Wanderung. Banater Bibliothek, München 2008 (S. 25-34)

Zum Abschied einer Minderheit. Gedanken zum „Nachruf auf die rumäniendeutsche Literatur", in: Südosteuropa. Zeitschrift für Gegenwartsforschung, 40. Jg., Heft 5, R. Oldenbourg Verlag, München 1991 (S. 211-223)

Von den Schwierigkeiten des Denkens ohne Verbot. Die Rolle des Intellektuellen, der intellektuelle Aufbruch und die nahezu unvermeidbaren geistigen Konfusionen in Osteuropa, in: Neue Literatur. Zeitschrift für Querverbindungen, Heft 4 (Neue Folge), Bukarest 1993 (S. 55-71)

Das Wesen und die Schwächen der Diktatur – nachgelesen in den Romanen von Herta Müller, in: Kron, Thomas/Schimank, Uwe (Hrsg.): Die Gesellschaft der Literatur, Verlag Barbara Budrich, Opladen 2004 (S. 165-200). Mit freundlicher Zustimmung des Barbara Budrich Verlags nachgedruckt.

Stalinismus in den Köpfen, in: Orbis Linguarum, Band 27, ATUT-Verlag, Wroclaw/Breslau 2004 (S. 23-38); auch in: Zeitschrift für Siebenbürgische Landeskunde, 30. (101.) Jg., Heft 1, Köln-Weimar-Wien 2007 (S. 78-88)

Rumänien 1968 – Kontext, Geschehnisse und Folgewirkungen, Außerschulische Bildung. Themenheft, Berlin 2008 (in Vorbereitung)

Ambivalenzen der Moderne, Anliegen der Kunst und künstlerische Weltflucht, in: Sterbling, Anton: Zumutungen der Moderne. Kultursoziologische Analysen, Hamburg 2007 (S. 91-114)

Kulturmächte im Widerstreit? Zum Verhältnis von Kultur, Religion und Wissenschaft, in: Sterbling, Anton/Orlowski, Hubert/Vogt, Matthias Theodor (Hrsg.): Demokratiefragen, politische Kultur und intellektuelle Reflexion im europäischen Horizont. Rothenburger Beiträge. Polizeiwissenschaftliche Schriftenreihe (Band 42), Rothenburg/Oberlausitz 2008 (S. 83-96)

„Sich auf die verschiednen Pfade geistiger Tätigkeit und der Imagination begeben" Stefan Sienerth im Gespräch mit Anton Sterbling, in: Spiegelungen. Zeitschrift für deutsche Kultur und Geschichte Südosteuropas, 55. Jg., Heft 1, Verlag des Instituts für deutsche Kultur und Geschichte Südosteuropas, München 2006 (S. 47-58). Mit freundlicher Zustimmung von Herrn Prof. Dr. Stefan Sienerth in diesen Band aufgenommen.

Migrationsprozesse

Anton Sterbling (Hrsg.)

Migrationsprozesse

Probleme von Abwanderungs-
regionen, Identitätsfragen

Beiträge zur Osteuropaforschung

Band 12

283 Seiten ISBN 978-3-89622-078-3

EUR 34,80

Migrationsprozesse gewinnen angesichts der EU-Osterweiterung und zunehmender Ost-West-Wanderungen eine größere Bedeutung in Europa.
Die Beiträge von Autoren aus verschiedenen Ländern vermitteln in ihrer Vielfalt ein umfassendes Verständnis für die komplexen sozialen Veränderungen in der europäischen Geschichte und Gegenwart.

Reinhold Krämer Verlag

Postfach 13 05 84, 20105 Hamburg

E-Mail: info@kraemer-verlag.de - www.kraemer-verlag.de

Zumutungen der Moderne

Anton Sterbling

Zumutungen der Moderne

Kultursoziologische Analysen

2007, 167 Seiten, EUR 29,70
ISBN 978-3-89622-084-4

Der Autor untersucht in verschiedenen Beiträgen die doppelte Bedeutung der „Zumutungen der Moderne". Zum einen werden die tiefgreifenden Veränderungen der menschlichen Existenz und Lebensverhältnisse thematisiert, die sich durch den Aufbruch in die Moderne und aus der fortschreitenden Modernisierung ergeben, zum anderen geht er auf die Herausforderungen der veränderten Wahrnehmung der Welt, der Reflexion und Erkenntnis ein.

Reinhold Krämer Verlag

Postfach 13 05 84, 20105 Hamburg

E-Mail: info@kraemer-verlag.de - www.kraemer-verlag.de